CES LIEUX SONT MORTS

PATRICK GRAHAM

CES LIEUX SONT MORTS

fleuvenoir

MIXTE
Issu de sources responsables
FSC® C003309
FSC
www.fsc.org

Fleuve Éditions, une marque d'Univers Poche,
est un éditeur qui s'engage pour
la préservation de son environnement
et qui utilise du papier fabriqué à partir
de bois provenant de forêts gérées
de manière responsable.

ISBN 978-2-265-09849-7

À ma nouvelle éditrice et néanmoins amie : ce livre n'existerait pas sans toi.
À l'avenir à présent.
Et à ce qu'il reste de nous.
Uqbar !

« Dans ces assauts subits, la partie raisonnable de nous-mêmes ressentira un léger mouvement. Elle éprouvera comme une ombre, un soupçon de passions. Mais elle en restera exempte. »

Sénèque

Prologue

Le chasseur de primes s'appelle Warren. Il est grand, costaud, sale et chauve. Il porte un chapeau de cow-boy qui a été blanc et dont les rebords en contact avec son crâne sont devenus d'un jaune crasseux. Warren fume sans cesse des Camel et mâche des chewing-gums à la nicotine. Il a les dents aussi jaunes que les bords de son chapeau et une toux grasse encombre en permanence sa gorge et sa voix. Il est vêtu d'un jean extensible et d'une chemise de travail en polyester avec de larges auréoles de sueur sous les bras. Pour les dissimuler, Warren porte aussi une veste de costume qu'il est obligé de quitter souvent car c'est surtout elle qui lui donne chaud. Quand il l'ôte, il prend toujours soin de la suspendre à l'arrière, sur un cintre, avec ses autres vestes, ses autres chemises tachées sous les bras, ses autres jeans. Un brave gars du Kentucky, à ce qu'il dit. Il fait ce job pour vivre. Avant, il était agent de probation. Et puis, une ancienne détenue lui avait tourné la tête et il était devenu chasseur de primes, c'est-à-dire les molosses que les agents de probation lâchent aux trousses des fugitifs.

Warren conduit son pick-up Ford Raptor d'une main. L'autoradio braille de la country à plein volume. Le chasseur est très fier de sa bagnole qu'il conduit pied au plancher en faisant gronder son V8 de 6,2 litres comme on fait jouir une femme. Il aime cette comparaison. Il la ressort à toutes les sauces en ponctuant son propos d'un rire qui fait exploser sa toux. Il l'a choisie noire avec des chromes rutilants sur le devant et le signe Ford en rouge sur la calandre. Il se tait un moment, mâchant bruyamment son chewing-gum. Il se tourne vers le jeune homme menotté à ses côtés. Il est âgé d'une vingtaine d'années, mince, délicatement musclé. Quinze jours plus tôt, il s'est échappé d'un centre de détention expérimental dans le Dakota. Warren l'a rattrapé cinquante kilomètres *après* la frontière canadienne. Le genre de chasseur que les limites d'un pays ou de la loi n'arrêtent pas. Le jeune homme sortait d'un fast-food quand Warren l'avait tasé en pleine rue. Après cela, il l'avait chargé sur ses épaules pour le balancer dans la cabine de son Raptor. Depuis, ne s'arrêtant que pour faire le plein et dévorer des burgers huileux dont le chasseur fait une consommation astronomique, ils roulent.

— Tu dors, gamin ?

Le prisonnier ne bronche pas. Warren imagine qu'il fait semblant de dormir. Il dépasse un camion en trombe, gratifie le chauffeur d'un long coup de klaxon, allume une cigarette.

— Me la fais pas à l'envers. Si tu te tiens peinard, tu n'auras pas à goûter une nouvelle fois au taser de Warren.

C'est ça, le point faible du chasseur de primes. Il ne supporte pas le silence. Le prisonnier a posé son front contre la vitre. Il observe discrètement le paysage à travers ses yeux mi-clos. Il guette une occasion. Tout plutôt que de retourner là-bas. Pas après ce qu'il a vu. Pas après ce qu'il a découvert. Warren lui donne une bourrade.

— C'est si dur que ça, là d'où tu t'es enfui ?

Le prisonnier ne bronche pas. Le chasseur pense qu'il le ramène dans un établissement de détention conventionnel. Il ignore tout des centres Lockart. Il ne sait pas que ceux qui y sont enfermés ont une particularité qui les rend extrêmement dangereux. C'est cette particularité qu'il voudrait exploiter à la première occasion, mais Warren s'y connaît en serrage de menottes et il peut à peine remuer les poignets.

— Le moins qu'on puisse dire c'est que t'es pas bavard. T'es pédé, non ? Y a que les pédés qui dorment en bagnolc.

À nouveau ce rire. Le prisonnier pense qu'on peut tuer quelqu'un rien que pour un rire comme ça.

— Qu'est-ce que tu foutais au fait avec cette clé USB dans la poche ? J'ai essayé de la lire sur mon ordinateur portable mais c'est crypté à mort. T'es une vermine de hacker ou quelque chose comme ça ?

Le prisonnier ne répond pas. Il sait qu'à l'heure qu'il est, la sécurité du centre Lockart a dû se rendre compte qu'il a volé des dossiers sensibles. Ils sont sur la clé USB que Warren fait gigoter devant ses yeux au bout de son porte-clés. Il doit trouver une solution pour ça aussi. Il doit faire vite avant d'être retrouvé par ses poursuivants et exécuté sur le bord d'une route déserte. Il pense à ses codétenus qu'il a laissés là-bas. Le Raptor ralentit, s'engage sur une bretelle qui conduit à une aire de repos où un gigantesque panneau de la chaîne de fast-food A&W pivote sur lui-même.

— On va grailler un truc avant la frontière. Un Grandpa ou un double BuddyBurger. Tu m'en diras des nouvelles !

Warren gare son Raptor devant le restaurant. Il agrippe son prisonnier par le col et l'attire contre son visage. Son haleine pue la bière et la nicotine.

— Ne fais aucune misère à Warren et Warren ne t'en fera pas.

Warren rajuste son chapeau et claque sa portière. Ils poussent la porte du A&W. La salle est presque vide. Ils avancent entre les rangées de tables vers le fond. Ils passent devant un couple de vieux. L'homme est en train de verser des gouttes dans son verre de Coca. Le prisonnier lit « digitaline » sur le flacon que le cardiaque croit glisser dans sa poche alors qu'il roule déjà sur le sol. L'occasion que le prisonnier guettait. Il bloque le flacon du bout de sa chaussure. Vif comme l'éclair, il le ramasse, rejoint Warren qui ne s'est rendu compte de rien. Le chasseur de primes commande sa nourriture que la caissière empile sur un plateau. Puis, poussant son prisonnier devant lui, il s'installe à une table à l'écart. Il dévore et mâche la bouche pleine, essuie ses lèvres grasses avec sa manche.

— T'es sûr que tu veux rien, gamin ?

Le prisonnier secoue la tête. Warren vide sa *root beer* en trois aspirations. La paille émet un bruit de succion. Il étouffe un rot et allume son ordinateur portable en adressant un clin d'œil à son prisonnier.

— Avec ce joujou et mes relations, j'ai un accès direct aux fichiers centralisés du FBI. Ce qui veut dire que je peux savoir à peu près tout sur presque tout le monde.

L'adolescent fronce les sourcils. Un sourire sardonique se dessine sur ses lèvres.

— Tu ne me crois pas ? Vas-y, balance un nom. Une ancienne prof. Ta copine. Tes parents. N'importe qui dont tu voudrais savoir qui il est ou ce qu'il fait.

Le prisonnier se concentre. Juste avant de copier la clé USB sur un ordinateur du centre resté allumé par mégarde, il avait repéré celui qui l'intéressait par-dessus tout. Une psychiatre spécialisée dans les mineurs délinquants. Il doit la retrouver de toute urgence. La chaîne de ses menottes cliquetant à ses poignets, il griffonne son nom sur une serviette en papier qu'il tend à Warren. Après avoir saisi son mot de passe, le chasseur entre ces informations dans la base de données.

— Va me rechercher de quoi boire en attendant que ça sorte. Et n'en profite pas pour faire le con, je t'ai à l'œil.

Le prisonnier se dirige vers les fontaines en libre-service. Il remplit un gobelet de *root beer* et verse dedans la moitié du flacon de digitaline. Il tend le tout à Warren qui exulte.

— Voilà ! Rebecca Miller. Psychiatre. Vit avec un certain Dr Searl, psychiatre aussi, au 1508, North Camden Drive, à Beverly Hills. Pas de PV, aucune infraction. Tiens ! Elle prend l'avion la semaine prochaine. Vol United 1021 pour Denver, via Que dalle. Tu piges la vanne ? « Via que dalle », ça veut dire que c'est un vol direct. Elle a réservé cinq billets au nom de Miller et Searl. Ça t'en bouche un coin, pas vrai gamin ?

Visiblement impressionné, le jeune homme hoche la tête. Les doigts de Warren galopent sur le clavier.

— Ça y est, j'ai logé mon prochain client. Une crapule qui va me rapporter une prime de 25 000 dollars. Avec celle que je vais toucher pour toi, je vais enfin pouvoir m'acheter le camping-car de mes rêves !

Le chasseur vide sa *root beer* en quelques aspirations monstrueuses, puis repose son gobelet et dit :

— Allez, on n'est pas en avance.

Ensemble ils sortent, et le Raptor redémarre en trombe. Quelques kilomètres plus loin, le visage de

Warren se couvre de sueur. Il pose sa main sur son cœur.

— Purée, j'ai dû manger trop vite, je ne me sens pas bien.

Le prisonnier regarde le chasseur lutter contre le contractant cardiaque. Le Raptor ralentit, s'engage sur une aire de repos déserte. Warren freine brusquement. Il a posé son front sur le volant. Il se sent de plus en plus mal. Le prisonnier se défait de ses menottes et attrape son sac à dos. Il a pris les lunettes à verres miroirs de Warren qu'il cale sur son nez. Les yeux de la brute s'arrondissent. Sa bouche s'ouvre et se ferme comme celle d'un poisson. Un dernier spasme. Le prisonnier referme la portière du Raptor et rejoint la route. Une voiture approche. Il tend son pouce. Le véhicule freine. Le jeune homme monte.

PARTIE 1

1

Los Angeles. Une semaine plus tard.

— Good Sam, ici unité 7. La victime est une Afro-Américaine d'une trentaine d'années en coma stade 3. Enceinte, proche du terme. Fractures multiples au visage et au crâne avec arrêt cardiaque consécutif au choc. On l'a récupérée. On tente de la stabiliser mais les fonctions vitales sont en train de lâcher.

— Bien reçu, unité 7. Le bloc est prêt. On vous attend.

L'ambulance du Good Samaritan Hospital fonce à tombeau ouvert dans les rues de Los Angeles. Deux motards lui ouvrent la route à travers la circulation. La sortie des écoles. Bientôt celle des bureaux. Le chauffeur se concentre. À l'arrière, les urgentistes s'affairent autour de la victime. Dès qu'elle est enfin stabilisée, ils se tournent vers un autre médecin en jean et baskets qui feuillette un magazine sur la banquette arrière. Les urgentistes s'écartent, tandis qu'il s'approche du brancard en se tenant aux mains courantes. Il examine rapidement la patiente. Ses blessures crâniennes sont graves. Son visage semble avoir éclaté sous la violence du choc. Pas ou peu de pouls. Pas ou peu de réflexe pupillaire. Sa respiration est rapide, faible, saccadée. Elle est terrorisée. Le médecin extrait de sa poche une fiole dont il lui fait respirer le contenu. Les odeurs apaisantes pénètrent son cerveau. Peu à peu, sa respiration se calme. Ayant pris la main de la victime dans la sienne, le médecin se penche à son oreille et murmure :

— Je suis le docteur Eric Searl. Je vous emmène au Good Samaritan Hospital, service des endormis. Vous n'avez plus rien à craindre. Vous êtes avec moi maintenant.

Sans lever les yeux, Searl s'adresse aux urgentistes :

— Vous avez réussi à contacter son mari ?

— Oui. Elle aime Simon and Garfunkel. Une grande fan, à ce qu'il paraît.

Searl fait défiler les musiques sur l'écran de son smartphone qui en contient des milliers. Il sélectionne un morceau du concert de Central Park, puis pose délicatement les écouteurs sur les oreilles de la victime.

2

Quand Abigaïl Westmorland se réveille, elle est assise sur un banc au milieu d'un centre commercial. Une étrange torpeur l'empêche d'ouvrir les yeux. Elle grimace. Son dos l'élance, sa jambe aussi, ainsi que tout son côté droit. La migraine galope comme un cheval sous son crâne. Elle gémit faiblement. Elle se souvient d'avoir rangé sa voiture une demi-heure plus tôt sur le parking du centre, puis d'avoir franchi les portes vitrées et senti le souffle glacé des climatiseurs sur son visage. C'était en traversant la dernière allée du parking que ses douleurs et sa migraine étaient apparues, soudaines et violentes au point de risquer de la faire tomber. Sitôt dans le centre commercial, elle s'était assise pour reprendre des forces.

Abby passe ses mains sur son ventre arrondi. Elle sourit. Jacob naîtra la semaine prochaine, ou la suivante. Elle et Josh ont des soucis d'argent et d'emploi, des soucis pour remplir le congélateur ou payer le loyer, des soucis de couple aussi, mais Jacob naîtra bientôt et Abby est persuadée que tout s'arrangera.

Les yeux toujours fermés, elle se débat contre cette torpeur dont elle n'arrive pas à émerger. Ses sourcils se froncent. Depuis qu'elle a repris connaissance, elle essaie de capter la musique qui s'échappait tout à l'heure des haut-parleurs du centre. De la soupe techno en sourdine qu'elle avait perçue en entrant, au milieu du brouhaha des annonces. Les narines d'Abby s'agitent. Lorsque les portes vitrées s'étaient refermées, sitôt passé le souffle des climatiseurs, elle avait été assaillie par une foule d'odeurs de pizza et de hamburgers, de faux cuir et de lotions, ainsi que par ces parfums synthétiques que les commerçants diffusent pour attirer les clients. Or là, non seulement elle ne capte plus le moindre son autour d'elle, mais elle ne perçoit plus non plus la moindre senteur.

Abby se force à ouvrir les yeux. Au début, sa vue est trouble. Puis cette sensation disparaît et elle se rend compte que le centre commercial s'est vidé de ses clients et de ses commerçants. Pas seulement *vidé*. On dirait qu'il s'est *arrêté* brusquement, comme en attestent les sacs à main et les chaussures abandonnées sur le sol. Des baskets, des mocassins, des escarpins. Assise face aux lignes de caisses de l'hypermarché, Abby en considère les allées désertes. Là aussi des chaussures, des sacs à main et des chariots remplis de victuailles. Des tas d'articles sur les tapis de caisse. Certains sont déjà passés au lecteur de codes-barres et attendent devant d'autres caddies vides. Abby frissonne. Elle déteste viscéralement ce que ces lieux sont devenus. Elle se lève péniblement et se dirige vers les portes vitrées. Elle passe dans le champ des détecteurs de mouvements qui en commandent l'ouverture. Rien ne se produit. Elle lève les yeux et constate que les diodes des détecteurs sont rouges. Les climatiseurs aussi se sont arrêtés. L'un d'eux ronronne encore mais l'air qui s'en échappe n'est plus qu'un filet tiède.

Abby pose son front contre les vitres. Au-delà, elle aperçoit sa vieille Toyota garée au milieu du parking vide, ainsi qu'une moto couchée sur le flanc à quelques mètres des portes. Au loin, les autoroutes et les immeubles, le tout estompé par une brume étrange qui semble s'épaissir. Tout est immobile et silencieux. Abby fronce à nouveau les sourcils. Le soleil a beau être toujours haut dans le ciel, il brille beaucoup moins qu'avant. Un craquement échappé des haut-parleurs la fait sursauter. Elle capte une musique lointaine, reconnaît « The Sound of Silence », le live à Central Park. Elle se raccroche à ce repère.

Quand elle se retourne, un vieil homme grand et mince est assis à l'autre bout du centre commercial, à la terrasse intérieure du Starbucks. Abby marche vers lui. Il sirote une boisson à l'aide d'une paille qui dépasse d'un gobelet en carton. Ses longs cheveux blancs sont tirés en arrière et il porte un anneau d'or à l'oreille. Pour le reste, il est vêtu d'un costume gris impeccablement coupé sur un tee-shirt blanc, et chaussé de fines baskets Adidas à deux cents dollars.

— Pardon, monsieur, vous savez ce qui se passe ici ? Où sont les gens ?

Le vieil homme la regarde à présent. Ses yeux lavande fascinent Abby.

— J'ai ma petite idée là-dessus. Pourquoi ne viendriez-vous pas vous asseoir ? On pourrait en parler.

Curieusement, Abby n'a pas peur du vieil homme. Elle s'assoit en face de lui et tourne la tête vers les baies vitrées. Elle a l'impression que le jour décline. À nouveau cet étourdissement, plus fort que la première fois. Elle ressent une violente douleur au thorax. Tout redevient flou autour d'elle. Elle ferme les yeux et lutte contre la torpeur. Elle sursaute en entendant une sirène et des voix lointaines s'échapper des haut-parleurs. Plus un hurlement qu'une voix. « Nouvel arrêt cardiaque ! Poussez-vous, doc, on est en train de la perdre ! » À nouveau la sirène. Puis le silence revient, oppressant. Abby sent une main se poser sur la sienne.

— Restez avec moi, Abby. Regardez-moi. Ne regardez que moi pour le moment.

Quand elle rouvre les yeux, la torpeur et le flou ont disparu. Les yeux lavande du vieil homme. Il ne sourit plus. Il a l'air inquiet.

— Je m'appelle Eric Searl. Je suis neuropsychiatre. Je travaille au Good Samaritan Hospital. Je m'occupe de ceux qui ont eu un accident grave et qui sont plongés dans le coma.

— Seigneur ! Vous êtes en train de me dire que Josh a eu un accident ?

Abby est terrifiée. Elle regarde autour d'elle. Les allées, les vitres, le monde au-dehors. À nouveau l'étourdissement. À nouveau le flou.

— Restez avec moi, Abby. Ne regardez que moi.

Le regard d'Abby revient sur les yeux du vieil homme. Elle a un peu moins peur quand elle regarde ces yeux.

— Mon travail consiste à aider les patients dans le coma à remonter à la surface. Je les prends en charge juste après l'accident, si possible dès qu'ils sont dans l'ambulance. Toute une équipe travaille avec moi. Nous appelons nos patients des *endormis*, par opposition aux autres qui sont des *éveillés*. Les éveillés ont beaucoup de mal à comprendre que les endormis ont beau avoir sombré dans le coma, ils perçoivent et ressentent souvent douloureusement leurs gestes et leurs paroles. Par exemple, il ne faut jamais dire à côté d'un endormi qu'il a eu un accident grave, qu'il est défiguré ou qu'il va sans doute mourir, sinon il peut entrer dans une grande terreur et, comme il n'a aucun moyen de l'exprimer, basculer dans la folie.

La voix de Searl est très douce. Elle fait du bien à Abby.

— À force d'entendre notre voix, certains réussissent à se réveiller. Ceux qui le font ne savent souvent plus parler ni écrire. Ils ne se rappellent rien de ce qui s'est passé, de leur enfance ou de leur vie d'avant parce que l'accident a fait exploser leurs souvenirs comme une vitre. Alors, dès l'ambulance, dans le bloc opératoire, pendant qu'ils s'enfoncent dans le coma et dès qu'ils se réveillent, je répare leur mémoire en leur faisant respirer des odeurs et écouter des sons.

— Quel genre d'odeurs ?

— C'est très variable. On sait que les souvenirs contiennent tous des odeurs plus ou moins complexes qui servent d'ancrage à la mémoire. Par exemple, si un enfant s'écorche les genoux en tombant de vélo, en plus de cette blessure, son cerveau va emmagasiner un certain nombre d'informations comme le vent dans les arbres, le soleil, les nuages, le grain du bitume sous ses paumes, l'odeur de la brise, celle du Mercurochrome avec lequel on badigeonne sa plaie. Tous ces éléments vont entrer dans la composition du souvenir. Si je veux aider à le retrouver, il me suffit de recomposer ces éléments olfactifs avec un ordinateur couplé à un casque équipé d'une canule nasale qui permet de les diffuser. J'en utilise d'autres pour me matérialiser dans les visions de mes patients. Dans la vie réelle, j'ai 40 ans, cheveux en brosse, physique de marathonien. Ici j'ai cette apparence. Je n'ai jamais bien compris pourquoi.

— Ce sont ces odeurs que vous êtes en train de me faire respirer ?

— Oui.

Les larmes roulent sur les joues d'Abby. Elle articule à travers ses sanglots :

— Ça veut dire que c'est moi qui ai eu un accident, n'est-ce pas ?

— La moto que vous avez aperçue à l'extérieur vous a percutée alors que vous vous apprêtiez à entrer dans le centre commercial. Le choc a été très violent.

— C'est impossible ! Je suis entrée dans le centre ! Je me suis même assoupie sur un banc !

— C'est ce que votre cerveau a réussi à trouver comme seule explication supportable à ce qui s'est passé. Le choc a été si violent que tout a explosé en vous. Alors votre cerveau a pris le relais en reconstruisant la réalité qu'il s'attendait à vivre. Il a ainsi recréé les portes vitrées qui s'ouvrent, la musique et les odeurs. Les gens aussi. Et puis, comme il sombrait, il a inventé cet assoupissement et ce réveil dans ces lieux.

Abby sanglote. Elle se tourne vers les vitres. Au-delà, la nuit est tombée.

— Si je ne suis pas ici, où est-ce que je suis exactement ?

— Vous vous trouvez actuellement dans une ambulance qui vient de se ranger devant les urgences du Good Samaritan Hospital. Vous avez déjà fait deux arrêts cardiaques et nous ne parvenons plus à stabiliser vos fonctions vitales. Le bloc opératoire est prêt. Nous vous y transportons aussi vite que possible. Voilà, nous y sommes.

Abby lève les yeux vers les haut-parleurs du centre commercial. Elle capte d'autres voix au loin, des portes qui battent, le crissement d'un électrocardiogramme.

— Mes blessures sont graves ?

— Oui.

— Graves comment ?

— Très graves.

Abby regarde autour d'elle. Les lumières du centre commercial clignotent et s'éteignent les unes après les autres. Bientôt, il ne reste plus que celle qui éclaire la table où ils sont assis. Son regard revient sur Searl.

— Je vais mourir, c'est ça ?

— Votre cerveau est trop abîmé. Il est en train de lâcher.

— Je pourrais rester ici, non ?

— Ces lieux sont morts, Abby. Votre cerveau s'éteint et eux avec. Les chirurgiens pratiquent une césarienne en urgence pour tenter de sauver votre bébé.

Abby pose ses mains sur son ventre. Elle se rend compte avec horreur qu'il s'aplatit sous ses paumes.

— Abby, ne regardez que moi.

À nouveau les yeux lavande. Des cris de nouveau-né au loin dans les haut-parleurs.

— Voilà, il est là. Il va bien. Il va s'en sortir.

— Est-ce que je peux le prendre un moment ?

— Je vais essayer de vous faire respirer son odcur. Fermez les yeux.

Abby s'exécute. Elle sent un poids chaud grandir au creux de ses bras. Quand elle rouvre les yeux, Jacob est là, posé sur elle, baigné de lumière. Il porte un bonnet de maternité. Elle essaie de respirer son odeur mais elle n'y parvient pas. Elle sanglote en le berçant.

— Il a froid. Il va falloir que le médecin le récupère à présent.

— Non ! Pas tout de suite ! Laissez-le-moi encore un peu !

— Il va vivre, Abby. Vous l'avez protégé pendant le choc et à présent il va vivre.

Abby sent le poids s'atténuer. Quand elle baisse à nouveau les yeux, Jacob n'est plus là.

— Votre mari est ici. On l'a autorisé à entrer dans le bloc. Il se tient à côté de vous. Il vous prend la main.

Loin, très loin, Abby sent des lèvres se poser sur son front. Une bonne odeur d'eau de toilette. Une présence aussi. Sa présence. Et puis il se redresse et son odeur s'éloigne. La lumière qui éclaire la table clignote et vacille. Les joues baignées de larmes, Abby regarde Searl.

— Oh mon Dieu, j'ai tellement peur.

— Vous ne devez pas avoir peur. Je reste avec vous jusqu'au bout. Vous ne sentirez rien.

3

Searl est penché au-dessus de la table d'opération. Il a ôté la canule olfactive ainsi que le casque qui diffusait les sons. Il tient la main d'Abby en regardant les tracés de son cœur et de son cerveau. Beaucoup d'émotions et de regrets. De moins en moins d'activité cérébrale à mesure que le cerveau s'éteint. Il se penche encore et murmure :

— Abby ? Je vais couper les appareils à présent. Je vais couper aussi le respirateur. Josh est là. Il vous tient la main. Je vous souhaite un bon voyage et un bon repos de l'autre côté.

La main d'Abby se crispe imperceptiblement avant de se relâcher dans la paume de Searl. Les tracés s'aplatissent. Bientôt, la plainte continue de l'électrocardiogramme. Abby a les yeux ouverts. Elle regarde le plafond. Searl lui ferme les paupières, puis, sans un regard pour les vivants, il quitte le bloc.

4

Searl s'appuie contre la porte du bloc qu'il vient de refermer. Il serre les poings sur ses yeux pour chasser la colère qui l'envahit. Il n'a jamais pu se résoudre à perdre un patient. Pour remettre de l'ordre dans son esprit après de telles interventions, il s'adonne à la méditation et à l'ultra-marathon. Il est parvenu à un tel niveau d'endurance qu'il peut courir dix kilomètres avant de commencer à transpirer. Quand cela ne suffit pas, il rend visite au professeur Buchanan, son mentor qui l'a aidé à créer le service des endormis. Buchanan est un vieux géant au visage pommelé de rides. Il répète sans cesse à Searl qu'il ne doit pas s'impliquer autant dans la relation avec le patient. Searl lui répond à chaque fois qu'il lui est impossible de récupérer les endormis sans nouer précisément cette relation privilégiée avec eux. À quoi Buchanan rétorque toujours d'un hochement de tête :

— Vous ne réparez pas des cerveaux ni des mémoires, vous réparez des âmes pour essayer de recouvrer la vôtre. Souvenez-vous de votre propre réveil, et du long travail que nous avons fait à l'époque pour vous ramener. Vous êtes vous aussi un endormi. Ne l'oubliez jamais.

— Vous sous-entendez que je me sers d'eux pour me guérir ?

— C'est ce qui fait que vous êtes le meilleur. Le plus dangereux pour vous-même aussi.

Searl se masse les tempes afin de chasser la migraine qui s'y accumule. Derrière la membrane de ses paupières, il perçoit la lumière crue des plafonniers, leur chaleur blanche sur son front. Il avait 12 ans lorsque des campeurs l'avaient retrouvé inanimé sur le bord d'une route forestière au fin fond de l'Idaho. Un de ces massifs flanqués de collines et de crêtes lointaines où l'on peut marcher durant des jours sans croiser personne d'autre que des ours et des élans. Les flics avaient enquêté et s'étaient vite aperçus qu'il n'était fiché nulle part ni inscrit dans la moindre école. Quand Buchanan avait réussi à le réveiller au bout de six mois de coma, il ne conservait aucun souvenir de sa vie d'avant. Les psychiatres avaient aussi noté qu'il ne savait plus parler, pas ou plus écrire, pas ou plus dessiner, ni assembler entre eux des éléments géométriques simples. Avait alors commencé une lente rééducation qui lui avait permis de restaurer ses acquis mais pas de recouvrer la mémoire de ce qui s'était passé dans cette forêt. Comme on avait retrouvé autour de son cou une médaille sur laquelle était gravé « Eric », on lui avait conservé ce prénom et, après avoir été adopté par un couple de riches universitaires qui s'appelaient Searl, il avait poursuivi sa réadaptation dans une clinique privée perdue dans les Rocheuses. Il avait ensuite réintégré une scolarité normale, avant d'entrer à l'université où il avait été un étudiant renfermé mais brillant. Sorti major de l'école de médecine, il était devenu le plus jeune neuropsychiatre de sa génération. Malgré cela, il avait souvent l'impression d'abriter un monstre, un esprit de la forêt, une force obscure et maléfique qui aurait pris le contrôle de la partie noire de son cerveau et des rives les plus éloignées de son âme.

Searl rouvre les yeux dans le couloir des soins intensifs. Déjà le personnel de la morgue arrive avec une civière et une housse en plastique. À travers la porte, il capte les sanglots du mari d'Abby. Il est tenté de le rejoindre. Il renonce. Il n'a jamais su trouver les mots pour réconforter les éveillés. Il franchit le sas vitré qui donne sur le quartier des endormis. Outre le silence, la musique relaxante et les parfums de forêt ou d'océan qui s'échappent des diffuseurs, on y capte le crissement des appareils de réanimation et le bruit ténu des chariots de soin. Le service occupe quatre cents mètres carrés dans les fondations du Good Samaritan. Il est à ce point isolé du reste de l'hôpital que les autres médecins l'appellent « la cathédrale ». Searl n'en sort pratiquement jamais, y prenant ses repas pour rester le plus possible avec son équipe au chevet de ses patients.

La première salle du service est composée d'un alignement de caissons insonorisés d'une quinzaine de mètres carrés chacun. Chacune de ces structures en Plexiglas renforcé est équipée d'un lit à suspensions, de haut-parleurs et de diffuseurs, le tout piloté en permanence par un ordinateur qui gère l'atmosphère, la température, la qualité de l'air et l'ambiance sonore et olfactive propre à chaque patient. La salle que Searl traverse n'accueille que des endormis de stade 4. La plupart de ces comateux profonds ont été accidentés quelques semaines à quelques mois plus tôt. Deux d'entre eux le sont depuis plus de cinq ans. Une seule, Mme Helena Vinyard, l'est depuis le mois de juillet 1979. Searl l'a récupérée en 2011 dans une structure spécialisée où son mari, mort depuis, l'avait placée après son accident. À l'époque, Helena Vinyard avait 43 ans. Mère de trois enfants, sa voiture avait percuté un arbre à pleine vitesse. Depuis, plongée dans son sommeil intact, elle continuait de vieillir sous les yeux de l'équipe et de ses enfants devenus depuis longtemps adultes.

Searl s'est arrêté devant le caisson insonorisé qui abrite la vieille dame. Lorsqu'un comateux profond est admis dans le service, la première mission de l'équipe consiste à recueillir avec l'aide des proches le plus d'informations possible sur son enfance afin de programmer l'ordinateur avec des sons, des odeurs et de la musique correspondant à ses souvenirs les plus apaisants. Les sons sont diffusés à partir d'enceintes transparentes fixées aux parois de verre, et directement dans des écouteurs placés dans les oreilles du patient. Pour les odeurs, on fait appel à l'ordinateur olfactif que Searl a mis au point en faisant des recherches sur ses propres souvenirs : chaque senteur est synthétisée par la machine qui en contient des millions et peut en reproduire d'autres à l'infini, avant d'être diffusée via la canule olfactive. Ensuite on teste les réactions les plus infimes du patient jusqu'à trouver le bon programme. Helena Vinyard a ainsi « choisi » les opéras de Verdi qu'elle écoutait avec sa grand-mère en préparant des cookies, ainsi que les odeurs de pin et d'écume d'une station balnéaire de la côte Est où elle avait passé une partie de son enfance. Un mélange d'air frais, de lichen et de mousse. De sel et d'algues aussi. Un paysage brumeux, comme voilé.

Searl franchit les autres sas sans s'attarder dans les salles des endormis de stades 3 et 2. Les caissons de la salle suivante abritent des chambres où des programmes de stimulations sensorielles passent en boucle pour empêcher les patients en cours de réveil de sombrer à nouveau. Là, on commence à les réhabituer aux bruits et aux odeurs du monde. La plupart les acceptent. D'autres régressent quelques semaines avant de recommencer à réagir aux stimulations.

Certains, plus rares, lâchent prise et retournent dans les caissons insonorisés des stades 2 ou des comas carus de stade 3. Dans la plupart des cas néanmoins, les stades 1 réagissent bien aux stimuli et c'est là que s'affine la rééducation de leur mémoire avec des signaux déclenchant la réactivation des souvenirs profonds.

Searl a atteint la dernière salle, celle des réveillés. Comme lui, eux ne seront jamais tout à fait des éveillés. Toujours un pied dans le monde des vivants et un autre quelque part dans celui, obscur, des endormis. Cette dernière salle est composée de chambres spacieuses et d'une salle commune où l'on stimule les patients. Les cas de rechute dans le coma sont rares mais ils existent, et l'équipe fait attention à ne jamais trop laisser dormir un réveillé. La plupart ne savent plus lire ni écrire, compter ou s'exprimer normalement. Certains ne parlent plus du tout et sont incapables de se nourrir ou de choisir un vêtement. Et surtout, tous sont frappés d'une amnésie plus ou moins profonde qui les empêche de reconnaître leurs proches ou de se souvenir du monde réel qu'ils aperçoivent sur les écrans plasma de leur chambre. C'est là que commence la véritable rééducation avec les psychiatres formés par Searl, et, le plus souvent, avec Searl lui-même. La technique des odeurs et des sons ayant empêché le cerveau de s'éteindre, elle est ici utilisée au maximum de son potentiel pour aider le patient à se réapproprier ses souvenirs les plus anciens, ceux que Searl appelle les souvenirs fondateurs et dont chaque particule élémentaire soutient les autres souvenirs.

Searl passe devant les dernières chambres du service. La plupart des réveillés sont assis sur des fauteuils et leurs yeux vides d'expression trahissent une grande fatigue. D'autres se tiennent debout devant les fenêtres rectangulaires qui donnent sur le parc. Les vitres spéciales qui les équipent ont la propriété de devenir opaques quand on les effleure. Outre le parc qui semble les fasciner comme une première étape dans leur reconquête du monde, de temps à autre, les réveillés les effleurent, alternant vitrage transparent et opaque, comme s'ils envoyaient des signaux vers l'extérieur.

Searl va atteindre son bureau lorsque son portable qu'il vient de rallumer bourdonne dans sa poche. Il l'a laissé sonner trop longtemps. Il regarde l'écran. Rebecca. Dix-huit appels en absence. La main de Searl tremble imperceptiblement tandis qu'il insère sa clé dans la serrure. Des odeurs d'orage. Des bruits de pluie.

5

— Chéri, c'est le millionième message que je te laisse. Merci de nous avoir plantés au dernier moment à l'embarquement à Los Angeles. J'ai adoré. Si jamais ça t'intéresse, nous avons bien atterri et roulons actuellement à travers les Rocheuses, secteur que je ne connais absolument pas, en bonne New-Yorkaise empotée que je suis, et que tu te faisais un plaisir de me faire découvrir. Merci de me rappeler dès que possible pour me dire quand et si tu as l'intention de nous rejoindre pour ces vacances de Noël qui s'annoncent inoubliables.

Rebecca Miller raccroche son portable, se concentre à nouveau sur la route. Elle conduit aussi prudemment que possible sur la 70 en direction de Grand Junction. Elle a quitté Denver une heure plus tôt après avoir loué un Chevrolet Avalanche à l'aéroport. En réservant la veille chez Avis, elle avait demandé un véhicule taillé pour la montagne et les imprévus. À Denver, l'hôtesse lui avait remis les clés de ce monstre de deux tonnes en lui expliquant que le Chevrolet était équipé de pneus neige et qu'il valait mieux ne pas rouler trop vite sur le bitume sec. Rebecca avait demandé : « Et sur la neige ? » L'hôtesse avait répondu : « Le moins vite possible aussi, même si ce genre d'engin passe en théorie partout. De toute façon, pour le moment, on ne prévoit que de la pluie sur votre parcours. » Après un moment de réflexion où son front s'était barré d'une ride soucieuse, elle avait cru bon d'ajouter : « Maintenant, on ne sait jamais, ça change si vite dans le secteur. » La boule au ventre, Rebecca avait empoché les clés et les documents, puis, les enfants et les valises sous le bras, elle avait gagné le parking où elle avait passé vingt minutes à se familiariser avec le tableau de bord de l'engin, lequel lui faisait songer à celui d'un avion de ligne.

— T'es nulle de toute façon. T'as toujours été nulle en tout.

Rebecca avait croisé le regard de Marty dans le rétroviseur. Quinze ans et presque toutes ses dents, le visage constellé d'acné rouge vif, cheveux longs et binocles à la Harry Potter, l'avant-dernier de la meute.

— C'est ton père qui aurait dû conduire. Je fais ce que je peux.

— Tu peux que dalle. T'es naze.

Coup d'œil dans l'angle gauche du rétroviseur. Megan, 17 ans, chevelure brune et teint cireux à la *Twilight*. Obsédée à l'idée de couver le moindre bouton de fièvre. Signe distinctif comme toutes les garces de son âge : peut vous flinguer n'importe qui en trois mots.

— Moi je trouve que tu t'en sors très bien, Becka.

— Merci, ma chérie.

Angle droit. Kirsten, 9 ans. Serre consciencieusement dans ses bras Miss Granger, sa poupée de chiffon préférée. Pas encore l'âge de flinguer n'importe qui en trois mots. Affublée de sa frimousse tachetée de son et de son appareil dentaire, la fillette lui avait adressé un sourire métallique. Et puis Marty avait dégainé sa console de jeux, Megan son iPad bourré à craquer de vidéos, et, ayant finalement trouvé un sens à presque tous les boutons du tableau de bord, Rebecca avait pris la direction des montagnes.

Très vite, elle avait abordé les contreforts et croisé les premiers panneaux annonçant les cols ouverts. D'autres, frappés d'un point d'exclamation, avertissaient qu'il ne fallait jamais couper l'élan des road-trains, ces gigantesques camions traversant les Rocheuses. Elle vient d'en dépasser un stationné sur une aire de délestage, énorme et rouge, feux de détresse allumés. Au comble de l'excitation, Marty affirme que c'est un Kenworth porte-containers de soixante tonnes équipé d'un V12 de 3 000 chevaux. Rebecca le voit redémarrer dans son rétroviseur.

Depuis quelques secondes, la pluie s'est mise à tomber. Quelques lourdes gouttes d'abord, juste de quoi déclencher les essuie-glaces automatiques. Et puis, soudainement, le déluge, sans transition. Il pleut à présent si fort que le paysage disparaît en même temps que le cul du trente tonnes chargé de troncs d'arbres à une centaine de mètres devant le Chevrolet.

Rebecca pianote sur le tableau de bord à la recherche du bouton de la clim. Après plusieurs essais infructueux, elle le trouve enfin et regarde la buée disparaître. Ses yeux s'arrondissent de surprise en constatant que les lumières arrière du trente tonnes ont grandi dans son champ de vision. Elle donne un coup sur le frein pour rétablir les distances. Derrière elle, le Kenworth rouge l'a rattrapée et klaxonne rageusement. Depuis Grand Junction, la route grimpe, or le routier ne veut pas perdre son élan. Rebecca affiche son clignotant avant de déboîter sur la voie de gauche, pile dans le sillage de pluie projeté par les pneus du trente tonnes.

Nouveau coup de klaxon. Le Kenworth entreprend à son tour de dépasser son collègue en collant son pare-chocs à quelques mètres de celui du Chevrolet. Son avant est renforcé par de lourds barreaux d'acier. Rebecca essaie d'apercevoir le visage du chauffeur dans le rétroviseur, mais le pare-brise teinté ne renvoie que l'éclat bleu acier des nuages. Elle l'imagine furieux ou goguenard, épais et vulgaire.

Nouveau coup de klaxon, plus appuyé. Au sommet de la côte, les clapets d'échappement du monstre claquent sur leur socle tandis que le routier change de vitesse. Puis ils se redressent dans un panache de fumée noire, et le moteur de 3 000 chevaux hurle. Les mains crispées sur son volant, Rebecca essaie d'augmenter la vitesse des essuie-glaces. Le poids lourd multiplie les appels de phares à quelques mètres derrière elle. Il est si prochc à présent que sa gueule bardée d'acier remplit son rétroviseur. Elle se trouve au centre du sillage de pluie du trente tonnes qu'elle essaie de dépasser et elle y voit autant que si elle avait les yeux ouverts en nageant sous l'eau.

— T'as qu'à accélérer un bon coup, pauvre gourde !

— La ferme, Marty !

Terrifiée, Rebecca enrage contre le chauffeur du Kenworth qui la talonne. La respiration bloquée, les muscles tendus, elle sort enfin du sillage du trente tonnes et accélère dans une courbe en se rabattant sur la voie de droite. Le chauffeur du monstre salue l'exploit de quelques coups de klaxon rapides qui ressemblent à un rire, puis se rabat à son tour devant le trente tonnes. Leurs silhouettes se diluent dans le rideau de pluie à mesure que Rebecca prend de l'avance.

Kirsten s'est réveillée. Elle a envie de faire pipi. Rebecca croise un panneau annonçant une aire de repos deux kilomètres plus loin. Un autre panneau indique Big Creek : soixante kilomètres. Elle regarde les camions rapetisser dans son rétroviseur. Marty a eu l'intelligence de lui dire que, quand on cherche des noises aux routiers, ils transmettent votre plaque à tous les autres routiers pour vous pourrir la vie. Kirsten s'agite.

— Ça peut attendre un petit quart d'heure, ma chérie ?

— L'appelle pas ta chérie, t'es pas sa mère.

À nouveau Marty. Ses grands yeux noirs et secs dévisagent Rebecca. Elle a beau être psychiatre, ce syndrome qu'on appelle adolescence lui a toujours échappé. Kirsten renifle. Elle dit qu'elle ne pourra sans doute pas attendre mais qu'elle peut essayer. Le Chevrolet approche de l'aire de repos. Les camions derrière. Rebecca s'engage sur la voie de décélération. Kirsten a fini de se dandiner sur son siège. Elle fronce les sourcils.

— Ah ben non, finalement, c'est bon.

— Quoi donc ?

— Le pipi. Il est parti.

— Tu as fait dans ta culotte, tu veux dire ?

— Non, non. Il est parti, c'est tout.

— T'es vraiment une plaie, minuscule chieuse.

— Megan, fiche la paix à ta sœur.

Rebecca a atteint le milieu de la bretelle de sortie. Appels de phares. Clapets ouverts au maximum, le Kenworth déboule en roulant entre deux voies. Elle appuie sur l'accélérateur en mettant son clignotant pour revenir sur la route. L'aiguille des tours grimpe. Un coup de klaxon interminable. D'autres appels de phares en rafale. Le Kenworth s'est rabattu sur la droite.

— Vas-y, la poule mouillée. Montre-nous donc ce que t'as dans les tripes.

À nouveau le sourire goguenard de Marty. Rebecca sent des larmes de colère lui brûler les yeux. Quand leur père n'est pas là, les enfants se déchaînent. Elle accélère encore tandis que l'énorme truck poursuit sur sa lancée sans même chercher à freiner.

— Bordel, Becka, c'est un V8 de 6 litres que t'as sous le pied ! Colle-nous donc cette pédale au plancher, qu'on n'en parle plus !

Becka écrase rageusement l'accélérateur. La boîte électronique rétrograde automatiquement et le moteur rugit, compte-tours dans le rouge. Le lourd Chevrolet franchit la ligne blanche juste avant l'entrée de l'aire de repos et déboule devant le Kenworth dont il coupe la trajectoire. Le monstre n'est plus qu'à quelques mètres. Il ne klaxonne plus. Il ne fait plus d'appels de phares. Il se déporte vers la gauche. Emporté par son élan, il entreprend de dépasser le 4×4.

— Ne le laisse pas passer !

Rebecca a les mains tellement crispées sur le volant que les jointures de ses doigts sont blanches. Elle regarde l'aiguille de son compteur escalader les chiffres. Coup d'œil à gauche. Le monstre se tient à sa hauteur, inondant la carrosserie et le pare-brise d'une interminable gerbe de pluie. Il n'accélère plus. Il laisse le Chevrolet monter dans les tours. Puis il se rabat lentement vers la droite, forçant Rebecca à serrer sa trajectoire à son tour. Un piaillement horrifié à l'arrière :

— Beck ! Il va nous écraser !

Rebecca croise le regard anxieux de Megan dans son rétroviseur. Les enfants ne parviennent pas à détacher les yeux du monstre qui roule à vive allure, si proche qu'il emplit l'espace. Rebecca étouffe un gémissement de terreur en doublant un panneau de rétrécissement temporaire par la droite. Elle force l'allure sur une pente légère en espérant semer le monstre avant le sommet, mais le V12 du Kenworth lancé sur son élan a encore de la ressource. Le moteur hurle, clapets d'échappement en suspension dans les vapeurs brûlantes. Peu à peu, elle le distance pourtant et le camion se rabat brusquement derrière elle tandis qu'elle négocie de justesse le rétrécissement.

Le sommet de la côte. La descente de l'autre côté. Le monstre qu'elle avait légèrement distancé se rapproche à nouveau. Il n'est plus qu'à quelques centimètres. Un frôlement de tôle. Un choc. Rebecca sent le volant vibrer entre ses mains. Megan étouffe un cri. Kirsten sanglote. Marty ne dit rien. Rebecca colle à nouveau l'accélérateur au plancher. Le moteur gronde. Une autre côte, plus douce, plus longue. Le camion s'essouffle enfin. Rebecca regarde sa gigantesque carcasse rétrécir dans son rétroviseur. Le klaxon de moins en moins fort à mesure que le Chevrolet avale les kilomètres. Lorsque le roadtrain est assez loin, Rebecca appuie sur la touche SOS du tableau de bord relié à son téléphone. La connexion Bluetooth s'enclenche. Une voix impersonnelle reliée au centre d'assistance.

— Que puis-je pour vous ?

— Je me trouve sur la 70 à une soixantaine de kilomètres de l'embranchement de Big Creek. Le bureau du shérif le plus proche. C'est une urgence.

— Je vous mets en contact.

— Bon sang, Becka, si tu appelles les flics, t'auras la mafia des camions au cul et ils te défonceront la gueule dans un fossé à coups de barre de fer.

Un grésillement emplit l'habitacle.

— Bureau du shérif de Bender, j'écoute.

— Je m'appelle Rebecca Miller. Je roule actuellement sur la 70 en direction de Big Creek. Un camion fou me talonne depuis une dizaine de kilomètres. Je pense avoir réussi à le distancer.

— Vous pouvez me le décrire ?

— D'après mon fils, il s'agit d'un Kenworth rouge transportant des containers.

— Je ne suis pas ton fils, pauvre naze.

— La ferme, Marty !

Marty se tasse sur son siège. Megan hausse les épaules. Elle a retrouvé son expression indifférente malgré les légers cernes noirs qui soulignent ses yeux.

— Où se trouve actuellement ce camion, madame ?

— Je ne sais pas. Je ne le vois plus dans mon rétroviseur.

— Vous dites qu'il vous a menacée ?

— Il m'a collée de très près en changeant plusieurs fois de voie. Il a même raclé mon pare-chocs.

— Vous avez sans doute cassé son élan. Les chauffeurs détestent ça. Passez par Bender pour que j'enregistre votre plainte. Je note en attendant votre présence sur la 70. Au moindre souci, rappelez-nous et nous enverrons une patrouille.

— C'est tout ?

Rebecca répète sa question mais la communication s'est interrompue. Elle interroge son rétroviseur. La route derrière elle est vide.

— Purée, la naze, tu l'as bien niqué, ce fumier ! Maintenant, il est en train d'alerter ses potes à la radio et ils vont nous jeter dans un ravin et on ne retrouvera jamais nos cadavres.

— Marty, tu fais peur à Kirsten.

— J'te fais peur, minuscule chieuse ?

— Non.

— Alors pourquoi tu te tortilles sur ton siège ?

— Parce que le pipi est revenu.

Rebecca considère les enfants d'Eric Searl dans le rétroviseur. Le mariage est dans un mois et elle se demande si le Mexique accorde l'asile politique aux belles-mères.

6

Megan a rechaussé ses écouteurs. Les yeux fermés, elle appuie son front contre la vitre. Les poings serrés sur son ventre et la tête dodelinant de droite à gauche, Kirsten s'est rendormie sur son rehausseur. À ses côtés, Marty joue avec sa console de jeux. De temps en temps, il essuie la morve sous son nez avec la manche de son anorak. Il grimace en reniflant comme si le mal de gorge remontait déjà jusqu'à ses oreilles. Suffisamment odieux sans otite pour ne pas prendre ce risque. Rebecca se demande si elle a pensé à embarquer le sirop pour la toux. Elle veut demander à Marty de sortir son visage du souffle tiède de la clim et de remonter son écharpe sur son nez, mais elle n'en a pas le courage.

Encore quarante kilomètres jusqu'à l'embranchement de Big Creek. Elle interroge pour la millième fois le rétroviseur intérieur. Balayée par les spirales argentées de la pluie, la route est toujours aussi vide derrière elle. Son regard se pose à nouveau sur Kirsten qui serre sa poupée de chiffon dans ses bras. Elle sent une bouffée d'amour lui brûler la gorge. Un mois plus tôt, tandis qu'elle l'enveloppait dans une serviette après lui avoir donné son bain, la fillette l'avait serrée dans ses bras et l'avait appelée maman.

Rebecca reporte son attention sur la route. Elle pense à Searl, au bébé qu'elle porte en secret dans son ventre. Elle a fait le test la veille. De peur de ne pas trouver un marchand d'alcool en altitude, elle a acheté deux bouteilles de champagne qu'elle a glissées dans les valises pour annoncer la nouvelle quand Searl les aura rejoints.

Rebecca cale son régulateur sur la limitation de vitesse. Les mains cramponnées au volant, elle considère les sommets enneigés qui se découpent dans la lueur métallique de la tempête. Depuis quelques kilomètres, la pluie a cessé et un pan de ciel bleu s'ouvre au-dessus de la route. Rebecca frissonne tandis que l'alarme de verglas s'enclenche. Elle consulte le thermomètre de bord. Les chiffres sont devenus rouges, et, là où ils indiquaient 11 °C quelques minutes plus tôt, ils sont à présent fixés sur – 1. Elle va tapoter le cadran lorsqu'elle remarque qu'un voile de givre est en train de se former sur le pare-brise et les rétroviseurs. Elle déclenche le dégivrage, puis augmente la température de la clim dont elle dirige le flux brûlant vers le pare-brise. Le voile cède du terrain. Elle appuie sur le bouton de chauffage des sièges. Une délicieuse chaleur irradie dans son dos. Elle consulte de nouveau le thermomètre et constate avec un certain effroi que la température a chuté à – 8.

Rebecca se mordille les lèvres en sentant les pneus mordre la croûte de verglas qui fait scintiller la route. Elle réduit sa vitesse, ajuste à nouveau son régulateur. Les enfants dorment toujours, sauf Megan qui ne fait que somnoler sous le couvercle de musique qui s'échappe de ses écouteurs. Aucun signe du camion. Rebecca se dit que lui aussi est obligé de ralentir à cause du verglas. Elle songe en même temps que c'est certainement ce qu'il espère qu'elle va penser.

« À vingt-cinq kilomètres, tournez à droite. »

Rebecca baisse le volume du GPS et augmente celui de la radio. Elle capte un flash de la météo de Boulder annonçant que la tempête de neige qui ne devait sévir que sur le nord de l'État est en train de redescendre vers le mont Powell et la 70 où elle roule. Elle lève les yeux et observe le ciel d'un bleu de velours à travers les vitres teintées du toit ouvrant. Elle hausse les épaules et ramène le 4×4 qui a légèrement dévié sur la gauche. Lisant une dernière dépêche en provenance de la station météo de Denver, le speaker réitère son alerte et annonce à présent que le blizzard peut se lever à tout moment, que les camions doivent d'ores et déjà s'arrêter dans les refuges prévus à cet effet, et que les autres véhicules doivent à tout prix rejoindre au plus vite les vallées ou un lieu sûr à proximité.

— À ceux qui ne sont pas du coin et qui ne font que traverser notre belle région, ne vous fiez surtout pas au ciel au-dessus de vos têtes, car rien n'est plus traître qu'une tempête de neige en plein Colorado. Alors soyez gentils, tirez-vous, abritez-vous, sauvez-vous.

Rebecca se penche sur le volant. Elle a l'impression que le ciel est en train de se voiler. Des filaments de nuage s'accrochent aux montagnes dont les contours deviennent laiteux. Et puis, d'un seul coup, un socle nuageux déborde du nord, et, lorsqu'il s'est refermé au-dessus de la route, les premiers flocons, lourds et collants, atterrissent sur le pare-brise. Les essuie-glaces se déclenchent en raclant le givre qui a recommencé à se former. Le mouvement chasse la première pellicule de neige qui se reforme aussitôt derrière les balais. Puis, après une pause, les flocons se mettent à tomber si dru qu'ils forment bientôt un rideau estompant la route.

Rebecca ralentit encore en scrutant anxieusement son rétroviseur. Elle se rend compte qu'elle ne cesse de penser au camion. Elle sursaute en croyant apercevoir des phares au loin. Elle relâche l'accélérateur qu'elle avait à nouveau enfoncé et laisse le régulateur ramener la voiture à la vitesse précédente. Le blizzard à présent, mélange de vent, de neige et de particules de glace qui cinglent la carrosserie. À travers les grésillements de la radio, la voix du speaker de Denver nasille :

— À tous. Premier assaut de la tempête sur la 70. Ce n'est que le début. Bientôt l'œil du cyclone. L'accalmie devrait durer une heure dans ce secteur avant le gros du front océanique. Vu la réserve de neige qu'on annonce, ça va sévir pendant au moins trois jours. À tous ceux qui n'ont pas réussi à quitter le réseau à temps, il vous faut à présent trouver au plus vite un abri. Afin de vous y aider, dans quelques secondes, les autorités vont allumer les flashs de blizzard tout au long de l'axe principal. Flash rouge pour les aires fermées ou dangereuses, jaune pour les aires ouvertes où vous ne trouverez ni essence ni abri et où vous devez assurer votre propre survie en attendant les chasse-neige, flashs verts pour les aires où vous trouverez tout ce dont vous avez besoin pour vous abriter et vous restaurer. Si vous n'êtes déjà plus en mesure d'avancer, rangez-vous sur la bande d'arrêt d'urgence, feu de détresse enclenchés, et attendez les motoneiges de la police. À tous les autres, les veinards bien au chaud au coin du feu, ne sortez pas, n'allez pas chercher le pain que vous avez oublié et, surtout, restez à l'écoute de nos messages d'alerte.

Rebecca grelotte malgré le chauffage. Elle consulte l'écran de son téléphone portable. La dernière barre d'émission faiblit avant de disparaître pour de bon. Elle meurt d'envie d'allumer d'une cigarette. Elle avait été tentée d'acheter un modèle électronique aperçu dans une boutique de l'aéroport pour pouvoir vapoter dans la voiture, mais ça lui était sorti de l'esprit. Quand elle relève les yeux, elle aperçoit les îlots lumineux des flashs d'alerte s'allumer les uns après les autres à travers le blizzard comme des phares dans la tempête. Quelques points jaunes, un rouge au loin dans l'autre sens. Aucun flash vert pour le moment. Depuis plusieurs minutes, le GPS est muet et Rebecca se surprend à en regretter la voix impersonnelle. Elle maudit encore une fois Searl entre ses lèvres. Elle va essayer de le joindre à nouveau lorsqu'elle croise un panneau annonçant l'aire de repos de Big Creek à onze kilomètres. Un autre panneau précise que l'aire accueille les poids lourds, qu'on peut s'y restaurer et même louer une chambre. Un dernier indique : « Chez Arnie Bates. Presque tout, presque tout le temps, sur la plus grosse station-service de la région ! »

Rebecca plisse les yeux vers le soleil désormais invisible dont la lueur accentue la blancheur spectrale du blizzard. Elle aperçoit enfin au loin les flashs verts de la station-service de Big Creek et regarde les derniers kilomètres défiler au compteur. Le flash est situé à l'entrée de la voie de décélération que Rebecca emprunte avec un sourire triomphant. Elle s'engage sur la bretelle d'accès déjà couverte d'une épaisse couche de poudreuse. Au loin, la station-service d'Arnie Bates. Devant, le parking réservé aux voitures est bondé. Plus loin, une auberge où une pancarte géante annonce : « Mangez, buvez, dormez. Arnie garde vos clés de contact jusqu'au lendemain. » En face, le parking réservé aux poids lourds est déjà encombré de dizaines de camions rangés en épis.

Rebecca se gare devant les pompes à essence. Sous l'avant-toit de la station-service, des dizaines de voyageurs frigorifiés sirotent du chocolat chaud et du café dans des gobelets en carton. Au milieu de la cohue, une journaliste du *Aspen Times* et son cameraman jouent des coudes pour interviewer les rescapés dont les visages rougis par le froid se pressent comme des lucioles autour du micro qu'elle tend. Rebecca coupe le contact. Derrière elle, les enfants remuent.

— Ben ça alors, il neige !

Voix de Marty, de plus en plus enrhumée. Kirsten colle le bout de son nez contre la vitre gelée et dit à son tour :

— Ça alors !

Meg a ôté ses écouteurs. Après un interminable soupir, elle s'exclame :

— Purée, on a failli se faire aplatir par un camion fou et maintenant on va crever de froid au milieu de nulle part.

— Ouais, bon sang, Becka, dans quel pétrin tu nous as encore fourrés, pauvre naze !

Rebecca serre les mains sur son volant. Elle a décidé de ne plus communiquer avant d'avoir fumé sa prochaine cigarette : elle ne tient pas à se retrouver menottée à l'arrière d'une voiture de police pour avoir cassé le crâne d'un ado contre une pompe à essence en hurlant : « Tu arrêtes de me traiter de pauvre naze, espèce d'avorton enrhumé ! » Rebecca respire lentement par le nez tandis que Megan et Marty s'échangent des saletés sur elle à voix basse.

— Qu'est-ce que tu dis, Marty ?

— Je dis qu'il fallait prendre une chambre d'hôtel à Denver, espèce de cruche ! On aurait attendu papa et il nous aurait montés jusque-là en deux temps trois mouvements.

Furieuse, Rebecca se tourne vers l'adolescent qu'elle attrape par le col de son anorak avant de l'attirer à quelques centimètres de son visage.

— Répète un peu pour voir, Marty ?

— Quoi donc ? Cruche ou pauvre naze ?

Marty a la trouille mais il l'a dit quand même. Des larmes de colère brûlent les yeux de Rebecca.

— Ça fait de toi un lâche, Marty Searl. Pas du tout le petit dur si courageux que tu crois être. Pas même le gars si cool qui torture sa future belle-mère. Ça fait juste de toi un salaud.

Marty est blême et les boutons d'acné qui grêlent son visage ont viré au rouge. Ses yeux se remplissent à leur tour de larmes. Mélange de haine et de tristesse. Rebecca regrette déjà, lâche les pans de son anorak. Se retournant vers la station-service, elle se rend compte qu'elle n'a pas arrêté les essuie-glaces et que les rescapés de la route et le cameraman n'ont rien perdu de la scène. La voyant pleurer, leur regard se détourne et certains hochent la tête d'un air entendu : eux aussi ont déjà tué leur ado en pensée, au moins une fois. Rebecca essuie ses yeux. Derrière elle, Megan chuchote à Marty :

— T'as poussé le bouchon un peu trop loin. T'es un con, mec.

Marty ne répond pas. Il renifle. Kirsten a débouclé la ceinture de son rehausseur. Elle se tient debout derrière le fauteuil de Rebecca. Elle enveloppe son cou avec ses bras et dit :

— Eh bien, moi, je suis très fière de toi Becka parce que tu n'as pas eu trop peur et que tu nous as conduits jusqu'ici à travers la neige au moins aussi bien que l'aurait fait papa.

Rebecca essaie d'articuler quelque chose mais elle est tellement submergée par l'émotion que ses sanglots redoublent. Derrière, la fillette chuchote à Megan :

— Je ne comprends pas. Ça la fait pleurer encore plus. Qu'est-ce que je fais ?

— Je ne sais pas. T'as qu'à faire comme avec ta débile de Miss Granger.

Kirsten hausse les épaules. Elle a récupéré une de ses mains qu'elle passe dans les cheveux de Rebecca. D'une voix douce, elle dit :

— Là, Becka, chut, ne pleure pas, ma fille.

Rebecca parvient à sourire. Elle sèche ses larmes et descend dans l'air glacé pour remplir le réservoir jusqu'à la gueule.

Les gens sont de plus en plus nombreux sous l'avant-toit de la station-service. Au-delà des baies vitrées, elle distingue toute une foule se disputant les derniers sandwichs, les derniers sachets de crackers. Une grosse dame en sueur l'a emporté sur un petit grincheux à tête de comptable. Elle a dégainé une carte Platinum et règle son butin à moitié écrasé par l'empoignade. Rebecca referme le couvercle du réservoir et récupère sa carte de crédit. Le ticket qui l'accompagne est presque effacé et on ne distingue que le prix du plein.

Kirsten se tient toujours debout de toute sa hauteur derrière le fauteuil conducteur. Quand Rebecca referme sa portière et boucle sa ceinture, elle demande :

— On ne s'arrête pas ?

— Pas ici, ma chérie. Trop de monde. On va jeter un coup d'œil au restaurant un peu plus loin.

— T'es pas sérieuse, espèce de mum de rechange ? Ces endroits sont des coupe-gorge pleins de camionneurs psychopathes !

Rebecca se mordille les lèvres pour ne pas sourire. C'est la première fois que Marty l'appelle ainsi.

— Aucune crainte à avoir. On avale juste un morceau et on essaiera de repartir si la tempête se calme. Ou alors on dormira bien au chaud dans la voiture.

— On ne se réveillera jamais, Beck ! Ils vont nous découper en morceaux et nous faire griller sur des barbecues géants, et ensuite ils reprendront la route et ils nous chieront quelque part au milieu du Nevada.

— Marty, surveille ton langage.

— En tout cas, moi, pour le pipi, ça ne pourra plus attendre.

— T'es timbrée, minuscule chieuse ! Il n'y a pas de toilettes chez les camionneurs. Il y a juste des pissotières répugnantes dans l'arrière-cour. Tu fais ça debout contre un mur en graillonnant et en parlant base-ball et calendriers de gonzesses nues. C'est comme ça qu'ils repèrent qu'il n'y a pas de minuscules chieuses dans ton genre parmi eux. Quand ils en attrapent une, ils lui attachent les poignets et les chevilles avec des chaînes et ils l'écartèlent entre deux camions lancés à plein régime.

— Becka !

— Marty, arrête.

Rebecca roule au pas en contournant la station-service. Depuis quelques secondes, le spectre du camion rouge est revenu hanter son esprit. En se dirigeant vers le restaurant d'Arnie, elle réalise qu'il se rapproche sans doute de la même aire de repos et qu'il va forcément y rechercher un abri. Elle range le 4×4 en épi entre un truck à double remorque jaune et un porte-containers d'une société de transport du Maryland. Quand elle se trouve à la hauteur des cabines des conducteurs, assez en retrait pour ne pas être vue, elle coupe le contact et se penche sur le volant pour examiner la route qui se perd au loin dans le blizzard illuminé par les flashs verts. Aucun halo de phares en vue.

Emmitouflés dans leur parka, les gosses claquent les portières. Megan râle contre le vent gelé. Marty renifle. Kirsten se serre contre Rebecca qui avance vers le restaurant. Quand ils entrent, ils sont happés par le brouhaha, l'odeur de friture et de hamburgers, et la chaleur qui s'échappe des gigantesques poêles électriques. La salle est bondée. Rebecca reste un moment dans le courant d'air chaud. Un camionneur râle que ça caille. La porte se referme. Rebecca avance avec les enfants vers une table qui vient de se libérer près de l'entrée.

La serveuse qui s'approche est jeune et largement décolletée. Elle adresse un regard en forme d'excuse à Rebecca qui désigne un présentoir à sandwiches sous Cellophane. Elle en commande quatre avec des Coca. Après un coup d'œil aux chauffeurs qui ricanent, la serveuse dit :

— Je vais vous servir tout de suite. En attendant, ne faites pas trop attention à tous ces gaillards. Ils braillent beaucoup mais ils ne sont pas méchants.

À Kirsten qui se tortille misérablement sur sa chaise, elle ajoute :

— Qu'est-ce qui se passe, puce ? Pipi ?

— Oui, mais je ne tiens pas du tout à mourir écartelée entre deux camions.

— Je comprends ça. Je peux t'emmener visiter les toilettes du personnel si ta maman veut bien. Nous ne sommes que des filles. Arnie est intraitable sur ce point.

Rebecca observe Marty à la dérobée. L'adolescent ne dit rien. Elle hésite un moment, puis hoche la tête. La serveuse s'éloigne en tenant Kirsten par la main. Un routier rote bruyamment à une table. Son voisin lui donne une bourrade. Avisant Rebecca, le premier ôte son chapeau et s'excuse. Rebecca fait signe qu'il n'y a pas de mal avant de fusiller du regard Marty qui s'apprête à relever le défi. Elle se tourne vers la fenêtre couverte de givre et distingue au loin un large pan de ciel bleu. Le blizzard s'est calmé et elle se souvient de ce que le speaker de Denver avait dit de l'œil du cyclone, une pause plus ou moins longue avant le gros de la dépression et des jours entiers de tempête. Déjà, des camionneurs aux joues rouges et au front en sueur renfilent leurs manteaux pour essayer de franchir les derniers cols avant que la neige ne bloque tout. Ceux dont les bahuts sont trop lourds ou pas assez équipés regardent les autres s'éloigner avec une pointe de jalousie. Kirsten revient en tenant toujours la main de la serveuse qui apporte les sandwichs et les boissons. Tandis qu'elle les dispose sur la table, Rebecca demande :

— Vous pensez qu'on peut reprendre la route ?

— Vous allez où ?

— Big Creek Lake. Au-dessus de Big Creek. On a une maison là-haut.

— Big Creek, ça devrait passer. Big Creek Lake, faut voir. Vous avez quoi comme voiture ?

— Un Chevrolet Escalade.

— Avalanche ! Escalade, c'est Cadillac, pauvre...

Marty s'est repris à temps. La serveuse a capté l'éclair de violence dans ses yeux. Elle pose sur lui un regard glaçant.

— Avec ce genre d'engin, vous passerez. Mais vous devez y aller maintenant. Après, ce sera l'enfer.

Elle gribouille un numéro sur une carte de visite au nom du restaurant avant de la tendre à Rebecca.

— Mon cousin a un garage à Big Creek. Si vous avez un pépin, appelez-le, il viendra vous chercher avec son chasse-neige.

La serveuse passe sa main dans les cheveux de Kirsten, puis, avisant Marty, elle dit :

— Prends soin de ta maman. Elle a besoin d'un petit gars, pas d'un petit con.

Marty baisse les yeux en hochant la tête. La serveuse s'éloigne. Pendant que les enfants mordent dans leur sandwich, Rebecca frissonne dans les courants d'air gelés qui balaient la salle à chaque fois qu'un camionneur quitte le restaurant. Elle essaie encore une fois de joindre Searl mais le réseau ne fonctionne plus. Elle se tourne de nouveau vers la fenêtre. La portion de ciel bleu s'élargit au-dessus de la route. Il ne neige presque plus et le soleil réapparaît, sa base crépusculaire s'embrasant à mesure qu'il s'approche des sommets. Elle rajuste l'écharpe autour de la gorge de Kirsten, puis leur fait signe de la suivre. Ensemble, ils quittent à leur tour le restaurant dont la porte se referme derrière eux, étouffant les bruits et la chaleur.

7

Searl raccroche après avoir tenté de joindre Rebecca à plusieurs reprises. Comme les caissons des endormis, son bureau est insonorisé et des diffuseurs libèrent des odeurs contrôlées par ordinateur. Il considère le lit défait dans un coin de la pièce où il dort la plupart des nuits, délaissant sa villa de luxe sur les hauteurs de Los Angeles, trop gigantesque et vide à son goût. Sur le mur au-dessus du lit, sur celui au-dessus du bureau, sur le bureau aussi, partout en fait, des photos de ses enfants et de Rachel, son ex-femme, morte deux ans plus tôt. Rachel était une Navajo dont la tribu habitait toujours l'immense réserve couvrant quatre États. De son vrai nom, elle s'appelait Ceh-yehs-besi, ce qui signifie « cheveux tressés », ou « cheveux au vent », Searl ne s'en souvient jamais. Il serre les poings dans les poches de sa blouse. Après sa mort, il s'était réfugié dans ses visions comme un junkie, multipliant la création de programmes olfactifs afin de la ressusciter à travers leurs souvenirs communs, de vivre avec elle encore quelques heures, quelques jours, bientôt quelques semaines, jusqu'à ce qu'il se rende compte qu'il ne se nourrissait plus, ne dormait plus et que, les images qu'il faisait revivre en boucle se déformant peu à peu, il était en train de devenir fou.

Searl allume son ordinateur, ouvre le dossier crypté qu'il a baptisé « Nous ». « Nous » contient tous les programmes olfactifs qu'il a réussi à recomposer à partir de leurs souvenirs, depuis la naissance des enfants, les anniversaires, les dîners en famille, en passant par leurs voyages en amoureux et leurs vacances à Carmel et Aspen. Chacun portant le nom de l'événement qu'il contient, il les fait défiler sur son écran. Il enfile sa canule olfactive et son casque sensoriel relié à l'ordinateur. La première vision qu'il avait réactivée était celle de leur rencontre sur le campus de Yale où lui étudiait la médecine et elle l'architecture. Il clique dessus, se sent aspiré à l'intérieur de lui-même à mesure que les odeurs et les sons envahissent son esprit.

Le néant d'abord, comme si l'univers se dissolvait. Et puis, lentement, les sensations se recomposent. Le bruissement des arbres du parc, le chant de milliers d'oiseaux, les rumeurs lointaines de New Haven, le vent frais sur son visage. Searl frissonne. Quand il rouvre les yeux, il se tient à l'autre bout du campus. Ce jour-là, il marchait d'un pas vif vers Connecticut Hall pour assister à un cours qui avait déjà commencé, et, comme à chaque fois qu'il réintègre cet événement, il ressent une perte d'équilibre le temps que son esprit s'adapte à ces nouvelles circonstances. Le temps aussi de se réhabituer à son corps plus jeune, à son ancienne respiration et à ce flot de pensées qui l'envahit.

Ce jour-là, l'hiver précoce fait une pause inattendue, une brise tiède agite les érables du campus, Clinton vient tout juste d'être élu à la présidence, et il règne dans ce haut lieu de la connaissance un parfum de bonheur, d'espoir et de secrète revanche.

Tout aussi soudainement, les jupes des étudiantes sont redevenues légères, et, leurs pulls épousant des formes moins estompées, comme le monde et l'avenir, elles semblent moins inaccessibles.

Plongé dans ses pensées, Searl grimpe quatre à quatre les marches du bâtiment lorsqu'il manque renverser une étudiante qui transporte une maquette en polystyrène de la Maison Blanche et de ses jardins. Sur la vénérable demeure, elle a ajouté des panneaux solaires et créé des ouvertures plus larges pour laisser entrer le soleil. Les jardins sont truffés d'éoliennes en carbone qui n'ont pas résisté au choc de cette rencontre. Manquant se briser le dos, Searl se contorsionne pour rattraper l'œuvre au vol avant qu'elle ne se brise sur le perron. Entre courroux et reconnaissance, l'étudiante dévisage ce drôle de jeune homme en costume. Grande, mince et blonde, les yeux vert émeraude, elle est d'une beauté à couper le souffle. Soulagée que sa maquette ait résisté au choc, elle souffle une mèche égarée devant ses yeux et dit :

— Je vous déteste à jamais pour m'avoir bousculée, et, en même temps, je vous aimerai jusqu'à la fin de mes jours pour avoir risqué votre vie en essayant de sauver mon travail. Que vais-je bien pouvoir faire de vous ?

— Accepter de prendre un verre ?

L'étudiante sourit. C'est surtout son parfum qui enivre Searl. Elle dit : « Oui, mais uniquement sur le campus, et tout de suite. » Oubliant son cours, il ramasse les autres morceaux éparpillés de la maquette qu'ils emportent jusqu'à la cafétéria déserte. L'étudiante commande du thé tandis que Searl examine avec curiosité la Maison Blanche futuriste qu'il a achevé de reconstituer.

— C'est pour un film de science-fiction ?

— Ne dites pas de bêtises. Je suis extrêmement susceptible sur ce sujet et je gifle facilement.

— C'est bien la Maison Blanche ?

— Ce *sera* un jour la Maison Blanche si nous parvenons à nous faire entendre des hommes politiques. Je vous explique ou vous continuez à reluquer discrètement mes seins en faisant semblant de vous intéresser aux colonnades de la façade nord ?

Searl baisse les yeux sur son thé à la cannelle. Le voyant rougir jusqu'aux oreilles, l'étudiante part d'un rire cristallin qui lui fait basculer la tête en arrière dans un embrouillamini de cheveux. De cela aussi Searl tombe immédiatement amoureux. Redevenant grave, elle explique que, pour la modique somme de cent millions de dollars, elle se propose de refaire entièrement la célèbre demeure des présidents en la rendant compatible avec les exigences écologiques de notre époque. Son discours sur la dépendance aux énergies fossiles achevé, elle affirme que la mission sacrée des architectes consiste désormais à concevoir des structures d'habitation entièrement autonomes. Bientôt, on créerait des villes entières sur l'eau avec des champs d'éoliennes et des usines de dessalage, on recyclerait nos déchets et on vivrait en harmonie avec la nature. Fronçant les sourcils, Searl attend qu'elle ait terminé son exposé, puis il dit :

— La nature est un ensemble de forces mathématiques à l'équilibre, dont la seule raison d'être est le maintien du tout à cet équilibre, au mépris même de la survie des éléments qui le composent.

— Vous voulez dire qu'on ne peut rien y faire ?

— Je voulais juste dire que la nature n'est pas harmonieuse, elle est mathématique, donc potentiellement violente et cruelle.

— Vous êtes quelqu'un de cynique ou de facilement en proie au désespoir ? Dites-le-moi vite, que je m'enfuie à toutes jambes.

L'étudiante fait la moue. Délaissant ses îles autonomes du futur, elle hausse les épaules et revient à sa maquette de la Maison Blanche. Elle explique qu'il suffirait de modifier la structure du béton de construction pour obtenir des cloisons naturellement thermorégulatrices, de tripler la surface des fenêtres pour laisser entrer la lumière du jour, puis de créer des dizaines de jardins intérieurs dans les bureaux inoccupés pour assurer la circulation de la fraîcheur. Enfin, après avoir truffé la façade sud de panneaux solaires, il suffirait d'implanter deux champs d'éoliennes, le premier destiné à générer l'électricité de consommation courante, l'autre à fournir l'énergie suffisante pour évacuer les eaux usées.

— Et donc, à la fin, Pennsylvania Avenue ressemblera à un bout de campagne hollandaise. C'est tout de même mieux que ce gros blockhaus sudiste qui dévore quatre cent mille dollars par an en chauffage et électricité, non ?

À la fin de cet autre exposé que Searl n'a écouté que de loin tant il est obnubilé par la courbe de ses lèvres, les mouvements de son corps et les bouffées de son parfum, l'étudiante relève la tête et, l'ayant regardé un moment de ses yeux aux couleurs indéfinissables, dit :

— Au fait, je m'appelle Rachel Esterman.

8

La fin du programme. Les images se sont figées avant de se dissoudre en même temps que les sons, les sensations et les odeurs. Searl rouvre les yeux dans son bureau.

La deuxième vision qu'il avait réussi à reconstruire était le parfum délicat de Rachel nue dans le clair-obscur de sa chambre d'étudiante, le toucher de sa peau, le goût de sa salive, leurs bruits, leurs soupirs, et cette horrible sensation de faire l'amour avec un souvenir, un corps disparu depuis longtemps.

Peu à peu, après cette vision et les autres de leur mariage et des premières années ensemble dont il revenait chaque fois le cœur à vif, Searl en avait programmé d'autres, parfois un simple souvenir commun, comme quand ils se promenaient main dans la main sur les hauteurs de L.A., ou qu'ils vidaient quelques bières les jours de grande chaleur sous l'avant-toit de leur villa. Le plus souvent juste quelques mots, quelques fragments de toucher quand leurs doigts ne faisaient que s'effleurer, quelques odeurs plus fortes que les autres quand elle avait une grippe et qu'il lui apportait une tasse de camomille dans la chambre. Puis, déjà en manque à mesure que ces fausses résurrections creusaient un peu plus le vide en lui à chaque réveil, Searl avait conçu fébrilement d'autres programmes, plus longs et beaucoup plus dangereux, où il restait parfois coincé durant deux jours sans boire ni se nourrir. Et puis, dans cet état second qui ne le quittait plus, perdant de plus en plus de vue la différence entre les souvenirs qu'il réactivait et leur réalité depuis longtemps dissoute, il avait eu cette tentation d'influer sur ses visions afin, pensait-il, de changer ce qui ne pouvait l'être. Il avait ainsi essayé de rattraper Rachel quand elle était tombée un jour de cette échelle où elle était montée pour récupérer un chat égaré. Il avait essayé de l'empêcher de se blesser en découpant la dinde de Thanksgiving le soir où elle avait tellement saigné qu'elle s'était évanouie, ou de faire cette chute dans l'escalier qui lui avait valu plusieurs semaines de douleurs. En vain. Il s'était ensuite efforcé de se souvenir de chaque fois où ils s'étaient disputés, de chaque fois où il l'avait rendu triste. Là non plus, il n'avait rien pu changer. Pas plus qu'il n'avait pu modifier quoi que ce soit de ce jour d'il y a deux ans où tout avait basculé.

Searl pianote sur son clavier. Rachel avait mauvaise mine et était fatiguée depuis des semaines. Comme elle avait toujours été pâle et qu'elle sortait d'une mauvaise grippe, il ne s'était pas inquiété. Et puis, une de ces migraines fulgurantes dont elle avait souffert à l'adolescence s'était réinstallée, lancinante au début, peu à peu atroce, comme un pic à glace s'enfonçant dans la matière molle du cerveau. À tel point que, quand ses crises s'aggravaient, Rachel était obligée de rester allongée dans le noir durant des heures, un linge froid sur les yeux, pelotonnée et gémissante. La migraine, plus forte que par le passé, avait pourtant fini par céder et Rachel avait commencé à reprendre des couleurs. C'était la semaine du

4 juillet, celle qui précédait leur anniversaire de mariage. Cette semaine particulière commençait toujours de la même façon. Tout d'abord Rachel se rembrunissait le week-end, puis, le lundi à la première heure, immédiatement après être arrivée à son cabinet d'architecte, elle envoyait un premier texto à Searl, lequel, ayant intégré ce rituel, ne prenait jamais de rendez-vous la première heure de ce jour-là.

Searl se renverse dans son fauteuil. Après la mort de Rachel, il avait conservé le dernier échange de SMS surréalistes qu'ils avaient eu sur le sujet. La gorge nouée comme à chaque fois qu'il les relit, il les fait défiler sur l'écran de son portable.

3 juillet 2011. 8 h 10 :
« Tu m'aimes encore ? »
« Oui. »
« Vraiment ? »
« Non, pas vraiment. Je tiens à toi comme j'aime la pizza au pepperoni ou le canapé du salon : par habitude. »
« Allez, Searl, fais pas ton mufle, réponds. »
« Comment peux-tu en douter ? Tu es pénible avec cette question qui revient sans arrêt ! »

3 juillet 2011. 8 h 15 :
« Tu m'as déjà trompée ? »
« Chou, t'es chiante. »
« Tu m'as déjà trompée ou pas ? »
« Oui, plein de fois, toujours avec Wilma Mackenzie. »
« La grosse de l'accueil ? »
« Ouais. »
« T'es relativement vexant comme mec. »
« Je sais. »
« Non, sérieusement, tu m'as déjà trompée ou pas ? »
« Pffff. »

3 juillet 2011. 8 h 21 :

« Est-ce que tu m'aimes comme au premier jour ? »

« Non. »

« Allez, Searl, sois sympa. Réponds. »

« Oui. »

« Oui, quoi ? »

« Oui, encore et toujours. »

« Tu es incapable de le dire, tu t'en rends compte ? »

« Oui. »

« Pourquoi ? »

« Je ne sais pas. J'imagine qu'on ne dit pas : "Je t'aime" à une pizza. »

« Allez, Searl, dis-le ! »

« Je tiens à toi. »

« T'es vraiment trop nul. Je ne te parle plus. C'est fini. »

« OK. »

« C'est terminé entre nous. Tu piges ? Ma mère avait raison. Je me casse avec mon prof de yoga. Je ne veux pas finir ma vie avec un mec qui pense que l'écologie n'est qu'un passe-temps. »

« Cool. »

« Petit con. »

« Tête de pizza. »

3 juillet 2011. 8 h 30 :

« Tu te souviens de la date de notre mariage ? »

« À ton avis ? »

« Searl ! Je ne suis pas une de tes patientes ! Arrête de répondre à mes questions par d'autres questions ! »

« Mes patients ne répondent pas, c'est pour ça que je les aime. »

« Alors ? »

« Le 8 juillet. On s'est mariés sur une plage de Grand Cayman. Il y avait des pirogues, des fleurs sur le sable, un orchestre, un buffet de fruits de mer et une centaine de bouteilles de chablis et de champagne. »

« Pourquoi tu fais ça ? »

« Pourquoi je fais quoi ? »

« On avait dit qu'il fallait tout oublier. Qu'on ne se souviendrait de rien, que le temps passerait sans qu'on s'en rende compte et qu'ensuite, quand on serait vieux, on se suiciderait tous les deux avec un verre de Pentobarbital et un autre de bordeaux. »

« Le bordeaux avant le Pentobarbital. C'est mieux. »

« N'empêche, on avait dit qu'on n'en parlerait plus. »

« J'ai essayé d'oublier. Je ne peux pas. Toi oui ? »

...

« Rachel ? »

...

« ??? »

...

« T'es vraiment chiante ! »

3 juillet 2011. 8 h 40 :

« Je vais mourir, Searl. »

« Bien sûr que non. Pas avant d'avoir préparé le dîner en tout cas. »

« Espèce de sale type. »

☺

« Je vais mourir, Searl. Je le sais. »

« Tu dis ça tous les ans à la même date. »

« Là, c'est différent. Là, je sais que je vais mourir bientôt. »

« Ce n'est pas parce que ta mère est morte au même âge que tu vas forcément mourir. Tu n'es pas ta mère. Tu ne poursuis pas sa vie. »

« Ne me parle pas comme si j'étais une de tes débiles, Searl. Ne fais jamais ça. »

« Tu es ma débile préférée, chérie. Tu l'as toujours été. »

« Pour ne rien arranger, j'ai à nouveau cette migraine atroce. Comme si quelque chose appuyait contre mon cerveau. »

« Encore ? Depuis quand ? »

« Hier. »

« Pourquoi tu ne me l'as pas dit plus tôt ? »

« Je ne sais pas. J'imagine qu'on ne dit pas "j'ai une migraine atroce" à un plat de pâtes. »

« Tu as des vertiges ? »

« Oui. Vision trouble aussi. Et nausées. »

« Stop. On ne joue plus. Fais un crochet par le Good Sam. On va faire un scan pour lever le doute. »

« Pas le temps aujourd'hui. Demain. »

« Non, Rachel. Tout de suite. Je t'envoie un taxi et j'appelle le service pour qu'ils préparent tout. »

« OK. J'ai mal. C'est OK. »

3 juillet 2011. 9 h 01 :

« Rachel. Pas de nouvelles. Tu es dans le taxi que je t'ai fait envoyer ? »

...

« Rachel ? »

« Sais plus la rue. »

« ?? »

« jene re coné pa laru. Re coné rien. Plu lire pano. Plurien. »

Searl avait essayé d'appeler Rachel mais elle n'avait pas décroché. Il avait alors envoyé le texto suivant :

« Qu'est-ce que tu racontes ? Je ne comprends pas ce que tu dis. »

« Pawou, Searl ? »

La peur au ventre, Searl avait de nouveau essayé de la joindre. Ça avait décroché à la sixième sonnerie. Le souffle de Rachel. Ses sanglots. Elle avait voulu articuler quelque chose mais on aurait dit qu'elle avait la bouche pleine.

— Chérie ? Est-ce que tu m'entends ? Il faut que tu essaies de me dire où tu es ?

— Pawou ?

Entendant à nouveau les efforts désespérés de Rachel pour s'exprimer, Searl avait compris.

— Écoute-moi attentivement. Tu es en train de faire une attaque cérébrale. Il faut que tu me passes quelqu'un. Il faut que je comprenne où tu es pour pouvoir envoyer une ambulance de toute urgence.

— Maaaaaaaal !

— Calme-toi. Si tu m'entends, si tu me comprends, il faut que tu essaies de me passer quelqu'un. Tu es en train de faire une attaque, Rachel. Il faut que tu t'allonges tout de suite avant de t'effondrer.

À nouveau le souffle de Rachel. À nouveau ses sanglots. Les rumeurs de la rue au-delà. Le klaxon des voitures. Des éclats de voix horrifiés. La rage au ventre, Searl avait visualisé Rachel debout au milieu des passants, les bras ballants et le visage déformé par l'AVC. Elle devait supplier les gens de l'aider mais ils faisaient un crochet pour l'éviter alors que chaque seconde détruisait irrémédiablement un minuscule hectare de neurones dans son cerveau, comme des milliers de lampes grillant les unes après les autres un soir d'orage. Et puis, il y avait eu un choc sur la ligne. Comme quelqu'un qui tombe à genoux. Le portable de Rachel avait rebondi sur le bitume tandis qu'elle s'allongeait. Toujours les rumeurs de la rue, encore les klaxons, une sirène au loin. Des pas. Des voix. Searl avait hurlé dans l'appareil. Combien de temps pouvait-on rester ainsi à terre sous la pluie et au milieu de la foule avant que quelqu'un ne s'en émeuve ? D'autres pas s'étaient immobilisés près du téléphone. Une voix d'enfant.

— Allô ?

— Surtout ne raccroche pas ! Je suis médecin. Ma femme est tombée. Tu la vois ?

— Oui.

— Passe-moi tes parents.

— Mon père arrive. Il appelle les secours.

Une autre voix, grave, essoufflée.

— Je m'appelle Eric Searl. Je suis médecin. La personne allongée sur le trottoir est ma femme. Elle est consciente ?

— Les yeux ouverts dans le vague.

— Elle suit votre doigt quand vous le passez devant ses yeux ?

— Non.

— Est-ce que ses pupilles réagissent ?

— Je n'en sais rien.

D'autres sirènes de plus en plus proches.

— Les secours sont là. Je viens de la couvrir avec mon manteau.

— Vous pouvez approcher le téléphone de son oreille ? Il faut que je lui parle. Il faut le faire sinon elle va sombrer.

L'homme s'était exécuté, et, tandis que les véhicules de secours pilaient contre le trottoir, des larmes dans la voix, Searl avait dit :

— Rachel. Je suis le docteur Searl. Je travaille au Good Samaritan Hospital, service des endormis. Tu n'as plus rien à craindre maintenant. Tu es avec moi.

9

Searl a reposé son portable sur son bureau. Il se masse les tempes. Ce jour-là, il avait attendu l'ambulance sur le parking battu par la pluie. Quand Rachel était arrivée, il avait tout de suite compris que c'était trop tard. Il avait empoigné l'administrateur de l'hôpital par le col quand celui-ci avait exigé qu'elle soit conduite dans le service de réanimation du Good Sam.

— Vous ne pouvez pas la soigner vous-même, Searl. L'œil ne se voit pas.

Searl avait regardé passer Rachel sur sa civière, Rachel et ses yeux grands ouverts sur nulle part, son visage cireux et ses cernes cyanosés. Le scanner avait révélé un glioblastome multiforme au lobe frontal dont les ramifications avaient déjà atteint les zones nobles du cerveau. Une belle formule scientifique pour désigner une saloperie inopérable qui dévorait l'esprit et l'âme de la femme de sa vie. D'après l'oncologue, elle ne tarderait pas à sombrer dans un coma profond d'où elle n'émergerait plus. Les stimulateurs cérébraux l'avaient ramenée en état de vigilance, mais ça ne durerait pas.

Quand Searl était entré dans la chambre, les stores étaient tirés, et il flottait dans la pièce les mêmes odeurs de mort imminente qu'aux soins intensifs de son propre service. Le crâne et une partie du visage de Rachel étaient enveloppés avec de larges bandes Velpeau, révélant un coin du pansement qui couvrait son front depuis que les chirurgiens l'avaient trépanée pour libérer la pression intracrânienne qui l'aveuglait. Des cathéters étaient fichés dans ses bras pour l'alimenter et la stimuler.

Searl s'était avancé au milieu du bruit des machines dont il avait baissé le son, puis il s'était assis au bord du lit. Il avait pris la main de Rachel dans la sienne et l'avait embrassée à la jointure des doigts. Elle avait ouvert les yeux, l'avait dévoré de son regard larmoyant. Il avait passé doucement sa main sur les bandages et, d'une petite voix rauque, elle avait dit :

— Searl. Je te vois.

— Oui. Tout va bien. Tu es prise en charge à présent. Tout va s'arranger.

— Qu'est-ce que j'ai ?

— Une saloperie dans les méninges. On va opérer et ça ira mieux.

— Une saloperie qui a réussi à me rendre aveugle ? Je vais mourir, c'est ça ?

— Ne dis pas de connerie, Rachel.

— Regarde-moi, Searl. Arrête de regarder entre mes yeux et regarde-moi. Je vais mourir, n'est-ce pas ?

Les mains de Searl s'étaient mises à trembler. Il avait voulu ne pas pleurer mais ça avait été plus fort que lui. Rachel avait trouvé la force de lever le bras et de lui effleurer la joue. Une larme avait glissé sous son ongle. Elle avait dit :

— Tu as toujours été complètement nul avec les éveillés. Tu ne mens bien qu'à tes patients, Searl.

Searl avait hoché la tête en passant la manche de sa blouse sur ses yeux.

— Qu'est-ce que j'ai ?

— Un glioblastome. Trop profond et ramifié pour être opéré.

— Je vais mourir quand ?

— Dans les heures qui viennent. Les stimulateurs te maintiennent en état de conscience mais ton cerveau est en train de s'éteindre.

— Est-ce que je vais souffrir ?

— Non. La tumeur a détruit une partie des zones de la douleur et la morphine fera le reste. Tu ne sentiras rien.

Rachel avait fermé les yeux. Elle avait aspiré un peu d'air, puis elle avait dit :

— Tu es allé chercher les enfants à l'école ?

— Mme Hallaway s'en occupe. Elle va les faire manger et les coucher.

— Kirsten est malade. Un mauvais rhume. Elle doit prendre son médicament. Marty a hockey demain. C'est la mère de Clyde qui doit en théorie les accompagner mais elle ne le fait jamais et c'est moi qui me tape tout le boulot.

— Rachel...

— Megan a une sortie au zoo avec sa classe. Elle voulait que je lui achète un appareil photo jetable, mais j'ai oublié. Je devais le faire aujourd'hui, mais j'ai oublié.

Le menton de Rachel s'est mis à trembler. Elle ravale ses larmes. Elle aspire encore une gorgée d'air.

— Quand je serai inconsciente, tu vas me faire respirer tes odeurs ?

— Oui. Je te parlerai aussi. Je te parlerai jusqu'au bout.

— Pas de visions à la con, OK ? Je ne veux pas me retrouver à faire l'amour avec toi dans mes rêves avec une migraine pareille.

— Ton cerveau est trop abîmé pour ça.

— Ne pleure pas, Searl. Ce n'est pas cette image que je veux emporter avec moi.

Son visage se froissant, Searl avait posé son front entre les seins de Rachel. Elle avait passé ses mains sur ses cheveux en chuchotant : « Chut, je suis là. » Il était resté ainsi un long moment, jusqu'à ce que les mains de Rachel se fassent molles et que ses caresses s'arrêtent quelque part sur son cuir chevelu. Il avait alors relevé la tête, et, lui ayant fermé les yeux, lui avait fait respirer les odeurs des enfants, de la maison, du jardin. Comme on fait l'amour à quelqu'un qu'on ne reverra plus, il avait patiemment rassemblé en parfums et en sons ce qu'il connaissait de son enfance et de sa vie, puis, quand ses tracés cérébraux étaient devenus plats, il l'avait embrassée sur le front, et, la voix entrecoupée de sanglots, avait dit :

— Je te souhaite un bon voyage, Rachel Esterman.

Searl passe ses paumes sur ses yeux désespérément secs. Il se souvient de ce qu'il avait ressenti juste après la mort de Rachel. L'engourdissement. Le K-O. Ce formidable vide qui s'ouvre sous vos pieds. Cette stupéfaction qui engourdit les muscles, épaissit le sang et ralentit les gestes.

Lorsqu'il était rentré chez lui, les enfants dormaient sur le canapé devant une rediffusion des *Simpson*. Megan occupait la partie droite du canapé, en tee-shirt informe et culotte, la tête basculée en arrière, la nuque calée contre le coussin, ses larmes ayant dessiné des sillons de mascara sur ses joues. Elle avait 15 ans à l'époque, avec ses boutons qui la hantaient et ce corps en perpétuel changement qui la plongeait dans de terribles crises d'angoisse, avec ses longs cheveux massacrés au fer à friser, et dont elle était pourtant si fière, même si sa maman les comparait souvent à « ces algues dont on décore les plateaux de fruits de mer ». À ses côtés dormait Marty, 13 ans, dans son éternel pyjama *South Park* effiloché et trop court, beau comme un dieu, adulé par les filles de sa classe, obsédé par les jeux vidéos et la recherche de tous moyens légaux pour ne jamais faire ses devoirs, spéléologue professionnel lorsqu'il devait rejoindre chaque soir son lit au milieu du fatras de sa chambre, fou amoureux de sa mère, et angoissé à l'extrême par la certitude quotidienne que sa barbe et ses poils ne poussaient toujours pas alors que « Harvey, celui qui redouble, en a déjà plein là où il faut ! ». À quoi Searl répondait : « Finis tes légumes, bonhomme, et tu en auras pour Noël. » À quoi Rachel rétorquait un « Eric et Marty Searl ! » d'une voix outrée et stupéfaite qui faisait se tordre de rire les enfants.

Et puis, tout à fait à gauche, la tête posée contre l'épaule de son frère, il y avait la puce, Kirsten Searl, 7 ans, et à peine la moitié de ses dents, en tee-shirt *Dora l'exploratrice* et chaussettes de laine roulées sur les chevilles. Kirsten et son appareil dentaire qu'elle avait voulu transparent. Kirsten et sa toute petite taille de souris, sa bonne odeur de savon et de lessive. Kirsten et ses millions de câlins infatigables, éclatant en sanglots à chaque fois que la maman de Bambi se faisait flinguer, réplique en miniature de Rachel, la gosse de Searl, lui éperdument fou d'elle, elle perpétuellement à la hauteur de cet amour. Ce soir-là, la puce s'était endormie avec le dessin qu'elle avait fait pour Rachel. Un ciel orange, un avion à réaction, quelques oiseaux circonflexes, une plage en dessous, deux palmiers au loin. Devant l'eau, de dos comme si déjà elle s'éloignait, Rachel debout face à l'océan, ses beaux cheveux soulevés par la brise, ses chevilles prises dans une écume pastel. En dessous, la puce avait écrit : « Reviens. » Alors, se servant des élucubrations d'Homer Simpson pour y dissimuler son chagrin, Searl s'était assis sur la moquette. Là, dans cette position repliée, le dessin de sa fille dans une main, il avait pleuré pour la dernière fois, à s'en faire éclater le cœur.

10

À l'extéricur du restaurant d'Arnie Bates, le soleil brille à nouveau. Rebecca et les enfants avancent sur le parking. La dizaine de trente tonnes qui ont décidé de tenter leur chance dans l'œil de la dépression quittent leur stationnement et s'engagent à la file sur la bretelle qui rejoint la route. Avec le retour du ciel bleu, la température a encore dégringolé et la surface irisée de la poudreuse craque comme du verre sous les bottes de Rebecca. Elle garde les yeux fixés sur les cristaux de glace qui scintillent à la surface de tout ce blanc. Elle ne se rend pas tout de suite compte que Kirsten a lâché sa main. Elle se tourne vers la fillette qui s'est immobilisée. Kirsten est pâle et ses lèvres tremblent comme si elle allait éclater en sanglots. Rebecca la regarde. Elle a l'impression que Kirsten la regarde aussi, mais ses yeux vont en fait au-delà, comme à travers elle.

— Qu'est-ce qu'il y a, puce ? Tu as oublié Miss Granger aux toilettes ?

Comme si elle émergeait d'un rêve, le regard de Kirsten s'arrondit, revient un moment sur Rebecca. Elle intègre la question, secoue la tête et sort sa poupée de chiffon de sous son manteau. En dessous, elle ne porte qu'un tricot de corps blanc. Rebecca se dit qu'elle doit geler.

— Marty, Meg, attendez.

Engoncés dans leurs anoraks dont ils ont ramené les capuches sur leur visage, les deux adolescents n'entendent pas. Ils ont pris les clés des mains de Rebecca et continuent à avancer vers le 4×4. Megan actionne les ouvertures automatiques. Marty suit des yeux la brume de condensation qui s'échappe de sa bouche.

Rebecca va les appeler à nouveau lorsque le grondement d'un moteur de camion retentit. Lentement, elle pivote sur elle-même et aperçoit enfin le Kenworth rangé à cinquante mètres. Un panache de fumée bleutée échappée des tubes verticaux s'élève dans l'air glacé, puis le moteur revient brusquement au ralenti et le silence retombe. Le capot qui s'était mis à vibrer sous l'accélération est si chaud que la neige ne tient pas dessus. À nouveau le rugissement infernal du V12 tandis que la cabine grince sur ses amortisseurs hydrauliques comme si quelqu'un remuait à l'intérieur. Rebecca tente d'apercevoir le chauffeur mais le pare-brise teinté ne lui renvoie qu'un douloureux éclat de soleil. Elle s'est approchée de Kirsten dont elle enveloppe les épaules avec son bras. Elle veut lui dire quelque chose de rassurant mais sa gorge est si sèche qu'elle n'y parvient pas. Elle se tourne vers le 4×4. Son casque vissé sur les oreilles, Megan a déjà collé son front contre la vitre côté route. Marty a lui aussi claqué sa portière. Il joue avec sa console. Rebecca note que le chauffeur a garé son camion dans l'axe du 4×4, de telle sorte qu'il n'a qu'une longue accélération à fournir pour le percuter de plein fouet. Nouveau rugissement du moteur, long, furieux. La cabine grince sur ses amortisseurs. Une bourrasque glacée balaie le parking. Quand elle retombe, Rebecca croit percevoir un air d'opéra retentir à l'intérieur de la cabine. Kirsten grelotte contre ses jambes.

— Pourquoi il fait ça, Beck ? Pourquoi il nous en veut ?

— Je ne sais pas, chérie.

Rebecca la prend dans ses bras et l'entraîne vers la voiture. Le crissement de la glace sous leurs semelles. Les sanglots de la fillette. Le grondement du moteur enfle, rugit de plus belle. Un nouveau pas. Un autre. Rebecca avance en concentrant son attention sur les quelques mètres qui lui restent à parcourir. Elle referme les pans de son manteau sur Kirsten. Un dernier grondement. Un dernier bruit de clapets. Elles ont atteint le 4×4. Kirsten sur ses genoux, Rebecca s'installe au volant et claque la portière. Le préchauffage de la voiture s'est enclenché et un souffle chaud envahit l'habitacle. La musique braille dans les oreilles de Megan. Marty lève les yeux de sa console, croise le regard de Rebecca dans le rétroviseur.

— Où est la minuscule chieuse ?

Il aperçoit un bras de Kirsten glisser du manteau de Rebecca.

— Qu'est-ce qui se passe ?

Marty blêmit en apercevant à son tour le Kenworth. La portière passager du camion s'est ouverte. La musique s'échappe à plein volume de la cabine. Un flot de lumière entre, révélant deux silhouettes derrière le pare-brise. Celle du chauffeur, figée les mains sur le volant, et celle d'un passager qui lui parle en faisant de grands gestes avec les bras.

Rebecca appuie sur le bouton de démarrage du 4×4. Grondement du V8, si minuscule après le rugissement du soixante tonnes. Les aiguilles phosphorescentes grimpent dans les cadrans. Le thermomètre de bord indique – 11. Elle relève la tête au moment où le passager descend du camion en claquant violemment sa portière. Un jeune homme, pas plus de 20 ans, silhouette plutôt frêle et mince. Il a l'air furieux contre le chauffeur. Il s'éloigne. Il porte un sac à dos, un jean, des bottes, une parka Canada Goose dont il a remonté la capuche fourrée sur sa tête. Rebecca ne distingue rien de son visage ni de ses intentions tandis qu'il emprunte la bretelle enneigée puis disparaît dans le dernier virage avant l'autoroute.

Elle tourne les yeux vers le camion dont le moteur tourne toujours. Le reflet crépusculaire éclabousse le pare-brise. Au-delà, rigoureusement immobile, le chauffeur semble la regarder. Rebecca fait passer Kirsten dans les bras de son frère qui la sangle sur son siège, puis, mâchoires serrées, elle relâche doucement la pression sur le frein. Le 4×4 avance à petite vitesse en faisant crisser la neige. Le camion ne bouge pas. Peu à peu, Rebecca se persuade que l'homme s'est endormi. Elle s'engage sur la bretelle. Marty s'est retourné.

— Bon Dieu, on dirait que ce fils de pute abandonne la partie !

Rebecca regarde à son tour dans le rétroviseur. Le mastodonte rouge rapetisse à mesure qu'elle accélère sur la bretelle. Elle négocie le dernier virage. Le parking disparaît de son champ de vision.

À nouveau le froid. Rebecca déclenche le dégivrage et les chauffages des sièges. Elle considère un moment le ciel. Le socle nuageux ourle déjà le sommet des montagnes. Le GPS indique encore trente-cinq kilomètres jusqu'à destination. Un chalet perdu au milieu de nulle part dont Searl a tout de même pris soin de lui transmettre les coordonnées géographiques par SMS avant de disparaître avec sa patiente. Quelque part entre Big Creek et le ciel. Rebecca frissonne. Elle vient de réaliser qu'avec la tempête qui approche, elle risque de rester seule là-haut avec les enfants durant des jours. Elle pense aux bouteilles de champagne dans la valise. Au bébé, aussi.

— Ma parole, ce mec veut mourir de froid !

Megan a décollé sa tête de la vitre. Elle ne sait rien du Kenworth. Elle arrache ses écouteurs et désigne la silhouette de l'auto-stoppeur qui se profile sur le bord de la route. Rebecca avance au pas sur la bretelle couverte de neige. Elle plisse les yeux. Malgré sa capuche fourrée, le jeune homme semble souffrir du vent qui balaie l'asphalte. Il a déplié un panneau en carton retenu par une ficelle autour de son cou où on peut lire :

JE SUIS ÉTUDIANT ET MUET
JE VOTE OBAMA
C'EST MOI QUI PAIE L'ESSENCE !

Rebecca sourit à travers les spirales de flocons qui accompagnent la poussée des nuages. Elle considère un moment les enfants pelotonnés à l'arrière, puis les sommets dévorés par les premiers nuages. Plus que jamais, l'idée de monter seule là-haut au milieu de la tempête lui est insupportable.

— Qu'est-ce que vous en pensez, les filles ? Il a l'air gentil.

— Et plutôt beau gosse.

— Vous êtes cinglées ! Ce putain de muet vote Obama ! En plus il était dans le camion qui a voulu nous faire la peau !

— Il avait aussi l'air furieux contre le chauffeur. À mon avis, c'est un gentil qui n'a pas pu descendre avant. De toute façon, on ne peut pas le laisser dans un froid pareil.

— Je suis assez d'accord avec ça, Meg.

L'étudiant n'est plus qu'à une cinquantaine de mètres. Il joint les mains devant sa pancarte en ayant l'air de supplier Rebecca. Elle freine à sa hauteur dans un crissement de poudreuse et fait descendre la vitre côté passager. L'étudiant a baissé sa capuche et ses lunettes de glacier à verre miroir, dévoilant une longue chevelure brune attachée en arrière avec un élastique, des traits aussi délicats que sa silhouette, presque féminins. Il porte un tour de cou en polaire qui laisse passer la vapeur de sa respiration. Ses yeux d'un beau vert sombre abritent une lueur apaisante. Comme Rebecca s'y attendait, son sourire respire la gentillesse.

— Vous allez loin ?

L'étudiant dégaine un bloc-notes de sa poche. Mordillant le capuchon de son stylo, il écrit à toute vitesse :

— « Californie. Je m'arrête d'abord chez ma grand-mère pour laisser passer la tempête. »

— Où habite-t-elle ?

Les enfants chahutent à l'arrière. Le jeune homme lève sa main gantée vers les sommets à gauche de la route, puis il note :

— « Big Creek Lake. Sur les hauteurs. Une des dernières maisons avant le lac. »

— On peut dire que vous avez de la chance. Je monte justement là-bas. La dernière maison. Celle du Dr Searl.

Ravi, l'étudiant tape dans ses mains. Puis il hausse les épaules et écrit :

— « Désolé. Je viens rarement. Je ne connais pas ce docteur. »

— Rien de grave. Il vient lui-même très rarement. Allez, montez.

Une lueur de gratitude infinie flotte dans les yeux du jeune homme. Il tourne son regard menthe à l'eau vers Megan qui lui rend son sourire avant de baisser la tête et de cacher ses joues dans son écharpe. Rebecca ouvre le coffre de l'intérieur pour que le jeune homme y dépose son sac à dos, puis elle règle au maximum le chauffage du fauteuil passager tandis qu'il prend place à bord. Il a ôté sa capuche mais conservé son cache-nez qui couvre le bas de son visage. Il ouvre sa parka. En dessous, il porte une chemise de coton épais. Rebecca démarre à petite vitesse. Les pneus patinent puis mordent la croûte de neige.

— Pardonnez-moi cette question forcément indiscrète, mais je vous ai vu descendre tout à l'heure de cet énorme camion qui nous a fichu une peur bleue sur la route.

Le jeune homme mordille le capuchon de son stylo. La pointe du feutre glisse sur le bloc à une vitesse stupéfiante.

— « Ces chauffeurs de roadtrain sont des brutes. Ils pensent que la route leur appartient. Je lui ai demandé à plusieurs reprises de ne plus vous effrayer ainsi mais il ne m'a pas écouté. Alors on a eu des mots et je suis descendu à la station-service. »

— Je comprends. Au fait, je m'appelle Rebecca. Et, à l'arrière, voici de gauche à droite : Kirsten, Marty et Megan.

— « Vous n'avez pas de chien ? »

— Non.

— « À Big Creek ? »

— Non plus.

— « Pourtant, toutes les familles américaines en ont un. »

— Toutes les bonnes familles, vous voulez dire ?

— « Surtout pas. »

L'étudiant tourne les pages de son bloc. Sur une feuille vierge, il écrit en gros caractères :

— « Je m'appelle Liam. »

Puis il lève son bloc et le montre aux enfants.

— Salut, Liam. T'es muet. C'est vachement cool, mec.

— Marty !

— « Pas grave, madame. En fait, je ne suis pas vraiment muet. Mais je suis tellement bègue que c'est encore pire. »

— Ah ? Bégaiement par inhibition ou par substitution ?

— « Tonico-clonique stade 4. Autant être muet. »

— Je suis psychiatre et neurologue. Il existe des opérations très au point pour éliminer ce type de handicap.

— « On a tout essayé. Rééducation, psychotropes, médicaments pour soigner les troubles bipolaires. Rien n'y a fait. »

Rebecca interroge l'écran du GPS. La voix impersonnelle qu'elle a réglée au plus bas lui indique la sortie 7 qui se profile au loin en direction de Big Creek. Au-delà, le ruban en surimpression rouge de l'itinéraire se perd dans les montagnes jusqu'au drapeau à damiers indiquant la destination. Elle met son clignotant et serre à droite. Un coup d'œil dans son rétroviseur intérieur. Kirsten coiffe Miss Granger. Marty a recommencé à jouer avec sa console. Megan remue la tête au rythme de la musique qui se déverse dans ses oreilles. Rebecca observe Liam à la dérobée. Le jeune homme fixe un point au loin sur la route.

— On sait comment ça a commencé ?

— « Je suis tombé dans un puits quand j'avais 11 ans. Je suis resté coincé durant des heures dans l'obscurité. Des araignées me mordaient les mains et le visage. »

— Ça a dû être une épreuve terrible.

Liam a cessé d'écrire. Ses poings se crispent sur ses genoux. Il est pâle. Il a l'aîr épuisé.

— Je suis désolée. Je n'aurais pas dû vous ennuyer avec mes questions.

— « C'est moi qui ai commencé à vous dire que j'étais muet. Ça éveille la curiosité. C'est normal. »

Le GPS à nouveau. Rebecca emprunte la voie de décélération. Au rond-point, elle prend à gauche en direction de Big Creek. Elle franchit le pont qui enjambe l'autoroute. Le revêtement change sous la couche de neige. De petites ornières et des nids-de-poule qui font grincer légèrement les suspensions. Rebecca engage le 4×4 sur une route secondaire qui escalade les montagnes en lacets de plus en plus serrés. Au-dessus, le socle nuageux s'est refermé et le givre envahit de nouveau le pare-brise. Rebecca augmente la température du dégivrage. Le souffle chaud du climatiseur effleure son front. La neige à présent. Les flocons sont si épais qu'il ressemble à des peluches de coton en suspension.

— Vous n'êtes pas étudiant, n'est-ce pas ? Pas avec un tel handicap ?

— « Je fais la route à la recherche de petits boulots de saisonnier. Je vais d'une fac à une autre. Je m'introduis sur les campus où je me fais passer pour un étudiant. J'essaie de suivre des cours dans les amphi, et puis je repars. Un jour, je me présenterai aux examens et je serai quelqu'un d'important. »

— C'est très courageux.

Liam a desserré les poings. Les yeux toujours dans le vague, il a soudain l'air triste.

— « Vous me laisserez à Big Creek. Je monterai au lac par mes propres moyens. »

— Pourquoi ?

— « Parce qu'à présent que vous savez que je vous ai menti sur mes études, je vous fais peur. C'est toujours cet effet que je fais aux gens. »

— Il n'est pas question que je vous abandonne en pleine tempête. Vous irez rejoindre votre grand-mère, sinon elle va s'inquiéter. Vous pourrez même venir dîner à la maison si vous le souhaitez.

Liam semble ému. Il a rangé son bloc. Il serre à nouveau les poings et se concentre. Quand il se sent prêt, il parvient à articuler d'une voix rauque :

— Meeer...ci.

11

Searl dérive depuis des heures au fil de ses visions. De temps à autre, ses doigts pianotent sur son clavier pour ouvrir un autre programme du dossier « Nous ». Le plus souvent des visions courtes, particulièrement abouties. Quelques minutes d'éternité qu'il a parfois mis des mois à recomposer à partir de photos et de ses propres souvenirs, travaillant les sons et combinant les odeurs les plus subtiles jusqu'à ce que tout soit parfait.

Les yeux fermés, un sourire aux lèvres, Searl plane. À chaque fois qu'il ouvre un nouveau programme, il se shoote avec, comme on sniffe un rail de coke. Il a consommé « Déjeuner sur l'herbe en famille à Central Park » suivi de « Halloween à Disneyworld », et vient de lancer « Goûter Kirsten 6 ans : le jour du frelon ». L'ordinateur propulse un flux d'odeurs synthétiques dans ses narines. Des gâteaux, des fruits et des bonbons. Le ronronnement pulsatile des ondes alpha dans le casque. Elles se transforment peu à peu en sensations à mesure qu'elles activent le souvenir correspondant dans son cerveau. En bruits aussi. De plus en plus fort. Comme un océan. Searl grimace en recevant de plein fouet les rires des enfants qui se poursuivent à travers la maison. Un flottement. Comme une perte d'équilibre. C'est toujours ainsi avec les visions : il faut un temps au cerveau pour s'adapter au flux brutal des nouvelles perceptions.

Searl est environné de senteurs et de mouvements d'enfants. Des cris, des halètements, des reniflements, des odeurs de transpiration, de maillots de bain et de cheveux trempés. Il rouvre les yeux. La lumière, blanche, brutale. Une musique criarde s'échappe de la chaîne stéréo. Des taches de soda et de carambar sur le canapé à trois mille dollars. Il adresse un clin d'œil à Rachel allongée avec les autres mamans sur des transats au bord de la piscine. Ce jour-là, il fait une chaleur terrible au-delà du mur de fraîcheur que la clim dispense dans la maison. De l'autre côté de la baie vitrée entrouverte par où s'engouffrent les enfants, Kirsten et ses deux meilleures amies arrosent leurs copains. Elles brandissent chacune un tuyau. De temps à autre, un des jets claque contre le verre et des sillons d'eau s'écoulent comme s'il pleuvait à verse. Searl porte un short et un tee-shirt. Il est rentré pour remplir les carafes en plastique de sodas. Il en porte quatre à la fois. Les glaçons tintent tandis qu'il quitte la cuisine.

— Attention, chaud devant !

Sans parvenir à se faire entendre de la meute surexcitée qui se presse contre la baie vitrée copieusement arrosée par Kirsten, Searl se présente devant l'ouverture en criant :

— Kirsten Searl, je reçois ne serait-ce qu'une goutte et je me fâche !

— Le mot de passe !

— Citronnade et Coca !

— OK, tu peux y aller.

Searl a juste le temps de se faufiler avant que le tuyau de Kirsten ne revienne dans l'axe de l'ouverture pour arroser un imprudent qui tentait une sortie.

L'eau claque sur le plancher en teck à cinq cents dollars le mètre carré. Searl s'en moque. Il est de bonne humeur. La piscine et les femmes alanguies à gauche tandis qu'il tourne vers le patio en suivant de ses pieds nus les dalles de marbre parsemant sa pelouse magnifique, le parc en face, la table de pique-nique en chêne sur laquelle se trouvent disposés pêle-mêle des montagnes de bonbons dans des saladiers, les salades à peine entamées dans les plats, des gobelets renversés sur des assiettes en carton pleines de choses collantes. Il trouve une place pour y déposer les carafes avant de mettre le cap sur le barbecue à gaz où grillent un alignement de saucisses et d'entrecôtes. L'Amérique préhistorique où chaque habitant avale ses quatre-vingts kilos de viande rouge par an. Searl a revêtu son tablier de chef par-dessus son tee-shirt. À travers la fumée âcre qui s'échappe des plaques, il s'empare des pinces et retourne la viande grésillante, rouge vif d'un côté, trop cuite de l'autre. C'est à ce moment que Kirsten se met à hurler. Rien à voir avec un cri de joie ou d'excitation. De la terreur pure.

Searl se retourne vivement. Il est le premier à apercevoir l'ogive brillante du frelon. La bestiole est grosse comme un pouce, noire comme un présage. Agacée par les cris et les odeurs de viande, elle tournoie furieusement au-dessus des filles qui tiennent les tuyaux et dont les jets s'emmêlent tandis qu'elles gigotent en piaillant pour échapper à la menace. Un autre hurlement, suraigu. La bestiole vient de piquer Cassidy Jones en haut de la cuisse. Les mains plaquées à cet endroit, la gamine hurle : « Elle m'a piquée au ziziiii ! » Kirsten et Cynthia Chandler hurlent : « Cassssiddddy ! » à l'unisson. Les mamans se sont levées. Elles hésitent entre l'envie de s'élancer vers le monstre et la peur de le faire. Searl a lâché ses pinces et court vers la menace.

Cassidy hurle toujours. La bestiole vient de se poser sur les cheveux de Kirsten qui est pâle comme une morte. Searl est tout près à présent. Sa fille le voit débouler. Sa grosse main de chevalier se referme sur le frelon qu'elle emprisonne. La douleur de la piqûre est insoutenable mais Searl tient bon. Kirsten hurle : « Mon papa l'a eu ! » Cynthia beugle : « Ouais, il l'a eu cet enculé ! » Sa maman s'écrie : « Mon Dieu, Cynthia Chandler ! As-tu perdu la raison ? » Cassidy fond en larmes. Elle a fait pipi dans son maillot. Les autres enfants accourent, se pressent autour du dieu Searl qui tient toujours le monstre dans son poing. Une nouvelle piqûre, moins forte que la précédente, brûlante tout de même. Les enfants sont à ce point silencieux qu'on distingue l'effroyable bourdonnement entre ses doigts. Les mères le regardent s'avancer vers le barbecue. Les enfants le suivent, l'encerclent, se pressent craintivement autour de lui. Searl a serré son poing juste ce qu'il faut pour faire craquer la carapace du frelon sans le tuer. Quand il l'ouvre au-dessus du barbecue, la bestiole atterrit sur la plaque brûlante, entre deux saucisses où elle se tord et se racornit en émettant un bourdonnement d'agonie.

Les enfants poussent des « ohhh » et des « ahhh » tandis que la bestiole grésille avec le reste de la viande, mêlant à la graisse des saucisses le venin qui s'écoule de son abdomen crevé. Searl a fermé les yeux dans les odeurs de fumée et les cris ravis des enfants. Il sent encore la main de Kirsten caresser ses doigts enflés. Et puis les sensations s'estompent à mesure que le programme s'arrête.

12

Searl revient à lui en sursautant. Une migraine atroce fait battre ses tempes. Il essuie le filet de sang qui a coulé de ses narines. Sonné par ses shoots olfactifs, il se rend compte qu'il a de plus en plus de mal à reprendre pied dans la réalité. Comme des dizaines de fois auparavant, il sélectionne ses programmes souvenirs sur son écran et les fait glisser dans la corbeille de son Mac. Il clique sur « vider la corbeille en mode sécurisé ». Une fenêtre s'affiche. « Voulez-vous supprimer définitivement ces fichiers ? » Searl hésite. Une sueur grasse brille sur son front. Depuis quelques secondes, le doigt qu'il tient en suspension au-dessus de la touche d'envoi s'est mis à trembler. Il serre les dents. Toute sa vie dans cette corbeille. Son passé. Ses regrets. Sa came. Son portable vibre sur son bureau. Searl grimace en appuyant sur la touche « annuler ». Il décroche. La voix de Rebecca grésille dans l'écouteur.

— Searl ? Mais enfin qu'est-ce que tu fichais ? Ça fait des heures que j'essaie de te joindre !

La respiration saccadée de Rebecca. Elle est à la fois soulagée, inquiète et furieuse.

— Merci de nous avoir posé un lapin à l'aéroport. Les enfants ont adoré la plaisanterie et me l'ont fait payer au centuple.

— J'ai perdu une patiente. Une femme enceinte renversée par une moto.

La voix de Rebecca, plus douce :

— Les patients que tu traites sont les plus abîmés. C'est un miracle à chaque fois que tu en sauves un.

Searl sourit. Rebecca utilise toujours les mêmes mots simples pour répondre aux souffrances les plus compliquées.

— Tu as bien roulé ?

— Une tempête de neige nous est tombée dessus. Au début, ça ne devait être que de la pluie, et puis la température s'est mise à chuter brutalement. Avant cela, un camionneur fou nous a pris en chasse sur plusieurs kilomètres à bord d'un roadtrain équipé d'une remorque et j'ai été obligée d'appeler le shérif local pour qu'il nous laisse tranquille. Tu te rends compte ?

— Comment ça « pris en chasse » ?

— D'après le shérif, il cherchait surtout à ne pas casser son élan mais on aurait vraiment dit qu'il nous poursuivait.

— Je suis désolée, Becka. Tu as dû avoir une peur bleue. Les enfants ont été sages ?

— Comme toujours.

— Vraiment désolé.

— Le vieux Hank avait rallumé la chaudière, comme tu l'avais dit. J'ai fait tout le reste dans l'ordre : la voiture à l'abri, la porte athermique du garage soigneusement refermée et sous tension pour empêcher le froid d'entrer, les plombs vérifiés. On s'est ensuite occupés des décorations de Noël dans le salon. Le feu de cheminée est prêt. La table aussi. Il ne manque plus que toi. Kirsten te réclame sans arrêt. Elle est épuisée.

— Je prends le premier avion et j'arrive.

Des grésillements sur la ligne.

— Quoi, Rebecca ? Qu'est-ce que tu dis ?

— Je dis : ne viens pas maintenant. La tempête va tout bloquer. Et bien sûr les portables ne captent pas.

— Je vais quand même tenter le coup, on ne sait jamais.

— Comme tu veux. Tu risques simplement de te retrouver coincé en transit ou à Denver. Au fait, juste avant le gros de la tempête, j'ai pris un auto-stoppeur. Un étudiant qui retournait en Californie. Il se trouvait dans ce camion fou qui nous a poursuivis sur plusieurs kilomètres. Le chauffeur a fini par s'arrêter comme nous sur l'aire de repos de Big Creek et, juste après, j'ai pris un passager en stop.

— Becka ? Allô ?

D'autres grésillements. Searl a l'impression d'entendre la tempête se ruer sur les lignes pour les arracher. Ses cheveux se sont hérissés sur sa nuque : au milieu des bruits parasites, il a cru percevoir un hurlement. Il essuie son front trempé de sueur.

— Becka ? Tu m'entends ?

À nouveau les grésillements. La migraine. Il tend l'oreille. Rebecca a fait tomber quelque chose qui s'est brisé sur le carrelage de la cuisine. Sa respiration s'est accélérée.

— Becka ? Qu'est-ce qui se passe ?

— Un courant d'air. Ça a fait claquer la porte du bas et j'ai laissé échapper un plat en verre.

Rebecca s'est baissée. Elle a sans doute coincé le combiné sous son menton. Elle ramasse les éclats de verre. Un hurlement à l'étage. Elle sursaute. D'autres claquements de portes.

— Beck ? C'était quoi, ça ?

Les cris de Kirsten. Marty la poursuit à travers le couloir, dans les escaliers. Les portes battantes de la cuisine grincent sur leurs gonds. Un piaillement de souris. Kirsten s'est cachée derrière Rebecca, laquelle renverse la pelle qui contient les éclats de verre. Voix de Marty. Des noms d'oiseaux. Il essaie d'attraper sa sœur en empoignant Rebecca.

— Marty Searl ! Arrête immédiatement ! Il y a du verre partout !

— Il veut m'arracher les yeux, Beck ! Il veut m'arracher les yeux !

— Marty ? Tu peux m'expliquer ?

— Cette minuscule chieuse est entrée dans la salle de bains pendant que j'étais sous la douche !

— Elle n'a sûrement pas fait exprès.

— Mon œil ! Elle fait toujours ça !

— C'était pour voir si tu avais des poils. Megan aussi en a plein.

Voix lointaine de l'aînée, qui sourd d'en haut :

— Vas-y, balance des noms, petite conne !

Rebecca lutte pour ne pas tomber. Marty est furieux. Il souffle près du téléphone. Searl le devine blême de rage, au bord des larmes. Il l'appelle mais personne n'entend plus sa voix. La respiration de Rebecca siffle sur la ligne. Elle est terrorisée par les bouts de verre si près des pieds nus des enfants. Nouveaux hurlements suraigus, niveau 8 sur l'échelle ouverte de Kirsten, caractéristiques d'une petite sœur que l'on vient d'attraper par les cheveux. Des coups retentissent. Rythmés. D'une violence inouïe. Tout en essayant de l'empêcher de frapper, Rebecca hurle :

— Marty, arrête ! Tu vas la tuer !

Et puis la gifle de Rebecca part, claque comme une porte. La scène se fige. Le silence. Voix de Marty, estomaqué. Sa joue le brûle. La colère monte de son ventre. Ses yeux se remplissent de larmes.

— Tu n'avais pas le droit, espèce de sale…

Nouvelle gifle, magistrale, pleine de révolte et de terreur. Searl appelle dans le combiné mais personne ne l'entend. Respiration saccadée de Rebecca.

— Au nom du ciel, Marty ! Est-ce que tu te rends compte que tu as des cheveux de Kirsten à l'intérieur de ton autre poing ? Lâche-la tout de suite !

Nouveau silence. Marty vient sans doute de découvrir les mèches de sa petite sœur dans sa paume. Kirsten pleurniche. Elle serre sûrement son doudou. Elle a réveillé les monstres. C'est toujours ce qu'elle dit quand elle a fait une bêtise. À nouveau la voix de Rebecca, vibrante de toute cette terreur qu'elle contient :

— Kirsten ?

— Oui ?

— Tu vas monter dans ta chambre. Tu es punie jusqu'au dîner. La prochaine fois que tu entres dans la salle de bains sans frapper pour regarder ton frère ou ta sœur sous la douche, tu recevras la fessée. C'est compris ?

Toute petite voix pleine de reniflements :

— Oui, Beck. Pardon, Beck. Pardon, Marty.

— Va te faire foutre, merdeuse. Il faudra bien que la cogneuse dorme. Et quand elle dormira, je viendrai.

Kirsten sanglote vraiment maintenant. Elle se cramponne au dos de Rebecca. Elle pousse des petits cris déchirants au milieu de ses sanglots. Elle n'arrive pas à rendormir les monstres.

— Marty ?

— Cogneuse ?

— Toi aussi tu es un cogneur.

— Ouais, mais moi je ne fais pas semblant d'être quelqu'un d'autre. Tu voulais quoi ?

— Que tu me lâches et que tu laisses passer ta sœur. Il y a des bouts de verre partout, chéri. Vous allez vous blesser.

— Appelle-moi encore une fois chéri et je te casse une jambe.

Marty souffle comme un taureau. La voix de Rebecca est calme. Elle vibre encore mais elle est calme. La psychiatre prend le relais. Searl serre les poings. Sa gorge est sèche. Il connaît les colères de son fils. Il les a engendrés. Il les porte en lui.

— Marty. Aucune négociation n'est envisageable tant que tu es dans cet état. Je veux d'abord que tu lâches mon pull, que tu desserres tes doigts autour de mon bras car tu me fais un mal de chien, puis que tu lâches les cheveux de ta sœur et que tu la laisses passer. Elle est terrorisée. Elle a compris.

— Elle n'avait pas à faire ça...

Marty s'interrompt. Des sanglots agitent sa gorge.

— Ce qu'elle a fait est très mal, Marty. Elle n'aurait jamais dû. Je suis d'accord. Mais ça ne peut pas être aussi grave que ça. C'est ta petite sœur. Il faut que tu arrêtes.

— C'est aussi parce que quand je suis rentrée, il faisait des choses bizarres avec son zizi.

— Kirsten Searl, sale petite charogne !

— Marty, non !

Nouvelle empoignade. Nouveaux coups. Nouveaux cris. Nouvelle gifle. Gigantesque. Encore une. Une de plus. Searl ferme les yeux. Rebecca va gifler son fils jusqu'à ce qu'il lâche enfin prise. Elle a raison. C'est maintenant qu'il faut obtenir la reddition du monstre. Hurlement enragé de Marty. Hurlement de terreur de Kirsten. Hurlement de Megan là-haut. Elle dévale les escaliers. Elle aussi pleure. Elle essaie de faire lâcher Marty. Nouvelle gifle. Encore une autre. Marty cède enfin.

— Megan, emmène ta sœur ! Tout de suite !

Megan attrape Kirsten qui n'est plus qu'une rivière de larmes. Marty se débat. Ses joues doivent être écarlates, non, violacées. Searl serre les mâchoires. Il ressent la douleur et la honte de son fils. Sa haine froide aussi. Les portes battantes grincent. Les filles ont quitté la cuisine. Elles se réconfortent dans l'escalier en se serrant l'une contre l'autre. Marty respire follement. Il se laisse déborder. Il se noie dans ses sanglots. Il râle et bégaie.

— La saale, la sale peeetite gaaaarce.

— Marty, essaie de te calmer. Tu n'as pas à avoir honte de ce qu'elle a vu. Tous les garçons en âge de faire des bébés font ça. Ce n'est pas sale.

Marty fond en larmes, râle et sanglote. Sa voix est étouffée par le pull de Rebecca. Il se réfugie dans ses bras. Il s'est rendu. On se rend toujours avec Rebecca. Elle passe sa main dans ses cheveux. Il râle encore. Il est brûlant. Elle chantonne. Elle le berce. Elle murmure. Il dit :

— Elle me manque tellement.

— Je sais. Chut. Je ne vais pas la remplacer. Je suis juste là.

Rebecca a gagné. Elle est la mère du lion. Searl considère les portraits de Rachel. Il dit « allô » pour la forme, mais plus personne ne l'écoute. Les battements de son cœur se stabilisent. La migraine n'est plus qu'une lointaine pulsation. Marty se calme. Il renifle.

— Je peux te laisser remonter ?

— Oui.

— Tu es sûr ?

— Non.

— Tu veux rester avec moi ?

— Oui.

— Tu m'aides à finir de préparer le repas, alors ?

— Ça, tu peux toujours rêver, ma vieille.

— Je me disais aussi...

Encore des caresses, des murmures, des baisers sur les cheveux chauds de Marty. Et puis l'ado reprend le dessus.

— Ça va, n'en profite pas.

— C'est bon, je m'arrête. File chercher un pull et des chaussons avant de venir m'aider.

— Un pull et des quoi ?

— Des chaussons.

Marty ricane. Les portes battantes de la cuisine grincent. Ses pas dans l'escalier. Kirsten est assise en haut des marches. Elle sanglote. Marty la console rudement. Rebecca sourit en l'entendant dire :

— Raconte ce que tu as vu à quelqu'un et je te jette dans le broyeur.

— Juré, Marty, je ne dirai rien. Mais c'est quoi au juste ce que j'ai vu ?

— La ferme, chieuse.

— OK, Marty, je me la ferme. J'te jure que je me la ferme.

— Ferme-la, alors.

— OK.

Leurs voix s'éloignent dans le couloir qui dessert les chambres. Rebecca termine de ramasser les éclats de verre. Et puis elle s'exclame « mon Dieu » en attrapant le combiné posé sur le plan de travail.

— Searl ! Je t'avais complètement oublié ! Tu es toujours là ?

— Je suis là, Beck.

— Tu as entendu ?

— Oui. Tu ne pouvais pas faire autrement.

Un silence. Le rugissement de la tempête au-dehors.

— Ça ne s'arrange pas. Le blizzard se lève.

— Si l'électricité est coupée, demande à Marty de démarrer le groupe électrogène au sous-sol. Il a l'habitude. Vous avez quatre jours d'autonomie. Il y a aussi un cellier qui contient quinze jours de réserve en boîtes de conserve et aliments frais répartis dans deux gros congélateurs. Pour le bois, vous avez trois mois de réserve. Il y a aussi un fusil de chasse au-dessus de la cheminée. Les cartouches sont sous clés dans le cellier. Si des coyotes viennent hurler trop près de la maison, tu n'auras qu'à tirer un coup de feu en l'air.

— Je n'aurais jamais dû quitter Manhattan.

— Désolé, Beck. J'aurais dû être là.

— Ce n'est pas ta faute. Et puis, en cas de vrai souci, nous ne sommes pas aussi isolés que tu le disais.

— Comment ça ?

— Ah zut, les ampoules clignotent. Non, ça va, c'est revenu.

— Comment ça, pas aussi isolé que je le disais ?

— L'auto-stoppeur que nous avons embarqué en fin d'après-midi sur la 70. Figure-toi que sa grand-mère habite Big Creek Lake. La dernière maison avant la nôtre. Je l'ai laissé au bord de la route à cinq cents mètres d'ici. Il m'a fait jurer de l'appeler en cas de problème.

D'autres grésillements. Searl écarte le combiné de son oreille. La communication revient.

— Nom de Dieu, Rebecca, de quelle foutue grand-mère es-tu en train de parler ? Il n'y a aucune maison avant la nôtre ! Toutes les autres maisons se trouvent de l'autre côté du lac et elles sont vides à cette époque.

Le souffle effrayé de Rebecca. Il ne l'avait entendu qu'une fois alors qu'ils s'étaient arrêtés en pleine nuit pour marcher dans une forêt profonde sous un orage. Au bout de quelques mètres, sous les éclairs qui éclaboussaient les arbres, Rebecca s'était serrée contre lui et elle avait eu ce souffle-là.

— Qu'est-ce que tu racontes, Searl ? Qu'est-ce que tu dis ?

— Ce n'est sûrement rien. Ne panique pas. Tu vas raccrocher et appeler le shérif.

— Que je ne panique pas ? Tu es en train de me dire que j'ai conduit jusqu'ici un inconnu bègue et fou au point de me mentir sur une prétendue grand-mère et une maison fantôme ? Pourquoi aurait-il fait ça s'il n'a pas l'intention de nous faire du mal ? Au nom du ciel, Eric, pourquoi aurait-il fait ça ?

— Calme-toi, Beck. J'appelle moi-même le shérif. Va charger le fusil et reviens. Avec une tempête pareille, ça m'étonnerait que ce type s'aventure au-dehors.

— Mais c'est précisément ce que je me tue à te dire : il est à l'intérieur de nulle part. Il n'a pas besoin de sortir. Il est *déjà* dans la tempête !

Cri perçant de Kirsten à l'étage. Celui de Megan lui répond. Le souffle de Rebecca s'interrompt.

— Becka ? Qu'est-ce qui se passe ?

— La lumière. Elle vient de s'éteindre...

— Dans la cuisine ?

— Non, partout sauf dans le salon. Toutes les lumières sont éteintes mais j'aperçois les lueurs des guirlandes.

— C'est la tempête. Je sais que c'est facile à dire mais essaie de rester calme.

Voix de Marty au sommet de l'escalier.

— Becka ? L'électricité a sauté. Tu veux que je descende ?

— Surtout pas, Marty !

Becka a parlé trop fort, presque hurlé. Sa voix tremble.

— Marty ?

— Oui ?

— Je vais bien. Je veux que tu restes là-haut pour le moment avec tes sœurs, OK ?

— OK.

À nouveau le souffle de Rebecca. Les doigts de Searl galopent sur le clavier de son ordinateur. Il cherche le numéro de la police de Bender. Il le compose fébrilement sur son téléphone de bureau.

— Searl ? Il fait froid. Pourquoi fait-il brusquement froid comme ça ?

— Je suis en train d'essayer de joindre le shérif. Toutes les lignes sont occupées pour le moment. Je reste avec toi. Je ne bouge pas.

Rebecca va répondre lorsque de la musique se fait entendre au loin, de plus en plus forte. Searl tend l'oreille. Il croit reconnaître du Mozart. L'introduction des *Noces de Figaro*. Oui, c'est bien ça. Le English Baroque Soloists sous la direction de John Eliot Gardiner.

— D'où vient cette musique, Rebecca ?

Rebecca chuchote :

— De la chaîne stéréo du salon. Comment peut-elle s'allumer toute seule ?

— Calme-toi, Beck. Je suis en attente sur les lignes du shérif. Il va bientôt décrocher.

Le volume de la musique augmente progressivement, comme si quelqu'un actionnait la télécommande depuis une autre pièce de la maison. Searl frissonne à cette idée. Voix de Megan à l'étage. L'opéra l'effraie. La musique est à présent si forte que Rebecca ne comprend pas ce que l'adolescente lui crie depuis le sommet des escaliers.

— Allô ? Beck ? Tu m'entends ?

— ... earl ?... Là ?

Searl attend que la nouvelle série de grésillements s'estompe. Il capte des chocs sourds. Des hurlements. Les cris de Rebecca au loin.

— Mon Dieu, Searl, il est ici !

Encore des coups. Encore des hurlements. À nouveau le silence. Sur la chaîne stéréo Bryn Terfel entame « Cinque... Dieci... Venti ». L'acte 1 a commencé.

— Becka ?

La voix de Searl n'est plus qu'un horrible coassement. Il a l'impression de flotter à l'intérieur de l'une de ses visions. Un programme aberrant dont l'algorithme aurait soudainement dérapé. La voix du baryton gallois. Toute sa puissance sur scène. Toute sa présence aussi. Deux ans plus tôt, à Vienne, Rachel et lui avaient profité d'un congrès de médecine pour aller assister aux *Noces de Figaro* sous la direction du prodige. Terfel avait fait son apparition, si imposant par le timbre et le geste.

— Bryn Terfel Jones ? Tu es sûre que tu ne confonds pas, mon chéri ?

— Avec qui ?

— Je ne sais pas. Avec Bryn Jones par exemple.

— C'est pas lui ?

— Mais non, pauvre tâche. C'est un autre interprète. C'est pour ça que Bryn Terfel Jones a choisi de ne s'appeler que Bryn Terfel.

— Pauvre tâche toi-même.

Ils avaient eu cette discussion dans les premiers rangs. Comme ils avaient fait l'amour durant des heures avant le spectacle, jusque sous la douche et à s'en arracher leurs peignoirs à peine secs sur le lit, ils n'avaient eu le temps que de sauter dans un jean, un polo et des baskets pour lui, une de ses chemises et des Ugg basses pour elle, accoutrement qu'ils avaient recouvert de manteaux de belle facture, Armani pour monsieur, Azzedine Alaïa pour madame. Ils avaient refusé de les quitter en prenant place aux premiers rangs sous les regards désapprobateurs des Viennoises apprêtées pour la circonstance. Rachel les avait observées à la dérobée. Tandis que l'opéra commençait, elle avait chuchoté :

— On dit Viennoises ou Viennoiseries ?

— Ça dépend de l'âge de la Viennoise.

Rachel avait pouffé de rire dans son manteau, puis avait ajouté :

— C'est horrible. J'ai l'impression que tout le monde nous regarde.

— Les vieux le font parce que ça les fait se sentir plus jeunes. Les vieilles, parce que ça les fait se sentir plus vieilles.

— Tu crois que ça se voit ?

— Quoi donc ?

— Qu'on a fait l'amour.

— Bien sûr. Tu as tellement joui que, tu as beau être habillée, tu es encore nue.

— Qui te dit que j'ai tant joui que ça ?

Il y avait eu une pause dans l'introduction quand Rachel avait dit ça un peu trop fort. Rouge comme une pivoine, son visage avait disparu entre les pans relevés du col de son manteau.

— Pas la peine de te cacher, tu es nue de toute façon.

Et puis, quand Bryn Terfel avait entamé le premier acte, ils avaient eu cette autre discussion sur lui, en continuant à chuchoter, en mêlant leurs haleines, en approchant à ce point leurs lèvres qu'elles avaient fini par se joindre en un baiser interminable. Quand ils avaient finalement relevé la tête, Bryn Terfel s'était immobilisé sur la scène à quelques mètres d'eux et n'avait eu d'yeux que pour eux en chantant et en souriant, comme s'il leur offrait le début de la grande œuvre.

— Rebecca ? Tu m'entends ? Oh, mon Dieu, Rebecca, parle-moi !

Les yeux de Searl le brûlent. Le message d'attente de la police de Bender s'échappe toujours de son téléphone. Il regarde les portraits de Rachel au mur. Il a l'impression qu'elle sourit. Il tend l'oreille. Plus un bruit dans la maison perdue au milieu de la tempête, hormis le souffle profond de la tempête elle-même, et, celui, presque joyeux, de Terfel. Searl se fige. Un autre souffle, beaucoup plus proche, vient de résonner dans le combiné. Une respiration calme, mesurée.

— Qui êtes-vous ?

Pas de réponse. Hormis cette respiration que Searl ne reconnaît pas. Les jointures de ses doigts craquent sur la coque en plastique du téléphone.

— Si vous leur avez fait le moindre mal, je vous traquerai sans relâche. Ou que vous vous cachiez, je vous retrouverai et je vous massacrerai.

La voix de l'homme jaillit, douce, grave, profonde. Il a l'air jeune. Il est bègue. Il se concentre. Il dit :

— Àààà votre plaaace, je deviendrai complètement fffou, doc.

Il y a encore la musique, encore le souffle de la tempête, et puis l'homme raccroche et il n'y a plus rien.

13

Quand le Cherokee du shérif Ed Crawley se range en pleine nuit à quelques mètres du restaurant d'Arnie Bates, la tempête se déchaîne depuis quatre heures et ses essuie-glaces peinent à chasser la poudreuse qui s'accumule sur le pare-brise. Crawley soupire. Depuis le milieu de l'après-midi, et malgré les avertissements transmis sur les ondes, il a passé son temps à patrouiller la portion d'autoroute sous sa juridiction pour secourir les véhicules piégés par la neige, distribuer des couvertures et des boissons chaudes, et évacuer des familles entières vers le gymnase et les salles communales de Bender où Marge, son assistante, organisait leur accueil avec des pâtisseries surgelées et du café. Crawley bâille. Le pire, ce sont les touristes en camping-car qui traversent les Rocheuses vers la Californie en sandales et tee-shirt. L'hiver dernier, lui et ses hommes avaient retrouvé deux familles de ce genre, bloquées sur une route secondaire par cette tempête très courte où il avait fait si froid. Le vent et la neige avaient sévi toute la nuit et, quand la température avait chuté à – 40 °C vers quatre heures du matin, les réservoirs étaient tombés à sec et ils étaient morts d'hypothermie dans leur sommeil.

Le shérif coupe son moteur et laisse ses gyrophares allumés. Il avale la dernière gorgée de café tiède au fond de son gobelet. Froissant l'emballage, il ne quitte pas des yeux la silhouette massive du Kenworth garé à une cinquantaine de mètres du restaurant et dont les tuyaux chromés laissent échapper un filet de fumée dans l'air gelé. C'est Arnie Bates qui l'a alerté deux heures plus tôt. Il disait que le vieux Clay Scotton avait rangé son bahut en fin d'après-midi, juste après les premières chutes de neige, et que, depuis, le moteur était resté allumé.

Crawley plisse les yeux pour essayer de percevoir un mouvement derrière le pare-brise teinté du camion. Vers 16 heures, alors que la tempête n'était encore qu'une menace et qu'il achevait une patrouille de routine sur la 70, il avait été doublé par le Kenworth dont le train arrière fumait comme si l'un des freins hydrauliques était en train de rendre l'âme. Crawley avait eu un rapide échange radio avec le vieux Clay. Il l'avait trouvé fatigué et lui avait ordonné de faire une pause.

Une heure plus tard, le central avait reçu un appel d'une automobiliste affolée qui prétendait être poursuivie par un roadtrain rouge. Il l'avait rassurée avant de rappeler Clay. La voix du vieux trahissait de plus en plus de fatigue. Crawley avait réitéré sa recommandation en le menaçant de l'immobiliser s'il ne s'arrêtait sur l'aire de Big Creek pour laisser passer la tempête. Ce qu'il avait visiblement fait. À ceci près qu'il n'avait pas coupé son moteur.

Crawley expédie une série d'appels de phares qui rebondissent sur le pare-brise. Pas de réactions. Il hausse les épaules. Habitué aux longues étapes, le vieux devait piquer un roupillon au cours duquel son cerveau avait fini par encaisser toutes ses créances de sommeil. Il détache son micro de son socle et le porte à ses lèvres.

— Clay ? C'est Ed. T'es toujours sur le canal 22 ? Si tu m'entends, réponds, s'il te plaît.

De la friture sur les ondes.

— Clay ? Will arrive avec ses outils. Ça serait bien que tu te réveilles avant qu'il fasse sauter ta portière. Tu sais comment il est.

Crawley relâche le bouton d'émission. Pas de réponse. Il bascule sur un autre canal.

— Will ? Je suis sur place. Clay ne répond pas. Qu'est-ce que tu glandes ?

Un grésillement. La voix perpétuellement tendue du gros Will :

— Qu'est-ce que je glande ? Nom de Dieu, Crawley, à ton avis ? Je suis avec ta sœur ou quoi ?

— Calme-toi, Will. C'était juste pour savoir si j'avais le temps d'aller m'en jeter un chez Arnie en t'attendant.

— Je suis sur la secondaire 6 en train de superviser l'enlèvement d'une décapotable. T'entends ça, Ed ? Une putain de décapotable ! Il faudrait mettre des mitrailleuses de 60 en batterie après Denver pour trouer ces saletés qui veulent monter jusque chez nous avec leurs connards en polo de chez peigne-culs !

— Je sais, Will. Il faudrait mais on n'a pas les crédits.

— Je termine ça et j'arrive.

— Quand ?

— Quand ? Putain, j'en sais que dalle, moi ! Quand je peux, ça te va ?

Crawley repose son micro et allume une cigarette en entrouvrant sa vitre. L'air gelé sur son visage le fait grimacer. Il rajuste sa chapka et tire pensivement sur sa Camel en étouffant la toux qui brûle sa gorge. Le médecin lui avait annoncé la nouvelle la veille. Crawley était allé le voir à cause de ce fichu sifflement des bronches qui ne le quittait plus. Au début, il était apparu quand il se penchait pour nouer ses lacets, ensuite quand il grimpait un escalier même lentement, après cela quand il était allongé, puis tout le temps. Juste un sifflement, comme une gêne sur la trajectoire de la respiration. Quand ç'avait commencé – à bien y réfléchir, ça remontait au printemps, soit à peine six mois après la mort de Norma –, il avait cru à un mauvais rhume d'été, puis à un sale microbe d'automne. Il l'avait soigné avec des grogs et des inhalations. Avec ses satanées Camel aussi. Et puis, il y a deux nuits, il s'était réveillé les mains serrées autour de la gorge, blême et étouffant sous la poussée de ce filet qui emplissait désormais sa trachée et sa poitrine, surtout du côté gauche où la douleur tapie dans ses muscles projetait des arcs électriques dans son bras et ses mâchoires.

Après une nuit blanche à essayer de respirer, il était d'abord passé boire un café chez Arnie, puis, ayant toussé à fendre l'âme jusqu'à maculer son mouchoir de sang, il était enfin allé consulter Bruce Davenport dans son cabinet privé à la sortie de Carbondale.

Davenport s'était installé dans un chalet cossu où il ne recevait que sur rendez-vous. Crawley l'avait appelé en chemin et le médecin avait immédiatement compris à la voix du shérif que quelque chose n'allait pas. Il lui avait dit de se garer à l'arrière de la maison, puis de passer par la cuisine où sa femme lui préparerait un café.

Une heure plus tard, il était assis en face de Davenport. Lui, mince et bronzé depuis qu'il passait ses après-midi sur le green d'Aspen. Le shérif, encore mince lui aussi même si les années avaient commencé à s'empiler sur le devant, et la mine blanche et creusée par les mauvaises nuits, le café et le whisky. Par la mort de Norma aussi, réduite six mois plus tôt à l'état de spectre par une leucémie foudroyante.

Davenport avait longuement examiné Crawley avec son stéthoscope. Le shérif avait toussé, respiré fort, fait au mieux pour retenir son souffle. Puis le médecin s'était rassis, la mine sombre. Sans lever les yeux de son ordonnancier, il avait dit :

— Je t'envoie tout de suite à Grand Junction pour une IRM. C'est moi qui invite.

— C'est grave à ce point-là ?

— Ça peut l'être.

— C'est quoi, cette foutue réponse de presbytérien, Bruce ? C'est grave ou pas ?

Davenport avait relevé ses grands yeux délavés sur Crawley.

— Tu as un souffle au poumon droit, des nodules hépatiques à la palpation, tu craches du sang. Va faire cet examen.

Cette discussion remontait à la veille au matin. Davenport avait appelé Grand Junction pour lui trouver un créneau en urgence. À 11 heures, Crawley s'allongeait dans la machine à arceau. Là aussi, ne pas bouger, ne pas tousser, ne pas respirer. La douleur épouvantable qui vrillait sa poitrine et son bras l'avait fait se tortiller et il avait fallu s'y reprendre à deux fois pour obtenir les bonnes coupes.

À 11 h 45 – Crawley s'en souvenait car, depuis qu'il avait siroté son café dans la cuisine de Davenport, il cherchait instinctivement des yeux la moindre pendule –, il était retourné dans la salle d'attente où il avait feuilleté des dépliants sur le cholestérol et le risque du diabète dans les pathologies coronariennes.

À 12 h 05, depuis le pas de la porte, une secrétaire avait rugi : « Ed Crowley, box 12. » C'est là, dans cette pièce minuscule réservée aux urgences qu'un médecin maigre comme un clou lui avait appris qu'il était atteint d'un cancer des poumons à petites cellules. Sonné, Crawley n'avait retenu qu'une chose de ce discours : « petites cellules », ce qui signifiait qu'on ne savait pas où était la tumeur, et que les métastases proliféraient librement comme des champignons blêmes dans un égout. Il avait demandé combien de temps il lui restait à vivre. D'une voix de banquier, le médecin avait répondu : « Six mois. » On lui avait programmé une première série de dix séances de chimio. Il devait être hospitalisé le jour même. Il avait annoncé qu'il remontait à Bender pour préparer ses valises et fermer la maison pour l'hiver. Il avait promis qu'il serait de retour pour 17 heures.

L'un dans l'autre, il était 12 h 50 quand, le visage et le corps couverts de sueur, Crawley s'était retrouvé sur le parking de l'hôpital. Grelottant dans sa parka, il avait allumé une Camel dont il avait regardé la fumée s'élever dans l'air glacé comme son âme s'apprêtait à le faire. Il était remonté chez lui. Il n'était pas revenu se faire hospitaliser.

Assis dans son Cherokee, Crawley regarde le tube de cendre de son mégot s'approcher dangereusement de ses doigts. L'écran de son portable clignote. Onze messages. Davenport inquiet, Davenport en colère, sentencieux, raisonnable, chiant comme la mort. Crawley regarde la fumée disparaître par la fenêtre entrouverte. Il pense à Norma, au tube de somnifères qu'elle avait avalé en pleine nuit pendant que lui dormait à ses côtés. Elle lui avait laissé une lettre qu'il avait fait plastifier et qui ne quittait plus son portefeuille. Dessus, elle avait écrit : « Eddy. Je perds mes cheveux et plus aucune de mes robes ne tient sur mes épaules et mes hanches. Je t'aime trop pour accepter de devenir ce que je deviens sous tes yeux. Je préfère rester la jolie fille qui t'a volé ton cœur. Merci de m'avoir tenu la main jusqu'au bout. Rejoins-moi quand tu peux. À jamais ta Norma. »

14

Crawley n'a eu qu'un sanglot sec en repensant à Norma. Depuis qu'il sait qu'il va la rejoindre bientôt, elle lui manque un peu moins. Dehors, il neige de plus en plus et la température chute encore. Il lit – 30 °C sur son tableau de bord. La radio grésille.

— Ed, c'est Marge, tu me reçois ?

— Je t'écoute, Marge.

— J'ai reçu un appel d'un gars de Los Angeles. Sa femme et ses enfants ont quitté Denver par la 70.

— S'il n'a pas de nouvelles, il doit appeler la caserne des pompiers de Grand Junction. C'est eux qui centralisent tout ce soir.

— Ce n'est pas ça, Ed. Elle est bien arrivée à destination. Il l'avait au téléphone en nous appelant. Il a dit que les enfants se disputaient. Puis le courant a été brusquement coupé là-bas.

— Où ça, là-bas ?

— Big Creek Lake, la maison avant le lac quand tu arrives de Big Creek.

— Elle a réussi à monter là-haut ?

— Faut croire.

— Et elle l'appelait pour quoi au juste, son jules ? Pour lui dire que le courant était sur le point d'être coupé comme ça arrive à chaque tempête ? Si c'est ça, dis-lui que la loi oblige les hivernants aussi isolés à avoir un groupe électrogène en état de marche. Si ce n'est pas le cas, on ira la chercher dès que possible avec le chasse-neige et ça lui coûtera huit cents dollars d'intervention et deux mille dollars d'amende.

— Non, Ed, c'est autre chose. Juste avant la coupure d'électricité, l'homme a entendu des cris et des bruits de lutte. Il a ajouté qu'avant cela il entendait de la musique classique s'échapper de la chaîne stéréo. Il a dit aussi que sa femme avait pris un autostoppeur et qu'elle l'avait déposé à l'avant-dernière maison avant le lac.

— Quelle avant-dernière maison ?

— C'est bien ça le problème, Ed.

Crawley soupire en ouvrant son calepin sur ses genoux.

— Vas-y, je t'écoute.

— L'homme n'en a pas dit beaucoup plus. Quelqu'un était dans la maison, il y a eu cette coupure et de la musique, et puis la communication a été interrompue.

— Les enfants qui continuaient à se disputer ?

— Je ne sais pas. Il a dit qu'il y avait beaucoup de grésillements sur la ligne.

— Tu as des noms à me donner ?

— Lui s'appelle Eric Searl, elle Rebecca Miller, tous deux psychiatres à Los Angeles. Trois enfants de 17, 15 et 9 ans : Megan, Marty, Kirsten. Ce docteur Searl a conclu en disant qu'il essayait de rappliquer de toute urgence.

Le shérif considère les paquets de neige qui tombent du ciel.

— En pleine tempête ?

— Ouais.

— Bonne chance à lui. Personne ne peut monter pour le moment. J'alerte Scott à Big Creek pour qu'il aille jeter un œil avec son chasse-neige.

— Tu penses que ce n'est que ça ?

— Quoi donc ?

— Une affaire de cocu ?

— Va savoir. Peut-être aussi une farce d'un des mômes qui n'aura pas supporté de se faire remonter les bretelles. Tu as essayé de rappeler là-haut ?

— Oui. Ça sonne dans le vide.

Le shérif coupe la communication et referme son calepin. Il meurt d'envie de griller une autre cigarette. Cette histoire d'auto-stoppeur et de famille isolée l'inquiète. Il appelle Scott. Ce dernier lui répond qu'il montera dès que possible mais que le chasse-neige est en rade pour le moment.

— C'est grave ?

— Une chenille grippée. Ça fait trois mois que je la rafistole avec des bouts de ficelle et que je réclame une rallonge au maire pour en faire venir une neuve de Denver, mais je t'en foutrais !

— Je sais, Scott, on n'a pas les crédits. Tu penses en avoir pour combien de temps ?

— J'allais terminer.

— Fais au plus vite et tiens-moi au courant.

Crawley raccroche. Coup d'œil à travers les bourrasques en direction du Kenworth. Le moteur tourne toujours, réchauffant le capot où la poudreuse s'accumule pourtant. Le shérif se demande si le vieux Clay est en train de cuver ou s'il est mort d'une crise cardiaque. Pas d'un cancer à petites cellules en tout cas. À nouveau la voix de Marge à la radio.

— Au fait, Ed, tu as des nouvelles de Will ?

— Il dépanne une décapotable et il me rejoint.

— Encore une décapotable ?

— Ouais.

— Ces foutus hivernants auront notre peau. C'est moi qui te le dis.

Crawley repose le micro. Il baisse les yeux vers son 45 qu'il a dégainé machinalement en discutant avec Marge et qu'il tient à présent sur ses genoux. L'idée lui a traversé l'esprit à plusieurs reprises aujourd'hui, comme une issue de secours dans le noir. Il effleure la carcasse bronzée de l'arme à travers ses gants. Des coups légers retentissent contre la vitre. Il tourne la tête, aperçoit la bouille rouge d'Arnie Bates émerger de la capuche fourrée de sa parka. Il baisse un peu plus la vitre. Bates claque ses mains recouvertes de moufles jaunes.

— Qu'est-ce que vous glandez, vous, les flics ? Vous pensez que le vieux Clay est retranché dans son Kenworth avec un M16 ou quoi ?

— J'attends Will. C'est lui qui a les outils.

— Viens donc boire un coup, alors !

Arnie a sorti de sous sa parka un Thermos de café dont il dévisse le bouchon. Ça sent surtout le whisky. Crawley descend de voiture, immédiatement pris de frissons tandis que le vent s'enroule autour de lui. Il accepte le gobelet qu'Arnie vient de remplir. La chaleur s'insinue à travers ses gants. Il hume la bonne odeur qui s'échappe du breuvage. Il désigne le Kenworth du menton.

— Tu dis qu'il est stationné là depuis quand ?

— Depuis au moins dix-sept heures. La cabine est verrouillée de l'intérieur. On y voit que dalle à cause de ces satanées vitres fumées qui ne laissent même pas passer le faisceau d'une torche. C'est pas interdit d'ailleurs ce type de vitres ?

— Si, bien sûr, mais vu que quatre-vingts pour cent des électeurs du comté sont des camionneurs, si je les emmerde avec ce genre de truc, ils vont m'éjecter de mon fauteuil et je serai obligé de redevenir routier à mon tour.

— Vacherie de politique !

— Tu l'as dit.

Arnie boit une rasade de café, s'essuie la barbe avec la manche de sa parka.

— Tout ce qu'on a pu voir, c'est que le vieux Clay est assis derrière son volant, raide comme un piquet.

— Il ne répond pas quand vous cognez à la vitre ?

— Non. La musique est à fond. Il est sans doute bourré.

— Sans doute.

Crawley va ajouter quelque chose lorsque le moteur du Kenworth hoquette et s'éteint.

— Panne sèche.

— Faut croire.

Des gyrophares au loin. Comme à son habitude, le gros Will conduit pied au plancher et sirène hurlante. Il freine à côté du Cherokee et s'extrait péniblement de son fauteuil en remontant son ceinturon sous son ventre. Il tend une torche sur batterie à Crawley et allume une cigarette.

— Foutue décapotable à la con !

— Ouais.

— Marge veut que je rentre vite. Elle a préparé des rollmops, des patates douces et du chou.

— Avec de la marinade sucrée, les rollmops ?

— Évidemment. Et du vin blanc de ces pédés de Californiens. Tu veux venir ?

— Je ne dis pas non.

Le shérif et son adjoint marchent vers le Kenworth. Debout sur les marchepieds, ils tentent de croiser le faisceau de leur lampe à l'intérieur de la cabine d'où s'échappe un morceau de musique classique réglé à fond.

— Un opéra. Si c'est pas une foutue misère.

— Ouais.

Will a collé son front contre la vitre. S'adressant à la silhouette immobile derrière les vitres fumées, il s'écrit :

— T'entends ou pas, vieux péquenaud ! Par ici, on écoute de la country ou rien !

Pas de réponse. Will essuie la buée que son souffle a déposée sur la vitre. Il essaie d'apercevoir quelque chose au fond de la cabine.

— Ed ?

— Ouais ?

— Je crois bien qu'il est mort.

— Va donc chercher ton fourbi, qu'on en ait le cœur net.

Maugréant, Will retourne à sa voiture d'où il rapporte des pinces de désincarcération. Il glisse les mâchoires plates dans la rainure de la carrosserie. Le souffle du mécanisme à air comprimé. Un claquement sourd. Pendant que Will remballe son matériel, Crawley ouvre la portière. Un flot de musique s'échappe de l'habitacle tandis qu'il braque sa torche sur le vieux Clay dont le torse, les avant-bras et le cou ont été écorchés. Derrière lui, Arnie lâche un « nom de Dieu ! » avant de se courber et de vomir dans la neige. Un lacet de cuir retient le malheureux la nuque serrée contre l'appuie-tête. Baissant sa lampe, Crawley constate que ses pieds nus sont collés aux pédales avec une matière à la fois épaisse et filandreuse, et que ses poignets sont fixés au volant avec d'autres lacets de cuir. Will est monté sur le marchepied. Il se tient à côté du shérif dont la lampe tremble à peine dans sa main.

— Bon Dieu, Ed, quel animal a pu faire un truc pareil ?

Crawley ne répond pas. Il ne parvient pas à détacher ses yeux de la scène. Il a l'impression de flotter en apercevant la formidable quantité de sang répandu sur le sol de la cabine.

Des pas rapides dans la neige. Crawley se tourne vers la journaliste du *Aspen Times* qui déboule de chez Arnie. Will la bloque mais son cameraman a eu le temps d'effectuer plusieurs plans.

— Merde. Manquait plus que ça.

Crawley redescend du camion. Il fait signe à Will d'alerter Marge pour qu'elle envoie au plus vite une équipe de légistes. Le gros s'éloigne. Crawley allume une cigarette en regardant les sommets dont les crêtes apparaissent au loin entre les bourrasques de neige. Une sueur froide se fraie un passage le long de son échine tandis qu'il cherche à réprimer la toux asphyxiante qui remonte de sa poitrine. Il pense au monstre qui vient d'élire domicile dans son comté. Il espère qu'il a poursuivi sa route. Tout au fond de lui, il sait qu'il est encore là.

15

À la seconde où le tueur avait raccroché, Searl avait grimpé quatre à quatre les escaliers conduisant au toit du Good Samaritan Hospital. Là, il avait pris les commandes d'un hélico d'intervention qui avait rasé les immeubles. Depuis, l'appareil frôlant les parois des canyons, Searl remonte à pleine turbine le fleuve Colorado en direction des montagnes. Loin à l'ouest, au-delà des déserts brûlants et des collines arides, le soleil s'est couché. À l'est, le front froid ourle l'horizon, barrière infranchissable de nuages noirs, de glace et de gel. À l'approche des contreforts, les premiers cisaillements de vent agitent la carlingue. Searl maintient la turbine à plein régime. La visibilité s'effondre tandis que les premières salves de grêle crépitent sur la coque de l'appareil. Au-delà de la brume, la grêle cède la place à un bref déluge de pluie verglacée, puis à une neige épaisse et compacte. La carlingue s'alourdit sous le poids qui s'y accumule.

Searl considère l'écran du radar météo. Ne pas trop s'approcher du cœur du monstre, si violent et puissant que la tempête dévore jusqu'à l'œil de sa propre tourmente. Il réduit l'allure et affiche un cap de contour en longeant le cours la rivière Garrisson pour se rapprocher le plus possible des vallées encadrant Big Creek. Son objectif clignote sur son écran de vol. Une piste désaffectée de l'Air Force à 1 800 mètres d'altitude, quelques hangars éclairés par des ampoules nues, un plateau en pente douce cerné par des crevasses. L'hélico émerge brusquement des nuages. Après le déluge de neige, la nuit qui est tombée sur les Rocheuses semble plus claire que le jour. Searl sait que cette illusion d'optique ne va pas durer. Il rase les obstacles en réduisant le volume de son avertisseur de collision. Il se concentre sur son pilotage pour battre la tempête de vitesse. Ça l'empêche de penser à Rebecca, aux enfants, au tueur calfeutré avec eux dans la maison, à ses intonations de bègue au téléphone, cette colère métallique derrière ses tentatives pour s'exprimer, cette rage froide de prédateur au-delà.

Le radar de destination s'enclenche au moment où une autre averse de grêle, beaucoup plus puissante que les autres, s'abat sur la carlingue, fendillant un coin du cockpit. Searl a eu le temps de repérer les guirlandes de lumière de l'ancienne base. Il effectue un virage serré au-dessus des installations pour se présenter nez au vent, puis se pose sans ménagement le plus près possible des hangars. Il coupe les gaz et regarde le rotor freiner dans le maelström de neige qui tourbillonne sur le plateau. La brume se referme, masquant définitivement la vallée de la Garrisson, si bien que Searl a l'impression d'avoir atterri dans le ventre du monstre.

Le rugissement de l'appareil s'éteint progressivement, aussitôt relayé par le souffle des éléments déchaînés. Searl arrime les pales avec des filins en acier pour éviter que le vent ne les brise, puis se réfugie dans la cabane du vieux Hank, un ancien guide de montagne reconverti dans l'organisation de parties de chasse à l'ours. Searl gagne la réserve qui abrite le matériel de survie et deux scooters des neiges sous leur bâche. Le premier est partiellement démonté. L'autre, un bolide rouge vif de 800 CV, démarre au quart de tour. Searl laisse tourner le moteur et pioche sur les étagères de quoi se vêtir chaudement. Une parka arctique avec une capuche fourrée, un jean sec et un surpantalon imperméable, un pull épais en laine, des gants. Ainsi équipé, il fait main basse sur une carabine 460 Weatherby à balles blindées, un Glock 22, plusieurs chargeurs et un poignard de dépeçage au tranchant effilé comme un scalpel. Puis il allume une des cigarettes de Hank dont il considère le rougeoiement dans la pénombre. C'est la première fois qu'il effectue ce geste en quinze ans d'efforts stoïques pour ne plus y succomber. Son entourage s'était d'ailleurs toujours étonné qu'un marathonien puisse encore avoir envie d'une telle chose au bout d'autant de temps d'abstinence. Il grimace en aspirant la fumée. Il consulte sa montre. Deux heures du matin. Dehors, le gros de la tempête est passé et le vent est moins fort. Bientôt le froid, mortel. Searl boucle ses bottes. Ayant rabattu la capuche fourrée de sa parka sur un casque de moto à large visière, il interroge l'écran du GPS sur le tableau de bord du bolide. Au-delà des versants neigeux, le lac gelé de Big Creek, dont la silhouette matérialisée par du bleu phosphorescent scintille à quarante kilomètres du point où il se trouve. Sa carabine passée dans le dos, il ouvre les portes de la remise, reçoit comme une menace l'air glacé qui l'enveloppe brusquement. Ménageant son moteur le temps qu'il s'adapte à cette nouvelle température, il s'éloigne du refuge et se laisse happer par le maelström de neige et de vent.

16

Searl immobilise son scooter à quelques mètres de la rive nord du lac de Big Creek. Le ciel se dégage par endroits et la lueur blafarde de la lune forme un halo bleu verglacé. La ligne des arbres au loin sur la rive opposée. La maison au-delà, cachée par une pinède. Mille cent mètres d'un océan de vide et de glace entre les deux.

Searl passe sa main gantée sur sa visière pour en chasser la croûte de givre qui s'y est accumulée. Il consulte son GPS. Face à lui, au-delà du lac, l'immense plaine gelée descend en pente douce vers l'autoroute dont la bande rubis scintille à une trentaine de kilomètres de sa position.

Le ronronnement d'un moteur à travers le blizzard. Searl relève la tête. Le bruit semble venir de partout. Nouvel écho, plus proche, plus clair. Son regard accroche enfin la forme métallique d'une motoneige longeant la rive opposée. Le faisceau de phares jumelés, comme une virgule brillante sur la glace. Searl lève la carabine de chasse qu'il porte en bandoulière et centre l'engin dans sa lunette grossissante. Gorge sèche. Brûlante. La carcasse et le capot de la motoneige sont rouge comme celle qu'il a achetée deux ans plus tôt et qu'il range dans la remise attenante à sa maison. Il essaie d'apercevoir les flammes orange peintes sur les flancs mais une neige collante s'est arrimée au châssis. Le pilote est enveloppé dans une cape fourrée. Il porte des bottes et une chapka. Searl bloque sa respiration jusqu'à ce que la carabine se stabilise. Il a l'impression que l'homme transporte quelque chose sur ses genoux. Quelque chose qu'il a enveloppé sous sa cape. Il se dit qu'il ne peut s'agir que du vieux Dilbert qui habite la dernière maison au-delà de la rive nord. Un vétéran de la guerre du Viêtnam qui a pris ce pli de faire le tour des maisons après chaque tempête pour s'assurer que personne ne manque de rien. Lorsqu'il fait sa tournée, il transporte toujours un sac sur ses genoux, sous une cape ou une bâche. Searl serre les dents. Il avale un peu d'air sans perdre sa visée sur le scooter qui s'éloigne en longeant la rive. Le pilote slalome à faible vitesse entre les rochers qui flanquent cette partie du lac. Encore deux cents mètres et il atteindra la portion lisse et dure où il pourra accélérer. Searl se concentre. Son doigt s'arrondit sur la détente. Le scooter flotte dans sa lunette. Le réservoir, protubérance obèse entre les cuisses du pilote. Le carter en dessous. Le moteur tapi derrière la plaque de blindage. Rien qui ne saurait arrêter la balle lourde et ultra rapide qu'il s'apprête à tirer. Il sait les dégâts qu'une 460 Weatherby peut provoquer quand elle fait mouche. Il retient sa respiration et enfonce la détente. La détonation fait exploser l'air autour de lui, le charge d'une odeur de poudre brûlée. Le recul fait craquer ses os. Le fracas qu'il a libéré roule sur le lac, s'éloigne comme une onde. Le scooter au loin, si rapide à présent qu'on dirait qu'il ne fait qu'effleurer la glace, n'est déjà plus qu'une silhouette de métal dont les contours se fondent dans la brume. Le pilote n'a même pas entendu le coup de feu. Il s'engage sous les arbres, disparaît, le bruit de son moteur avec, qui s'estompe, rejoint la ligne du silence.

Searl baisse son fusil, serre les dents, prend une large inspiration. Un moment il est tenté de poursuivre sa cible. Son cœur pulse lentement dans sa poitrine. Cet organe préhistorique, musclé comme celui d'un fauve, qui lui permet de courir sans haine ni fatigue durant des heures. Il se tourne vers la partie boisée de la rive qui abrite sa maison, hésite encore, puis renfile la bandoulière de sa carabine et remet les gaz.

Parvenu de l'autre côté, il considère la brume opaque qui s'échappe de son masque à l'endroit de sa bouche. Le thermomètre indique à présent – 43 °C. Il lui reste peu de temps pour agir. Il maintient l'allure en s'engageant sur le chemin enneigé qui quitte la rive. Il force un peu les gaz au passage des dernières congères. Les arbres, la maison au-delà, d'une étrange lueur blanchâtre sous la lune. Une autre lueur, bleue celle-ci, éclabousse par intermittence les branches chargées de poudreuse. Celle des gyrophares d'un chasse-neige de la police garé juste devant. Searl s'est arrêté à cent mètres de la maison. Le moteur du scooter hoquette et s'éteint. Le silence, profond, à peine entrecoupé par un filet de bise. Ayant fait claquer sèchement la culasse de son Glock, il progresse dans la poudreuse jusqu'au genou en se laissant guider par la lueur des gyrophares.

17

Onze 4×4 du FBI et un fourgon de médecine légale viennent de se ranger en éventail sur le parking de la station-service. Les éclairs bleus et rouges de leurs gyrophares éclaboussent la devanture du restaurant d'Arnie Bates. Les premiers véhicules transportent une vingtaine d'agents en costume qui investissent le périmètre avec les coroners. Les deux derniers transportent des hommes des unités d'intervention. Des dobermans en tenue de combat qui restent en retrait, pistolets-mitrailleurs pointés vers le sol. Ils portent un gilet pare-balles violet sur leur combinaison avec le sigle « SK » cousu sous celui du Bureau.

Debout à quelques mètres du Kenworth dont la cabine est déjà illuminée par les flashs des coroners, Crawley fume une Camel en regardant approcher trois agents en manteaux noirs, cravates rouges, et gueules de circonstance. Comme souvent, ils portent leur flingue de service à côté de leur plaque du FBI, dans des étuis en cuir collés contre leur ventre. À hauteur de couilles, comme dirait Will. Ed allume une autre Camel au mégot de la première qu'il jette dans la poudreuse.

— Attention où vous fumez.

C'est le plus grand des trois qui vient de dire ça. Mince, noir, musclé, froid. Il se tient au milieu des deux autres. En retrait, un quatrième, le genre important, pas du tout un homme de terrain. Crawley désigne le rubalise bleu que les légistes du FBI sont en train de dérouler pour isoler le périmètre de la cabine. Eux marchent consciencieusement dans les traces. Il va dire quelque chose, se ravise. Trop crevé, trop stupéfait, trop tout. Le whisky d'Arnie lui brûle les tripes. Il regarde la journaliste essayer de tirer les vers du nez à d'autres costumes près des véhicules. L'agent noir accepte le gobelet qu'un de ses hommes a fait tirer d'une cafetière à jet directement au cul d'un des 4×4.

— Eh ! Les nazis de Washington ! Même quand vous chiez, vous faites ça dans vos voitures ?

— Laisse tomber, Arnie. Ces gars-là sont comme les caniches : ils n'ont pas conscience du mal qu'ils font.

Will et Arnie, bourrés comme des malles. Ils schlinguent le whisky irlandais mais tiennent encore debout. Le Noir ne répond pas. Il souffle sur son café qui sent bougrement bon le grain fraîchement torréfié. Les narines de Crawley s'élargissent. Ça fait partie des belles choses qu'il veut emporter avec lui quand son âme s'envolera au-dessus de la mêlée avec la fumée de sa dernière clope. Le Noir lui tend sa plaque. Toujours ce fichu sigle « SK » sous « FBI ».

— Agent spécial Fillmore. Bureau de Denver. C'est bien vous qui avez trouvé le cadavre ?

Le voisin du Noir a sorti son calepin. C'est son patron qui parle et lui qui note. Crawley tire sur sa cigarette. La fumée chaude dévale ses poumons, rallume le sifflement de sa respiration, comme une écharde dans ses bronches.

— Donnant-donnant, agent Fillmore.

Les bras de l'agent de gauche se croisent sur le dossier qu'il transporte. Crawley sourit. Il connaît les gars du FBI comme s'il les avait faits. Le Noir suit son regard des yeux. Il réfléchit.

— Les rollmops attendent, chef. Laissons ce foutoir à ces pingouins de congélateurs et allons bouffer.

— La ferme, Will. Va dessaouler avec Arnie dans la bagnole.

Le gros Will marmonne en s'éloignant. Il est voûté. Sa voix a tremblé. Il n'est pas près d'oublier le cadavre du vieux Clay. Le regard de Crawley revient sur Fillmore.

— Comment avez-vous fait pour arriver aussi vite sur les lieux d'un crime qui vient à peine d'être découvert ?

— Nous avons entendu votre appel radio. Nous étions dans le secteur pour une autre enquête.

— Sans blague ? Aussi nombreux que ça et avec toute une unité d'intervention ? C'était quoi ? Un meurtre de masse au pic à glace dans un refuge de haute montagne ? Et pourquoi les fédéraux ? Normalement, la procédure consiste à vérifier s'il s'agit ou non d'un crime relevant de votre juridiction, puis de vous contacter.

— Je le répète : nous étions dans le coin. Nous ne faisons que gagner du temps au cas où.

— Vous voulez entendre ma version de cette histoire, agent spécial Fillmore ? Je vais vous la donner quand même. Vous et vos SS traquez ce tueur depuis un bout de temps. Un vrai méchant, le genre soupe au lait. Il a dû vous échapper de peu dans un État voisin. Comme vous ne savez pas au juste par où il s'est taillé, vous envoyez des convois comme celui-ci dans toutes les directions. Puis vous prenez la tête de celui qui descend vers le Colorado, et, l'oreille collée aux fréquences de la police, c'est vous qui décrochez la fève. Je me trompe ?

Pas de réponse du Fed mais ses mâchoires se sont crispées. Il serre les poings dans les poches de son imperméable.

— Ça fait combien de temps que vous pistez ce tueur ?

— Je n'ai pas le droit de répondre à cette question.

— Tant que ça ?

Fillmore se tourne vers le costume qui se tient en retrait. Le gars hoche la tête. Il a compris que, s'il veut avoir une chance de rattraper son tueur avant qu'il ne se remette à bouger, il a besoin d'une équipe qui connaît la région sur le bout des doigts. Les yeux de Fillmore reviennent sur Crawley.

— Ce que je vais vous révéler à présent est classé confidentiel. Si vous parlez à qui que ce soit de ce que vous allez entendre, vous êtes passible de dix ans de prison pour obstruction à une enquête fédérale.

— Je vous écoute.

— Nous sommes des agents d'une unité secrète du FBI spécialisée dans la traque des tueurs en série. Nous pistons ce criminel depuis qu'il s'est échappé d'un de nos centres de haute sécurité dans le Dakota. Il a un profil, disons... particulier qui le rend très difficile à appréhender. Je ne peux pas vous en dire plus. Nous agissons sur réquisition directe du ministère de la Justice. Ce tueur doit être arrêté par nos soins et replacé en quartier de haute sécurité avant que les médias ne soient informés de son escapade.

— Une escapade ? Vous avez le sens de la formule. Combien de meurtres en tout ?

L'agent regarde tour à tour ses acolytes dont les traits demeurent imperturbables.

— Combien, Fillmore ?

— Dix-sept avant son arrestation. Sept de mieux depuis qu'il est parvenu à s'échapper. Des routiers, des sans-abri, d'autres stoppeurs. Des familles entières aussi. Son dernier massacre remonte à quatre jours dans une ferme isolée au sud de Lincoln dans le Nebraska.

L'agent qui tient la serviette exhume une liasse de clichés qu'il tend au shérif. Crawley tire sur sa cigarette en contemplant le charnier retrouvé dans la ferme.

— Il laisse toujours un CD de musique classique, soit dans un autoradio, soit dans un lecteur portable quand il tue dans la nature, soit dans une chaîne stéréo quand il tue dans des maisons. Le plus souvent, il s'agit de *L'Enlèvement au sérail*. Parfois aussi *Idomeneo* ou *Don Giovanni*. Toujours des opéras de Mozart.

— Merde, Fillmore, c'est ce genre de fauve qui est entré dans mon comté et vous ne pouvez pas m'en dire plus ? Vous avez vu le cadavre de ce pauvre vieux ? Nom de Dieu, un molosse affamé ne se serait pas acharné à ce point-là !

Crawley écrase son mégot sous sa botte. Depuis quelques secondes, il est en train de repenser à la discussion qu'il a eue une heure plus tôt à la radio avec Marge à propos de ce Dr Searl et de sa famille. Un goût de vomi dans la gorge, il lève à nouveau les yeux vers l'agent :

— J'imagine que vous ne me transmettrez aucun autre indice, même si ça pourrait m'aider à protéger les habitants du coin ?

— C'est une enquête fédérale classée top secret. De toute façon, il a sûrement recommencé à bouger.

— Sauf s'il tombe entre-temps sur une autre famille.

— Avec cette tempête, je suppose que tout le monde est à l'abri.

— Vous seriez prêt à expliquer ça aux parents des futures victimes ?

Fillmore baisse les yeux et se racle la gorge.

— Allez vous faire dépecer, Fillmore.

Crawley remonte le col de sa parka et s'éloigne en direction de sa voiture.

18

Le shérif rejoint Will à l'avant du Cherokee. Il claque sa portière et souffle dans ses mains. Will sirote un gobelet de café froid. Il a commencé à dessaouler. Arnie ronfle à l'arrière. Le shérif allume une nouvelle cigarette en considérant pensivement les flashs du FBI qui continuent à déchirer l'obscurité de la cabine du Kenworth, révélant à intervalles réguliers le visage écorché du vieux Clay. Will soupire.

— Je détesterais qu'on photographie mon cadavre comme ça sous toutes les coutures.

— T'as qu'à mourir dans ton lit.

— Pour qu'on me retrouve à poil ? Personne ne s'en remettrait.

Crawley souffle la fumée de sa cigarette par la vitre entrouverte. Il décroche le micro de sa radio :

— Marge, c'est Ed.

— Je t'écoute, Ed.

— Si j'ai bonne mémoire, on a reçu un appel d'urgence cet après-midi.

— Avec cette foutue neige, on a dû en recevoir pas loin de trois cents.

— Non, avant la tempête. L'appel avait transité par un central d'assistance.

— La mère de famille affolée ?

— Ouais. Tu peux me le repasser ?

— Ne quitte pas.

Ça grésille sur les ondes tandis que Marge se connecte à la base de données. Voix de Crawley. Une autre en arrière-plan. Celle d'une femme qui panique.

— *Bureau du shérif de Bender, le shérif Crawley à l'appareil.*

— *Je m'appelle Rebecca Miller. Je roule actuellement sur la 70 en direction de l'embranchement de Big Creek. Un camion fou me talonne depuis une cinquantaine de kilomètres. Je pense avoir réussi à le distancer.*

— *Vous pouvez me le décrire ?*

— *D'après mon fils, il s'agit d'un Kenworth rouge transportant des containers.*

— *Je ne suis pas ton fils, pauvre naze.*

— *La ferme, Marty !*

Crawley tire sur sa cigarette. De la panique et de la colère. Deux vieilles copines. À nouveau sa voix sur l'enregistrement, comme surgie d'outre-tombe.

— *Où se trouve ce camion actuellement, madame ?*

— *Je ne sais pas. Je ne le vois plus dans mon rétroviseur.*

— *Vous dites qu'il vous a menacée ?*

— *Il m'a collée de très près en changeant plusieurs fois de voie. Il a même raclé mon pare-chocs.*

— *Vous avez sans doute cassé son élan. Les chauffeurs détestent ça. Passez par Bender pour que j'enregistre votre plainte. Je note en attendant votre présence sur la 70. Au moindre souci, rappelez-nous et nous enverrons une patrouille.*

— *C'est tout ?*

Crawley grimace en regardant la fumée de sa cigarette s'échapper par la fente de la fenêtre entrouverte. Il n'avait pas entendu la dernière question de cette dame et, tout à ses soucis et aux derniers bulletins météo qui devenaient alarmants, il l'avait laissée à sa panique. Il se mordille la lèvre.

— Marge ?

— Je t'écoute, Ed.

— Cette Rebecca Miller, ce ne serait pas le même nom que celui de la femme coincée à Big Creek Lake ?

— La femme de ce docteur Searl ?

— Ouais.

— Je vérifie.

Crawley considère le mégot de sa Camel. Il hésite à en rallumer une autre avec, le fait pourtant. Grésillements. Voix de Marge.

— Mince, Ed, tu as raison. Je suis désolée. Je n'avais pas fait le rapprochement.

— Pas étonnant, Marge. Avec cette foutue tempête, on a tous été débordés. On a la marque de la voiture qu'elle conduisait ?

— Je ne sais pas. Je peux rappeler le central si tu veux.

— Essaie de me confirmer aussi le nom de famille des enfants. Le môme à l'arrière dit qu'il n'est pas son fils. Quand un ado veut faire tourner sa mère en bourrique, il peut dire beaucoup de choses mais pas ça.

— OK, je vais essayer de trouver ça.

— Et les rollmops, Marge ? T'étais pas censée cuisiner des putains de rollmops ce soir ?

— C'est Will à côté de toi, Ed ?

— Ouais.

— Il a bu ?

— Pas plus que d'habitude.

— Je déteste quand tu fais ça, Will.

— Quand je bois ? Mince, tu dois me haïr tous les jours alors !

— Non. Quand tu parles à la radio alors que je parle à Ed.

— Désolé, Marge.

— Les rollmops sont au frigo dans la marinade. Avec tous ces appels, je n'ai pas encore eu le temps de repasser par la maison pour mettre la table. Je fais la recherche pour Ed et je monte. Tu seras des nôtres, Ed ?

— Je ne dis pas non, Marge.

— Et le vin au frais avec les rollmops ! Penses-y donc ce coup-ci, Marge ! La dernière fois, c'était tellement tiède que j'ai cru que ces pédés de Californiens étaient venus pisser directement dans mon verre.

— Je déteste vraiment quand tu fais ça, Will.

— Désolé, Marge.

— Fais comme tu peux, Ed. Tu es toujours le bienvenu de toute façon. Je cherche ton renseignement et je te rappelle. Terminé.

Crawley laisse le vent glacé aspirer son mégot. Il repose le micro sur son socle. À ses côtés, Will fait défiler en accéléré sur un lecteur les vidéos des caméras de surveillance de la station-service qu'Arnie est allé récupérer à sa demande pendant qu'ils discutaient avec Marge.

— Tu crois qu'il est là-dessus ?

— Vu l'angle de la caméra au-dessus de la porte du restaurant, pas de doute.

Le shérif et son adjoint surveillent le défilé des images. Il fait encore jour. La neige a commencé à tomber. Une fine averse de flocons au début, et puis le déluge. La couche de poudreuse qui s'étend sur le parking épaissit à vue d'œil. Les premières congères se forment sous l'effet du vent. Des véhicules passent et repassent devant le restaurant. Un ballet de voitures et de camions, presque comique tant les images se succèdent à toute vitesse.

— Ralentis.

Will revient en lecture normale. Les minutes s'écoulent. La neige tombe de plus en plus dru.

— Là.

Crawley pointe son doigt sur l'écran à l'endroit où un 4×4 noir vient d'apparaître à l'autre bout du parking. Le véhicule patine, se gare dans l'axe de la caméra. Une femme et trois enfants en descendent. Engoncés dans leurs parkas, ils se dirigent vers le restaurant. Will fait un arrêt sur image suivi d'un zoom sur l'avant du 4×4. Un autocollant Avis sur le pare-brise. La plaque dont les numéros apparaissent entre les flocons.

— Marge ?

— Je t'écoute, Ed.

— On cherche un 4×4 Chevrolet Avalanche noir. C'est une location Avis, sans doute récupérée à l'aéroport de Denver.

— Je les appelle tout de suite.

Le visage de Will est blafard dans la lueur de l'écran. Il suit des yeux le Kenworth rouge du vieux Clay qui vient d'apparaître à son tour à l'autre bout du parking et se range à quelques mètres du restaurant, pile dans l'axe du 4×4. La neige s'est arrêtée et un large pan de ciel bleu s'élargit au-dessus des montagnes. Un vent gelé se lève, cristallisant l'humidité sur le pare-brise. Ed a beau plisser les yeux, il ne distingue rien de ce qui se passe dans l'habitacle. Sur le film muet, le moteur du camion s'emballe au point mort, les clapets d'échappement s'ouvrant au maximum avant de retomber sèchement sur leur socle. Une nouvelle accélération délirante. Une autre. La cabine remue sur ses suspensions. À nouveau le silence. La femme et les enfants sortent du restaurant. Les deux plus grands marchent vers le 4×4. La femme et la fillette restent en arrière. Elles viennent d'apercevoir le camion. Nouveau rugissement du moteur. Encore un autre. Blême, Crawley a compris qu'ils sont en train d'assister en différé au supplice du vieux Clay dont le pied nu soudé à l'accélérateur accompagne en l'écrasant les horribles mutilations qu'il est en train de subir.

La femme a pris la fillette dans ses bras, l'abrite sous son manteau, avance vers le 4×4. Le camion rugit encore, puis le moteur se tait d'un seul coup. Elles ont atteint la voiture. Elles s'y enferment.

La portière passager du camion s'ouvre. Un homme visiblement jeune en descend. Il porte un jean, des bottes, un sac et une parka dont il a rabattu la capuche fourrée sur son visage. Il referme la portière en actionnant le verrouillage centralisé avec le double des clés qu'il a dû trouver dans la poche du vieux Clay. Il pointe son majeur vers la cabine du camion avant de s'éloigner en direction de la sortie nord du parking.

Il recommence à neiger. Sans prêter attention au 4×4, le tueur disparaît dans le virage de la bretelle qui conduit à l'autoroute. Crawley bascule sur l'autre caméra qu'Arnie a fait installer près de cette sortie. Le tueur parcourt une centaine de mètres sur l'autoroute avant de s'arrêter sur le bas-côté. Là, il sort de son sac un carton sur lequel est écrit :

JE SUIS MUET
JE VOTE OBAMA
C'EST MOI QUI PAIE L'ESSENCE !

Il passe l'écriteau autour de son cou et lève le pouce à l'approche du 4×4 noir qui vient à son tour de quitter l'aire de repos et d'entrer dans le champ de la caméra.

— Non, ne fais pas ça…

C'est Will qui vient de murmurer. Sur l'écran, le lourd véhicule roule au pas sur la neige. Il semble ralentir encore en approchant de l'auto-stoppeur qui montre sa pancarte.

— Accélère, nom de Dieu !

Will encourage la femme qui semble hésiter. Il se crispe en apercevant les lumières rouges des freins. Le 4×4 s'immobilise à la hauteur de l'auto-stoppeur qui se penche à la vitre.

— Mon Dieu, Ed, elle s'est arrêtée.

— Ouais.

La radio grésille.

— Ed ?

— Je t'écoute, Marge.

— Le Chevrolet a bien été loué par Rebecca Miller en fin d'après-midi à l'aéroport de Denver. La réservation était aussi au nom de Searl. J'ai essayé de le joindre en urgence. Il ne répond pas et l'hôpital m'informe qu'il leur manque un hélico.

— Un hélico ? C'est quoi comme genre de médecin ?

— Un psychiatre urgentiste spécialisé dans la rééducation des personnes plongées dans le coma.

— Essaie de me trouver sa photo afin que je sache à quel genre de gugusse j'ai affaire.

— Je m'en suis déjà chargée. Je suis en train de te l'envoyer.

Un signal sonore s'échappe de la petite imprimante laser couplée à l'ordinateur de bord. La photo apparaît en commençant par le bas du visage. Searl. La quarantaine, mince, bronzé, athlétique, cheveux en brosse, des yeux d'un bleu lavande envoûtant, une petite cicatrice dessinant comme une virgule au-dessus de sa lèvre supérieure. Crawley lève à nouveau son micro.

— Bien reçu, Marge. Diffuse son signalement aux autres équipes pour qu'on l'intercepte s'il atterrit à Denver, histoire qu'il ne se tue pas en conduisant comme un fou sur la route. On va armer les chenilles stationnées chez Arnie et on grimpe avec le FBI et tout ce qu'on pourra trouver comme scooters des neiges.

Ed raccroche. Dans son rétro, il regarde Will s'entretenir avec l'agent spécial Fillmore. Ce dernier fait de grands gestes, parle dans sa radio, rassemble ses hommes. Les équipes d'intervention remplissent leurs harnais de munitions, enfilent leurs casques et leurs gants renforcés, font claquer la culasse de leurs pistolets automatiques. Ils grimpent dans les chasse-neige, s'accrochent où ils peuvent. Ed baisse les yeux sur l'écran dont l'image est en pause. Il appuie sur le bouton de lecture. L'auto-stoppeur referme le coffre du 4×4 et grimpe à l'avant. Le lourd Chevrolet dérape un peu sur la neige en démarrant, se perd dans les bourrasques, s'estompe. Crawley décroche à nouveau son micro. Il appelle Scott.

19

— *Scott, ici Crawley, tu me reçois ?*

Un long grésillement s'échappe du chasse-neige stationné dans l'allée qui conduit à la maison. Grimpé sur le marchepied, Searl considère le cadavre du flic, tête renversée, gorge tranchée. Le sang qui s'est échappé de la blessure a gelé sur sa parka. Nouveau grésillement.

— *Scott ? Est-ce que tu es arrivé chez les Searl ? Si oui, fais attention. Ce tueur est un dépeceur. C'est lui qui a massacré le vieux Clay avant de monter dans la voiture de cette famille. Si tu m'entends, surtout n'entre pas et attends les renforts. On est en route. On arrive.*

Searl coupe la radio ainsi que les gyrophares. La lumière bleue s'éteint, rendant la neige à sa blancheur sépulcrale. Il redescend du marchepied, remonte l'allée jusqu'à la maison. Aucune lumière ne filtre à travers les volets. Aucun filet de fumée ne s'élève du conduit de la chaudière ni de celui de la cheminée du salon. Searl frissonne en pensant au froid mortel qui doit régner à l'intérieur. Il lève les yeux vers les fenêtres à l'étage. Comme les accès au rez-de-chaussée, les lourds volets à crochet sont fermés, hormis la baie vitrée du salon qui laisse entrevoir la lueur mouvante des guirlandes du sapin.

L'air de plus en plus froid brûle la gorge de Searl à travers son masque de protection. Des paillettes de givre se forment sur son anorak et ses gants. Il essuie la couche de glace qui s'est déposée sur la carcasse de son Glock. La poudreuse cristallisée craque sous ses semelles tandis qu'il progresse vers la porte d'entrée. Elle aussi est fermée à clé, comme si personne n'était venu là depuis longtemps. Il redescend les marches et se dirige à présent vers la porte du garage. À mesure qu'il s'en approche, il constate que celle-ci grince sur son chambranle. Il la soulève délicatement sur ses vérins en caoutchouc. Au-delà, le garage est plongé dans l'obscurité. Searl referme la porte coulissante derrière lui et réenclenche le moteur électrique pour l'empêcher de se rouvrir au moindre coup de vent. Il capte un léger bourdonnement, puis la tension résiduelle se relâche et la porte recommence à grincer.

Searl ôte son masque de protection dont le revêtement raidi par le gel craque entre ses doigts. Il ôte ensuite ses gants et entrouvre son anorak. Le froid envahit ses poumons. Il actionne en vain l'interrupteur situé près de la porte coulissante. Il scrute l'obscurité du garage. Face à lui, il distingue les diodes luminescentes de la chaudière. Une rangée de six voyants verts plus ou moins allumés en fonction de la température de chauffe, le dernier toujours clignotant. Ou alors, comme ici, six voyants rouges fixes et un signal d'alarme alimentés par une batterie de secours quand la chaudière est coupée. Searl fiche sa mini lampe-torche entre ses dents et s'approche de l'appareil. Le fil de l'alarme censée alerter les occupants que le chauffage ne fonctionne plus est tranché net, les deux extrémités soigneusement séparées pour qu'elles ne risquent pas de reformer contact.

Le pinceau de la lampe glisse sur la chaudière, jusqu'au levier d'arrivée de gaz qui a été abaissé sur *off*. Searl essaie de le réarmer mais le conduit doit être fermé plus en amont dans l'obscurité et il y renonce.

Plus loin, d'autres fils sabotés sur le tableau d'alimentation générale forment un fouillis de cuivre et de plombs arrachés à leur logement, à l'exception de quelques fusibles secondaires alimentant les prises électriques du salon. Searl braque sa torche vers l'autre extrémité du garage, éclairant la silhouette massive du véhicule loué par Rebecca à Denver. Le faisceau lumineux s'immobilise sur la marque et le modèle, remonte le long des vitres teintées. Quelques gouttes de gel sur le verre, des traces de mains sur la carrosserie. Au-delà, mais il ne les aperçoit pas, deux scooters des neiges sous une bâche, dont un vieux modèle de chez Bombardier qu'il avait rafistolé du temps de Rachel. Comme il s'y attendait en soulevant l'autre extrémité de la bâche, il manque le plus récent, un gros Yamaha FXNytro de 1 200 cm^3 à capot rouge vif. Il suit des yeux la rampe en caoutchouc qui conduit en pente douce jusqu'à la trappe de sortie. Celle-ci aussi grince faiblement sur ses gonds.

Searl ouvre précautionneusement la porte isolante qui donne sur la maison, la referme derrière lui. Au-delà, la vapeur qui s'échappe de ses lèvres est moins épaisse. Il tire sur son cache-col et respire à l'air libre. Une odeur de feu de bois et de nourriture flotte dans l'air froid. Face à lui, un escalier conduit au rez-de-chaussée. Au loin, il distingue la musique d'un opéra. Il reconnaît la voix de Cornelius Hauptmann répondant à celle Sylvia McNair au début de l'acte 2 de *L'Enlèvement au sérail*. Son Glock pointé devant lui, il monte les marches avec précaution.

Hormis les guirlandes du sapin qui s'allument alternativement comme des atomes en fusion, le salon dont il distingue vaguement l'entrée est plongé dans l'obscurité. Les odeurs de nourriture se concentrent. Un mélange de pop-corn, de pain d'épice, de pommes de terre et de viande froide. De la volaille. Une autre odeur au-delà. Plus crue, métallique, charnelle.

Searl a atteint les dernières marches. La lueur des guirlandes éclabousse son anorak au moment où, sur la chaîne stéréo, Uwe Pepper attaque son solo où le valet Pedrillo invite Osmin à boire un vin allongé de somnifère pour soustraire la belle Constance à ses noirs desseins. Searl se tient dans l'embrasure. Le salon, immense, boisé de poutres, rehaussé de tentures indiennes et de tapis moelleux. À gauche, les portes battantes donnant sur la cuisine d'où s'échappent encore des fumets tiédis. La cheminée en granit éteinte à droite. Les deux canapés d'angle de chez Interior's formant un rectangle ouvert devant l'écran plat où les enfants se régalaient de séries et de jeux vidéo. L'écran est allumé mais il n'est réglé sur aucune chaîne et diffuse une lumière d'un bleu sombre qui le fait ressembler à une fenêtre ouverte sur l'espace.

Et puis, tout au fond, comme dans le clair-obscur d'un Caravage, immobiles et droits devant la baie vitrée verglacée dont les stores de lin sont tirés sur la tempête qui fait rage au-dehors, les siens. Ils sont assis à la vaste table en manguier massif, dans cette pénombre odorante faite de bougies basses comme des lucioles derrière le verre des photophores, et de guirlandes électriques qui s'allument et s'éteignent tour à tour, le tout ne révélant au mieux que le bas des visages et des lambeaux de cou. Le sang de Searl se glace dans ses veines. Il imagine déjà les éraflures outrageantes sur la porcelaine des mentons, le noir ébène des tuméfactions le long des gorges, les spirales de tendons et de chairs dégraissées, le rouge sanglant aux reflets de gouache des décharnements en dessous, un sépulcre de chairs, de muscles et de sang que le reflet capricieux des bougies ne lui permet pas encore de constater. Searl pensait qu'il s'effondrerait, qu'il hurlerait comme un loup, deviendrait brusquement fou à s'en crever les yeux et à s'en arracher le visage. Au lieu de cela, il ne ressent presque rien, qu'un gouffre sous ses pieds, un océan glacial où son esprit se dissout comme de l'encre. Et ce froid à crever qui entre en lui, qui verglace son âme.

Sur la chaîne stéréo d'où s'échappent les voix puissantes et cristallines des ténors, drogué par le rusé Pedrillo, Osmin s'est endormi et Constance rejoint celui qu'elle aime en secret. Searl a puisé en lui la force d'avancer de quelques pas. Il se tient à présent au centre de la pièce. Dans le jeu d'ombre des guirlandes, il distingue vaguement les assiettes dressées sur la table, les couvercles en terre cuite des saladiers, le chauffe-plat électrique éteint, les serviettes intactes dans leur cercle de métal, quelques reflets d'argenterie renvoyant la lueur des photophores, des fleurs séchées que Kirsten a disposées en pluie au milieu de cette harmonie de métal et de grès. Il distingue aussi la silhouette obscure des siens. Ils sont assis droits sur les chaises à haut dossier et larges accoudoirs que Rachel avait fait recouvrir de velours. Leur front que la lueur des guirlandes effleure par instants est ceint d'un lacet du même cuir qui retient dans la longueur des accoudoirs leurs avant-bras et leurs poignets. Ainsi nus et décharnés comme il les imagine déjà malgré l'obscurité, ainsi désincarnés depuis que le tueur les a dépossédés de leurs traits, rendus à l'état de viande depuis qu'il les a dépouillés de leur enveloppe charnelle, Searl a du mal à imaginer que ces écorchés ont été les siens, qu'ils ont même un jour été autre chose que ces squelettes recouverts de muscles et de chairs rougeâtres. Son cerveau n'enregistre pas encore l'absence de Kirsten. Il en matérialise la silhouette à l'autre bout de la table, là où les bougies trop basses ne projettent aucun reflet sur la baie vitrée, dans un renfoncement du mur que la lueur des guirlandes ne fait qu'effleurer sans jamais le remplir.

Searl observe les convives à la dérobée. Il les maintient flou dans son champ visuel en fixant son regard sur le sapin multicolore où les cadeaux achetés à Los Angeles ont été disposés. Ses yeux reviennent machinalement sur le centre de la table. Les reliefs du repas dans les assiettes démontrent qu'ils ont été servis et qu'ils ont sans doute mangé avant d'être suppliciés, qu'ils ont bu aussi une coupe de champagne, et qu'il ne subsiste à présent d'eux aucun mouvement, aucun souffle, aucune certitude perceptible, aucune autre présence que celle de leurs corps désormais vides.

Searl avance encore de deux pas dans leur direction. Quelque chose craque sous ses semelles. Il s'accroupit machinalement et récupère entre ses doigts une ampoule de Ketaset, un anesthésiant à usage vétérinaire. Deux autres flacons plus loin, opercules en caoutchouc percé par de fines aiguilles en biseau. L'équivalent d'un gramme de kétamine pure. Largement de quoi envoyer un cheval de labour dans le coma. Deux autres flacons sont renversés sur la table, en face d'une chaise vide et tirée en arrière, près d'une assiette dont le contenu semble avoir été soigneusement saucé. Le front couvert de sueur, une nausée corrosive envahissant son œsophage à l'idée d'apercevoir ce que le tueur a fait aux siens, Searl s'approche encore, tend la main, la referme sur une ampoule à liseré orange sur laquelle il lit « Bromure de pancuronium », un curare qu'on injecte aux condamnés à mort pour relâcher les muscles et éviter les spasmes. Il porte l'autre flacon à ses narines. Une vague odeur d'éther, peut-être d'ammoniaque et de venin de crotale synthétisé, rien d'autre ne permettant au cerveau de discerner ces molécules hautement toxiques. Et puis, posée au centre de la table, entre la salière et la corbeille à pain en acier, il distingue une trousse de chirurgie ouverte. Bistouris, scalpels, pinces à disséquer d'Adson et de Debakey, écarteur d'Allis pour soulever les tendons et les lourds muscles peauciers du cou et de l'abdomen, écarteurs de Farabœuf et de Dautrey pour repousser les tissus graisseux et les muscles lisses, délicats et redoutables ciseaux à dissection de Metzenbaum pour la chirurgie maxillaire et faciale, chaque instrument placé dans son logement de cuir renvoyant en myriades les lueurs imprécises des guirlandes. Le souffle coupé, la gorge en feu, Searl observe les lames en acier droites et courbes, les biseaux et les tranchants luisants de sang. Paradoxalement, ce qui l'horrifie le plus, c'est le garrot pneumatique que le tueur a abandonné sur une assiette vide. Une simple bande large et bleue reliée à une pompe à dépression, aussi simple d'utilisation qu'un tensiomètre électrique. Le tarissement instantané de toute forme de circulation sanguine pour pouvoir charcuter à loisir sans clamper ni éponger.

Searl se tient à présent à moins d'un mètre de la table. À travers ses larmes, il maintient les cadavres des siens à la périphérie de son champ visuel. Il renifle. À Becka, il chuchote :

— Pardon, Beck, je n'étais pas là.

Considérant la chaise vide de Kirsten, il accepte peu à peu l'idée que sa fille a disparu et que c'est sûrement elle que le tueur transportait sur la motoneige. Il renifle encore, puis, toujours à voix basse, il ajoute :

— Où est Kirsten, Beck ? Ne me dis pas que tu l'as laissée sortir par un froid pareil.

Le silence. Les rafales de vent au-dehors. Elles mugissent en se faufilant dans le conduit de la cheminée. Le tueur a laissé une puissante lampe torche en plastique sur la table basse. Searl s'en empare mais ne l'allume pas encore. Il n'a pas la force de regarder. Au loin, à travers les tourbillons du vent, il croit entendre des sirènes. Il marche jusqu'à la baie vitrée sur laquelle il colle ses paumes, puis son front. Il considère un moment le cercle que sa respiration forme sur le verre gelé. Il perçoit à présent le grondement de puissants moteurs et les éclats bleus et rouges de gyrophares se reflétant sur les branches des sapins. Une douzaine de skidoo de la police ouvrent la route à des chenilles chargées d'hommes lourdement armés et revêtus de l'uniforme des sections d'intervention du FBI. Ils sont encore à une centaine de mètres de la maison. Juste le temps pour Searl de pulvériser ces souvenirs qui le hantent déjà. Sa vue se brouille tandis qu'il cale le canon de son Glock sous son menton. Il pense à Kirsten enveloppée dans cette bâche sur le scooter piloté par le tueur. Il essaie de se raccrocher à ça. À sa fille terrorisée. À sa puce qui va avoir besoin de lui. Et puis il se dit qu'un tueur de cette espèce ne la laissera jamais s'en sortir vivante et il refuse de toute son âme de survivre à ça. Il ferme les yeux dans la lueur des gyrophares qui éclabousse à présent la vitre. Il va appuyer sur la détente lorsqu'il capte un gémissement derrière lui. Il se retourne. Il a l'impression que la tête de Becka a bougé malgré le lacet de cuir qui lui enserre le front. Nouveau gémissement, ténu mais plus prononcé que le premier. Le cœur cognant dans sa poitrine, Searl allume la torche dont il filtre le faisceau lumineux à travers ses doigts. Pour la première fois depuis qu'il est entré dans la pièce, les visages des siens apparaissent à sa vue : éclats de porcelaine dans le bain de lumière crue, traits adolescents tirés et vieillis, si pâles sous le contraste violent des cernes noircis. Leurs cheveux et leurs vêtements sont trempés de cette sueur grasse déclenchée par les drogues. Leurs yeux fixant le vide abritent encore cette expression d'horreur absolue qu'ils ont dû ressentir en s'endormant avec la certitude que le tueur allait les décharner. Nouveau gémissement. Nouveau mouvement de tête de Rebecca. Le faisceau de la torche glisse jusqu'à elle. On dirait une vieillarde dont les cheveux auraient précocement blanchi sous le coup de cette peur atroce. Il s'approche, chuchote son prénom, passe sa main sur son front et ses cheveux.

— Becka, je suis là. Est-ce que tu m'entends ?

Les yeux mi-clos, la respiration courte, à peine sifflante entre ses lèvres desséchées. Son regard vitreux, inexpressif. Pourtant Searl sait qu'elle essaie de le distinguer quelque part sous cette lourde dalle de verre dépoli où les drogues l'ont plongée. Il teste rapidement ses réflexes. Une sensation de brûlure à l'estomac tandis qu'il constate que les absences de réponses correspondent déjà à un coma de stade 2. L'empêcher à tout prix de sombrer plus profondément en elle-même, là où rien ni personne ne pourra la faire revenir. Fébrilement, il tâte le pouls de Rebecca à la fémorale. Filant, presque inexistant, à peine pulsatile sous ses doigts. À nouveau la carotide. Flux gravement diminué, artères presque aplaties. Si le curare continue à paralyser les muscles respiratoires, si la carence en oxygène se poursuit, les tissus cérébraux subiront des dégâts irréversibles. Il ne prend même pas la peine d'ausculter Marty et Megan. Il croit les avoir aperçus respirer mais il n'a plus le temps de s'en assurer.

Le rugissement des moteurs au-dehors. Les portes battantes de la cuisine se referment sur Searl. L'armoire de premier secours. De l'aspirine, quelques pansements, des désinfectants. Au fond, un tiroir verrouillé contient un nécessaire de réanimation alloué par les autorités aux médecins résidant dans les secteurs isolés. Des flacons de tranquillisants, des compresses, quelques instruments de chirurgie, de la trinitrine en pagaille. Searl sent son cœur redémarrer en repérant le flacon d'atropine et celui de néostygmine. Il mélange fébrilement les deux produits dans une seringue tout en retournant dans le salon. Les cris de la police en bas. Des coups répétés contre la porte d'entrée. Le cou de Megan est glacé. En plus de l'injection, il tente de lui choquer le cœur en la frappant à plusieurs reprises au sternum. Marty est livide et ses chairs ont déjà commencé à perdre leur élasticité naturelle. Nouveaux chocs au rez-de-chaussée, un craquement assourdissant tandis que la porte cède. Des pas dans l'escalier. Les larmes aux yeux, Searl injecte le deuxième tiers de la seringue dans la carotide de son fils. Il aurait aussi fallu une intracardiaque et une perfusion d'anti-agrégeant plaquettaire pour éviter les caillots cérébraux et le risque ischémique, mais il n'a ni le temps ni les bonnes aiguilles. Il cherche à présent le point d'injection sur la carotide de Rebecca, plante l'aiguille en biais, injecte le produit le moins rapidement possible.

— FBI ! Plus un geste !

Le faisceau aveuglant des Maglite montées sur les casques et le canon des pistolets-mitrailleurs braqués sur Searl. Une dizaine d'hommes casqués et revêtus d'armures en carbone ont investi la pièce. Searl distingue les lettres FBI-SK sur leurs gilets pare-balles. Les points rouges des lasers convergent sur lui comme un essaim de guêpes. Il considère l'aiguille enfoncée dans le cou de Becka. La voix grave d'un des policiers, étouffée par son masque de protection :

— Lâchez cette seringue immédiatement !

— Je suis le docteur Searl ! Je dois absolument terminer cette injection ou ma femme va mourir !

Le claquement des culasses. La voix à nouveau, plus proche du grondement que de la simple sommation :

— Écoute-moi bien, fumier de barjot ! Lâche tout de suite cette putain de seringue ou ça va être ta fête.

Rebecca remue faiblement. On dirait qu'elle essaie de tourner la tête, mais Searl sait que ce n'est plus là qu'un réflexe. Il regarde ses yeux, de plus en plus vitreux. Il retire lentement l'aiguille pour ne pas la blesser, et puis, levant la seringue au-dessus de sa tête en même temps que son autre main, il laisse les flics l'arracher à la proximité des siens, le plaquer au sol, lui écraser la nuque avec leur genou, lui tordre les bras, le menotter. Il ferme les yeux. Il a perdu.

PARTIE 2

20

Vallée de la Mort. Un mois plus tard.

55 °C à l'ombre. 70 °C au soleil. Près de 85 °C au niveau du sol, dans ce brouillard de sable et de poussière qui s'élève en continu sous les semelles ignifugées des coureurs. Ça et le vent brûlant balayant sans relâche la cuvette de Badwater, accentuant encore la sensation de chaleur, jusqu'à faire bouillir le cerveau et le cœur. Searl essuie son visage couvert de sueur avec ses bandes de poignet. Sentant une crampe mordre son mollet, il ralentit pour réduire du même coup son rythme cardiaque de ces quelques battements qui peuvent déclencher la déshydratation, l'arythmie et la mort. Ses artères se dilatant à nouveau, il retourne à sa léthargie d'ultra-concentration, là où, l'être rejoignant le néant, la souffrance redevient supportable. Contrôler le souffle, la répartition de la charge musculaire, les pensées aussi, surtout les pensées, aucune giclée d'adrénaline n'étant tolérée dans ces conditions de survie extrême.

Searl lève les yeux. Le désert à perte de vue, craquelé et brûlant. Horizon calciné, brouillé par les radiations que le sol tente de rendre au ciel impitoyable. Paysage de mort parfaitement immobile et pourtant en perpétuel mouvement. Et la chaleur, monstrueuse.

Le départ de la course a été donné deux heures plus tôt depuis le bassin de Badwater, à quatre-vingts mètres sous le niveau de la mer. Ceux qui ont déjà traversé la Vallée de la Mort en car climatisé l'ont appris au hasard d'une courte pause dans la fournaise : il n'y a rien à espérer de ce désert parmi les plus chauds et arides du monde, de cette succession de paysages crevassés où rien de vivant ne surgit aux yeux, que des bestioles cuirassées et des serpents. C'est là, au milieu de cet enfer terrestre, que se déroule l'un des ultra-marathons les plus inhumains de cette discipline déjà inaccessible au commun des athlètes : celui de Badwater, 217 kilomètres de fournaise entre le bassin éponyme et les contreforts du mont Whitney, avec une arrivée fixée à 2 548 mètres au-dessus du massif de la Sierra Nevada. Quatre mille mètres de dénivelé positif à avaler en moins de vingt-trois heures, quarante-neuf minutes et neuf secondes pour espérer battre le chrono faramineux du Californien Gonzalo Lopez. Un marathon ultime, plus impitoyable encore que la course de la mort à travers les Rocheuses canadiennes, bien plus exigeante que le Spartathlon et ses deux cent quarante-cinq kilomètres non-stop entre l'Acropole et la statue de Léonidas à Sparte que les coureurs doivent rejoindre en moins de trente-six heures ; au moins aussi inhumain que l'ultra-marathon des glaces et ses cent kilomètres en trois jours dans le blizzard incessant au milieu de banquise du pôle Sud.

Searl décroche la gourde qui bat à sa ceinture. Il prend une gorgée d'eau vitaminée qu'il laisse refroidir dans sa bouche avant de l'avaler. Il y a aussi les autres courses, les clandestines, celles que l'on n'évoque qu'entre initiés, parce qu'elles se déroulent aux frontières extrêmes de la résistance humaine et que les concurrents y meurent fréquemment. Pas seulement les « empilements kilométriques » où de doux dingues font et refont le même ultra-marathon dans les deux sens, parcourant parfois jusqu'à six cents kilomètres en une semaine. Comme le Grand Canyon Trail, le Crystal Peak Race ou le Hiwo-Jima's Track, il s'agit de tracés aux dénivelés si violents et dangereux qu'ils peuvent avoir raison des organismes les plus résistants. Ce type de courses, réservées aux zombies de la discipline, c'est-à-dire aux athlètes si accomplis qu'ils peuvent courir durant deux jours au même rythme et avec la même expression de douleur patiente, ne fait jamais l'objet d'un programme officiel ou d'une annonce. Quelques jours avant la course, parfois même quelques heures pour les plus dangereuses, les candidats, tous en attente d'être sélectionnés, tous à l'entraînement intensif, sont contactés via un téléphone cellulaire sans abonnement confié par les organisateurs. On parle ici de peut-être vingt athlètes dans le monde, guère plus. Si le cellulaire secret sonne, ils sont retenus. Une voix anonyme leur annonce alors qu'un hélicoptère ou une place d'avion les attend à tel endroit, qu'ils n'ont aucun bagage ni équipement à prévoir, et que la destination leur sera révélée au dernier moment. Cette année encore, celui de Searl est resté muet.

Le soleil aveuglant au-dessus de lui, il souffle en enchaînant les foulées au passage d'une plaque de sable, accélère en doublant un concurrent en phase de récupération. Baignant dans le flot d'endorphines que son cerveau sécrète, il perçoit à peine les battements de son cœur en le distançant. La patience, la seule vertu du coureur, tout le reste ne découlant que de celle-ci. De temps à autre, ses émotions et ses souvenirs cognant à la porte de sa conscience, il sent son esprit sur le point de se laisser déborder. Il se concentre pour les refouler. C'est ce qu'il fait depuis des semaines pour oublier la maison glacée de Big Creek, et les siens attablés dans la lueur cosmique de l'écran plat.

Searl grimace. Il a repassé le cap des cent dix pulsations, déclenchant un processus inflammatoire qui fatigue déjà son cœur. Il respire pour repousser la vision des siens plongés dans le coma. Ils occupent chacun un caisson insonorisé dans le service des endormis du Good Sam. Marty et Megan sous assistance mécanique, incapables de respirer par eux-mêmes depuis que le cocktail de drogues a fait éclater leurs connexions cérébrales. Le visage de Rebecca dans son propre sommeil si proche de la mort. Elle a fait une fausse couche le troisième jour de son hospitalisation. Pancuronium et venin de crotale. Depuis, son corps refusant d'ingurgiter les nutriments qu'on lui perfuse à mesure qu'elle s'enfonce dans le coma, Rebecca se décharne comme on meurt de chagrin. Searl se concentre jusqu'à ce que ces visions grimaçantes se diluent. Des semaines qu'il lutte ainsi contre lui-même, refusant de penser, de réfléchir, de se souvenir. Pour y parvenir, il s'est jeté à cœur perdu dans l'entraînement spartiate des ultra-marathoniens : nourriture mesurée au gramme près, hyperhydratation, trente heures de course par semaine sur tous les terrains, régime strict pour s'assécher, séance de musculation et de vélo d'entraînement. D'abord en salle, puis, peu à peu, séances sur tapis de course à l'intérieur d'un sauna chauffé à 45 °C, puis 60, puis 70 et 80. Réapprendre aussi à dormir et à se soulager en courant, à manger et à boire suffisamment, à récupérer sans jamais s'arrêter, à oublier, à se perdre en soi-même, le plus loin possible de la réalité, comme des traumatisés plongeant dans le coma pour se réparer.

Searl avale une nouvelle gorgée d'eau enrichie en vitamines. Depuis qu'il a repris l'entraînement, il écoute en boucle les opéras de Mozart qu'il a téléchargés sur son iPhone. Les versions de Gardiner uniquement. Ces blasphèmes dont on fait les miracles. Réduire le nombre des chanteurs et des musiciens, revenir à l'os en libérant le génie créateur. Searl court en écoutant se répondre comme des chœurs dans la nuit éternelle les voix obsédantes de Brynn Terfel, de Julian Clarckson ou d'Alison Hagley. Surtout un morceau des *Noces*, « Vostre dunque Saran ». Il le met quand il est à bout de forces ou qu'il a besoin de ranimer un peu de haine au milieu de cette torpeur où il survit depuis des semaines. C'est cet air qui accompagne les appels téléphoniques hebdomadaires de Kirsten. La voix de sa fille qui hante d'autres fichiers enregistrés sur son appareil. Depuis qu'elle a disparu, elle appelle tous les jeudis à 4 heures du matin. Searl respire, mêle ses larmes à la sueur qui a recommencé à dégouliner sur son visage. Même s'il s'en veut à en crever d'utiliser sa puce pour cela, cette souffrance absolue l'aide à transcender celle de la course, quand l'épuisement et le découragement se font sentir. Il écoute alors sa voix, jamais plus de quatre ou cinq secondes, et cette haine qui le brûle étouffe d'un coup les autres douleurs, les replace en perspective, les rendant à jamais supportables.

Searl s'essuie le visage. Ç'avait commencé le jeudi qui avait suivi l'enlèvement. Après une journée éreintante à l'hôpital, il était rentré la veille d'un entraînement qui avait achevé de l'épuiser. Il avait pris une douche brûlante avant de sombrer dans un sommeil agité où il avait rêvé de glace et de sang jusqu'à ce que le téléphone sonne. Il avait décroché à tâtons. Mozart à l'autre bout. Un reniflement. Et puis la voix était venue sous la forme d'un chuchotement effrayé.

— Allô ? Qui est à l'appareil ?

La gorge serrée, Searl avait dit :

— Kirsten ? Oh, mon Dieu, puce, c'est papa, où es-tu ?

Un silence. Un autre reniflement entrecoupé de sanglots.

— Allô ? Vous m'entendez ?

— Kirsten ? Je t'entends. C'est papa. Parle-moi.

Kirsten avait éloigné le combiné de son oreille. Elle avait parlé à sa poupée comme elle le faisait toujours quand elle était terrifiée :

— Je ne sais pas pourquoi on m'a apporté ce téléphone s'il n'y a personne à l'autre bout. Tu y comprends quelque chose, toi ?

Kirsten avait encore chuchoté quelques mots inintelligibles, puis rapprochant le combiné de ses lèvres, elle avait dit :

— Si quelqu'un m'entend, je m'appelle Kirsten Rachel Searl. J'habite au 1508, North Camden Drive, à Beverly Hills. Mon père est le Dr Eric Searl. Ma mère est morte. J'ai été enlevée par un auto-stoppeur qui a tué mon frère et ma sœur. Je ne sais pas où je suis détenue. Ça ressemble au sous-sol d'une maison, mais ça me semble très grand et je n'entends aucun bruit au-dehors.

Kirsten avait ravalé bravement ses larmes, puis elle avait ajouté dans un souffle :

— C'est à cause de ce que j'ai fait à Marty. C'est moi qui ai réveillé les monstres. Et les monstres sont venus.

21

La voix de Kirsten s'est éteinte dans les écouteurs. Searl revient à Mozart. Pouls à 80. Il force la cadence afin de préparer l'écart cardiaque pour la prochaine récupération. Devant lui, une dizaine de coureurs forment un vague peloton de tête. À ses côtés, la silhouette athlétique de l'agent spécial Alonso Garraty, section de choc du FBI. Un gars sec et froid, détaché à sa protection depuis l'enlèvement de Kirsten. Searl tourne la tête et essaie de percer les verres bleu acier de ses lunettes. Garraty morfle mais il tient le coup. Un mental d'acier. Derrière eux, les autres coureurs forment une ligne de plus en plus relâchée à mesure que la fatigue se fait sentir. Ils sont sortis une heure plus tôt de l'immense désert salé qui recouvre la cuvette de Badwater. Ils progressent à présent au milieu des dunes et des gisements de borax dont la blancheur éclatante contraste avec la teinte orangée des canyons. Les contreforts de la sierra Nevada au loin. L'infini d'ici là.

Interrogeant sa montre, Searl constate qu'il est 13 heures. Le soleil brûle ses avant-bras et son cou. Il commence par essuyer sa peau avant d'y pulvériser un spray ultra-haute protection. Après avoir avalé ses cachets de sel, il dévore une barre énergétique et un mélange protéiné au goût artificiel de melon dont il range soigneusement les emballages en aluminium dans sa musette. Il boit encore quelques gorgées d'eau sucrée, puis réduit à nouveau le champ de sa conscience à la seule perception de sa souffrance.

Après le premier appel de Kirsten, il était resté prostré jusqu'à l'arrivée du FBI. Garraty et ses yeux très bleus et très froids, comme si rien ne pouvait jamais l'atteindre. À force de croiser son regard inexpressif, Searl avait fini par comprendre que la seule chose qui obsédait ses protecteurs n'était pas de retrouver Kirsten vivante mais d'attraper le tueur à n'importe quel prix. Ils n'avaient pas vu l'enregistreur miniature que Searl avait replacé dans sa table de nuit. Ils avaient tracé l'appel. Il avait été passé depuis la cabine téléphonique d'une station-service désaffectée au nord de Flagstaff, Arizona. En fin de matinée, trente agents d'élite avaient pris d'assaut le lieu, le trouvant vide et inhabité depuis des lustres.

Une semaine s'était écoulée avant le deuxième coup de fil. Searl s'était assis dans la même position, juste au bord du lit. Le cœur déchiré, il avait écouté les reniflements qu'il percevait et la musique au-delà, toujours la même.

— Kirsten, tu m'entends ?

Pas de réponse. Pas de bruit. Hormis cette musique. Puis d'autres reniflements et, enfin, la voix de Kirsten, mouillée de sanglots :

— Papa, on m'a dit que c'était toi à l'autre bout. On m'a dit que tu pouvais m'entendre quand le voyant s'allumait sur le téléphone, mais que moi je ne le pouvais pas. Pourquoi tu ne viens pas me chercher, papa ? C'est parce que j'ai réveillé les monstres et que Becka, Marty et Megan sont morts à cause de moi ? Celui qui m'a enlevée m'a dit que tu me détestais à cause de ça. Pardon, papa, ne me déteste pas. Je serai sage, je te le jure. Je t'en supplie, ne me laisse pas seule avec lui.

Kirsten sanglote. Même si elle ne l'entend pas, Searl lui parle, lui dit qu'il l'aime de toutes ses forces, que ce qui est arrivé n'est pas sa faute. Elle pleure et gémit encore. Elle ajoute un « pardon papa, je t'aimerai toujours » qui achève de briser le cœur de Searl, et puis elle raccroche.

Cinq minutes plus tard, Garraty et son équipe déboulaient dans la maison. Cette fois-ci, le coup de fil avait été passé près d'un ranch abandonné à la sortie du parc national de Mesa Verde. Là non plus, les unités d'assaut n'avaient pas trouvé la moindre trace de vie récente. Ils en avaient déduit qu'il s'agissait d'enregistrements que le tueur effectuait de sa victime avant de prendre la route pour les diffuser à Searl depuis les points les plus reculés.

D'autres coups de fil avaient suivi, d'autres larmes, d'autres lieux perdus. Ça et le reste de sa famille plongé dans un coma profond. Des âmes mortes enfermées dans des enveloppes vides, sous assistance respiratoire. Searl sent son pouls accélérer à mesure que l'émotion le submerge. Passant à un nouveau morceau d'opéra, il accélère, chaque claquement de ses semelles soulevant un nuage de poussière brûlante, chaque foulée le rapprochant du mont Withney dont les contreforts percent déjà à travers les ondes de chaleur qui incendient l'horizon.

22

Pelotonnée au fond de sa cellule, Kirsten serre Miss Granger dans ses bras. Elle s'est accroupie au point le plus éloigné de la lourde porte en bois dont les ferrures assurent une solidité bien au-delà de ses pauvres forces. Elle tend l'oreille. À nouveau ce mugissement dans les profondeurs. Trois fois par jour, il enfle comme le souffle d'un monstre sur le point de se réveiller. Au début, ça lui fait toujours penser à la rumeur souterraine d'un métro. Et puis ça remonte comme une armée de fantômes, et, à mesure que ça se répand dans les galeries, ça se transforme en cette voix lugubre, cette plainte, comme un gémissement cherchant son chemin à travers la gorge d'un géant. Kirsten se mord les poings en ravalant ses sanglots. Elle ignore où elle est enfermée. Sous la terre, en tout cas. Mais c'est tout ce qu'elle sait. Sinon que, hors de sa cellule, il y a des galeries et que celles-ci communiquent avec les profondeurs aussi sûrement que celles de la Moria de Tolkien où les nains avaient creusé trop profondément, jusqu'à réveiller le fléau. L'endroit où elle se trouve est toujours sombre et la lumière du jour ne l'atteint jamais. Elle le sait parce que la galerie qui conduit à sa cellule n'est éclairée que par une seule et puissante ampoule nue, laquelle révèle aussi un peu de son réduit à travers les interstices de la porte. Quand le boîtier à minuterie qui la commande l'éteint automatiquement entre minuit et 4 heures du matin sans que jamais son horrible tic-tac ne cesse de résonner dans les ténèbres, Kirsten ne distingue même plus le bout de ses doigts placés devant ses yeux malgré les maigres veilleuses qui prennent le relais.

À mesure que le monstre-vent se rapproche, la fillette se pelotonne contre le mur en serrant ses genoux repliés avec ses bras. Il vient à présent et, si elle le pouvait, Kirsten entrerait en elle-même pour se cacher. Il a atteint la porte qu'il secoue longuement sur ses gonds. Voyant qu'il ne parvient pas à l'enfoncer, son souffle glacial se faufile par les interstices et agite les cheveux de Kirsten dont les mèches tressautent devant ses yeux. Emplissant la cellule, le souffle enveloppe à présent la fillette tout entière, glisse sur ses épaules, la frigorifie avant de refluer. Il s'en va toujours de la même façon, en rampant le long des murs crayeux et du sol en terre battue. Il a soulevé un peu de poussière qui retombe en pellicule sur les sourcils et les doigts glacés de Kirsten. Elle a fermé les yeux. Elle attend qu'il se retire comme une vague par les mêmes interstices qui l'ont laissé rentrer. Mugissant plus faiblement comme s'il était repu, il reflue le long des galeries, et, plus assourdissant encore, le silence retombe sur le monde.

Kirsten concentre son attention sur le tic-tac métallique du boîtier coupe-circuit. C'est ce bruit et celui du monstre-vent qui peuplent son univers. Les premiers jours, elle avait cru que ce battement métallique aussi puissant qu'un petit marteau claquant en permanence sur un clou allait lui faire exploser le crâne, mais elle avait fini par s'y habituer et s'en était servie pour essayer de suivre les heures en les comptant sur ses doigts. Elle avait rapidement perdu le fil et s'était contentée de compter les jours en gravant un trait dans la craie du mur à chaque fois que la lumière s'éteignait. La fillette les effleure à présent dans le noir profond de sa cellule. Il y en a trente-quatre. Elle ne sait plus depuis combien de temps elle a cessé de les graver ni même pourquoi. Sans doute parce que les compter et les recompter ne faisait qu'aiguiser son désespoir.

Kirsten grelotte. Le reste de son univers, depuis la porte jusqu'au coin de ce mur où elle se réfugie quand elle a trop peur, elle le connaît à présent sur le bout des doigts. Les premiers jours, elle était restée dans cette position, refusant de bouger ou de dormir à cause de la terreur que lui inspiraient les araignées et les rats qui, selon elle, devaient grouiller dans ce genre d'endroits. Elle se souvient d'avoir sursauté des dizaines de fois dans les ténèbres en croyant avoir été effleurée par quelque insecte imaginaire. Et puis, à force de se rendre compte que les lieux étaient vides et secs, elle s'était laissé aller à déplier ses jambes et à poser ses mains sur le sol.

Lorsqu'il n'est pas en maraude, Liam vient deux fois par jour déposer une gamelle de nourriture et une autre d'eau devant la trappe qui équipe le bas de la porte. Juste de quoi laisser passer un bras et un peu plus de lumière. Il ne parle jamais, ne répond jamais à ses questions, ne soulage jamais ses larmes. Il attend que sa petite main récupère les récipients, puis il referme le loquet et repart sans un mot. Parfois, il reste accroupi à quelques pas de la porte, à fumer une cigarette ou à regarder le vide, mais jamais il ne parle. C'est devant cette même trappe que, de temps en temps, il dépose le téléphone à cadran rotatif dont il a tiré le fil à travers les galeries. Lorsqu'il fait cela, il apporte aussi un magnétophone diffusant du Mozart, et Kirsten a fini par comprendre que c'est pour que personne ne puisse entendre des choses qui pourraient dévoiler l'endroit où il la retient prisonnière.

Kirsten chantonne tout bas pour bercer Miss Granger. Paradoxalement, c'est quand Liam la laisse seule que c'est le plus difficile. Parce qu'elle est alors le jouet du mugissement des profondeurs et qu'elle sait que personne ne viendra à son secours si d'aventure le monstre-vent parvenait à enfoncer la porte.

Lorsqu'il doit partir, Liam dépose devant la trappe le nombre de gamelles de nourriture correspondant au nombre de jours durant lesquels il a prévu de s'absenter. La gamelle du matin est toujours remplie de gruau de maïs. Celle du soir, de morceaux de viande filandreuse et de haricots. La première fois, Liam est parti deux jours et trois nuits au terme desquels Kirsten avait cru qu'il ne reviendrait jamais et qu'elle allait mourir là, au milieu de ses gamelles vides. La deuxième fois qu'il avait déposé autant de récipients devant la trappe, elle l'avait supplié de ne plus la laisser seule, mais il l'avait fait quand même. Kirsten ravale bravement ses larmes. La dernière fois, c'était il y a cinq jours. Elle observe ce qui reste de l'alignement de gamelles qu'elle a reçues en réserve. La nourriture à droite de la porte. L'eau à gauche. Liam ne s'est jamais absenté aussi longtemps et elle n'a déjà presque plus rien à manger ni à boire.

23

À force de se concentrer sur les battements métalliques du boîtier, Kirsten s'est assoupie. Ce sont des coups et des hurlements qui la réveillent en sursaut. Quand elle rouvre les yeux, la lumière froide de l'ampoule éclaire de nouveau la porte de sa cellule. Elle frissonne. Au début, elle croit qu'elle a rêvé, et puis elle capte un sanglot rauque de l'autre côté de la galerie. À nouveau des coups contre une porte. Encore des cris. Ceux d'une jeune femme terrifiée.

— Mila ? Tu m'entends ? Je viens de me réveiller et je ne sais pas où je suis !

Kirsten s'agenouille et colle son œil contre l'interstice par lequel elle espionne les lieux depuis plusieurs jours. Une longue portion de galerie face à sa cellule, avec le minuteur et l'ampoule nue au loin. Cette partie remonte en pente douce, sans doute vers la sortie, mais elle se perd bientôt dans l'obscurité au-delà du halo brûlant de l'ampoule. L'œil de Kirsten pivote vers la droite. La galerie qui descend vers les profondeurs est plus étroite et abrite de nombreuses autres cellules. À nouveau les sanglots. À nouveau les coups. La deuxième porte en face et à droite de la cellule de Kirsten vibre sur ses gonds.

— Mila ? Tu m'entends ? Je t'en supplie, réponds-moi !

La gorge sèche, Kirsten surveille l'extrémité des galeries. Elle est terrifiée à l'idée de ce que Liam pourrait faire à la jeune femme s'il l'entendait hurler ainsi. Elle voudrait dire à la nouvelle prisonnière de ne plus faire de bruit, mais elle n'ose pas. Elle capte un gémissement dans la cellule voisine de la sienne. À travers la grille d'aération, elle aperçoit une forme allongée contre un mur. Une autre jeune femme. La première sanglote de plus belle. Kirsten retourne au pied de la porte. Rassemblant son courage, elle colle ses lèvres contre l'interstice et dit :

— Il s'appelle Liam.

La jeune femme a cessé de gémir. Elle retient son souffle.

— Qui a dit ça ?

Kirsten chuchote mais, dans le silence qui emplit tout, elle a l'impression que son murmure va s'entendre à des kilomètres :

— Je m'appelle Kirsten Searl. Moi aussi j'ai été enlevée.

— Seigneur, quel âge as-tu ?

— 9 ans.

— Mon Dieu, ma pauvre chérie. Moi, je m'appelle Taylor Bancroft, et mon amie, Mila Banks. Je ne sais pas où elle est.

— Elle est dans la cellule à côté de la mienne. Elle dort. Je ne sais pas pourquoi elle ne se réveille pas.

— C'est à cause de la drogue. Ce salaud nous a shootées au chloroforme. Je viens tout juste de me réveiller avec les yeux bandés et les poignets attachés. Tu dis que tu connais celui qui nous a enlevées ?

— Il a tué mon frère, ma sœur et la nouvelle femme de mon père.

Un autre silence. La jeune femme renifle. Kirsten dit :

— Et vous, comment il vous a attrapées ?

— Je ne sais pas. On était en train de dormir. On avait fait de l'auto-stop toute la journée. Il était très tard et nous étions épuisées. On avait planté la tente à quelques mètres de la route. Je me suis réveillée en pleine nuit. J'avais cru entendre une branche craquer. Et puis le bruit s'est arrêté et je me suis rendormie. Oh, mon Dieu, j'ai tellement mal à la tête.

La voix de Taylor s'est brisée. Elle glisse le long de la porte, s'agenouille sur le sol, pleure à fendre l'âme. Les larmes brûlent les yeux de Kirsten. Elle les ravale. À nouveau le chuchotement de Taylor.

— Est-ce que tu sais où il est ?

Kirsten fouille la galerie du regard. Il n'y a pas de gamelles devant sa porte. Il n'y en a pas non plus devant les portes des deux grandes.

— Il lui arrive souvent de partir pour chasser, mais là il est rentré. Il vient toujours quand il fait noir. Il peut venir n'importe quand.

Kirsten a baissé les yeux. Ses larmes coulent dans l'obscurité. Elle serre Miss Granger dans ses bras en répétant à voix basse : « Il peut venir n'importe quand. »

24

Kirsten s'est de nouveau assoupie. Elle frissonne douloureusement en rouvrant les yeux. Elle a si froid qu'elle comprend que, pendant son sommeil, le monstre-vent est revenu. Le claquement régulier du minuteur. La lumière est éteinte et les veilleuses qui ont pris le relais dans la galerie n'éclairent presque rien. Kirsten tourne la tête vers la grille d'aération au ras du sol. Elle distingue vaguement la silhouette de Mila emmitouflée dans des couvertures à l'autre bout de la cellule. Taylor ne dort pas. Elle respire fortement et chuchote pour elle-même. Ses poignets sont toujours ligotés et, à ce que Kirsten entend, elle tente de rompre ses liens en les frottant contre l'arête d'un mur. Elle souffle par le nez et sanglote en faisant cela. Elle laisse échapper une exclamation de surprise.

— Ça y est ! Je peux bouger !

L'œil collé à l'interstice, Kirsten se mord nerveusement la main pour ne pas éclater de rire. Elle meurt d'envie de faire pipi. Son regard se fige. Elle vient d'apercevoir une forme sombre se détacher au loin dans la lueur fantomatique des veilleuses. Liam surgit des profondeurs. Il se déplace en silence en frôlant le mur de droite. Nouvelle exclamation de Taylor. Elle chuchote toujours mais Kirsten a l'impression qu'elle hurle.

— Cet imbécile n'a même pas fouillé les poches de mon blouson ! T'entends ça, Kirsten ? J'ai toujours mon téléphone portable !

Mains sur la bouche, Kirsten n'ose plus bouger. Liam accélère. Il approche. La lueur vacillante des veilleuses fait scintiller la lame de son couteau de chasse. Elle voudrait alerter Taylor, mais elle ne peut prononcer aucun mot. Le souffle rauque de la jeune femme emplit le silence. Elle se déplace rapidement dans sa cellule. Elle doit angoisser à l'idée que son téléphone soit déchargé ou qu'il n'y ait pas assez de réseau. Elle dit qu'elle a commencé à enregistrer une vidéo, comme dans *Le Projet Blair Witch*. Encore un glapissement surexcité. Elle annonce qu'elle a une barre de réception et qu'elle va pouvoir alerter les secours. Un appel de sa mère en absence. C'est elle qu'elle cherche à joindre en premier. Ça sonne. Ça décroche.

— Allô, maman ?

La voix de Taylor s'est brisée sur ces mots. Elle ravale ses larmes, répète « maman ? » d'une voix hachée de sanglots. Et puis elle comprend qu'elle est tombée sur le répondeur. Elle a encore le temps de prononcer plusieurs mots que Kirsten n'entend pas, puis la porte de sa cellule s'ouvre en grinçant. Dans la lueur de la mini-torche qui équipe le téléphone, Kirsten voit tout. Taylor se tient au fond de sa cellule, dos à la porte. Quand elle se retourne, Liam est déjà sur elle, la plaque violemment contre le mur. D'une main, il lui écrase la bouche. De l'autre il lui enfonce sa lame dans le ventre. Taylor hurle à travers les doigts de Liam à mesure que la lame la transperce. Elle essaie de se débattre mais Liam ne lui en laisse pas le temps. Il la poignarde méthodiquement. Des coups d'une violence inouïe. La malheureuse a lâché son portable qui rebondit sur le sol. Sans cesser de la poignarder, Liam piétine l'engin. Les formes du tueur et de sa victime s'estompent à mesure que la lumière s'éteint. Les coups s'espacent, cessent bientôt. Liam a lâché Taylor dont le cadavre glisse sur le sol. Puis la porte grince à nouveau en se refermant, et la silhouette du monstre disparaît dans le clair-obscur des veilleuses.

Les larmes de Kirsten roulent sur ses doigts qu'elle maintient plaqués sur sa bouche. Horrifiée, elle recule dans la pénombre de sa cellule, jusqu'à son coin de mur où elle s'accroupit en serrant Miss Granger dans ses bras.

25

Bender, Colorado. Un maillage de rues à angle droit, des chalets aux toits inclinés et aux jardinets brûlés par des mois de neige, un garage et une casse à l'entrée sud, une station-service et une autre casse à la sortie nord, deux quincailleries, quatre restaurants, dont un assurant le service 24 heures sur 24 pour les routiers, deux supermarchés, dont un ouvert la nuit. À la sortie est, adossé à la forêt qui s'étend comme une muraille à perte de vue, la scierie Glendale. Elle emploie tous les hommes de la région, soit au bûcheronnage, soit au transport des troncs, soit à l'écorçage et au sciage. Une sirène mugit avant l'aube et après le crépuscule pour signaler les changements d'équipes. Aussi Bender vit-elle exclusivement du sang de la forêt et des trouées toujours plus grandes qu'elle y pratique, au point que, comme une vengeance en retour, ses habitants sont devenus si rudes et insensibles qu'on dirait que la sève des arbres remplace à présent leur sang aussi sûrement qu'elle tache à jamais leurs avant-bras, leurs mains et leur visage.

Au centre de la ville, la mairie, cernée d'allées gravillonnées et de haies taillées au rasoir. De l'autre côté de la place, un hôtel miteux, deux bars aux vitrines renforcées pour résister aux bagarres homériques des forçats de Glendale les jours de paie, la caserne des pompiers bientôt désaffectée, l'école, le bureau du shérif. Searl s'est rangé en épi devant celui-ci. Les yeux dans le vague, il regarde ses essuie-glaces balayer la pluie froide qui s'abat sur le pare-brise. Çà et là, des paquets de neige sale encombrent encore les trottoirs et les toits. Il pleut depuis des jours et un soleil laiteux flotte dans le ciel bas et brumeux. Bientôt le printemps. Le temps des chasseurs et des éventreurs. Searl coupe le contact. Les essuie-glaces s'immobilisent sur le pare-brise qui se brouille à mesure que le déluge le recouvre. Il marche sous la pluie jusqu'à l'avant-toit qui protège l'entrée du bureau. Deux 4×4 boueux sont garés devant. La porte se referme derrière lui en grinçant.

L'entrée consiste en une vaste pièce avec une secrétaire à un bureau. Une porte équipée d'un verre dépoli est entrouverte sur un bout de couloir et d'autres bureaux au-delà. La secrétaire lui fait signe de patienter pendant qu'elle termine un coup de fil. Le mur de gauche est couvert d'avis de recherche et de photos de gosses disparus. Des sourires et des visages qui n'existent déjà plus que dans les souvenirs de leurs proches. La disparition la plus ancienne est celle de Jenny Finneran, 11 ans, lycéenne à Beckenbridge. La gamine est rousse, mince, presque maigre, sans doute frêle. Elle a disparu le 12 octobre 1988, quelques heures après être partie de chez une amie. La dernière fois qu'un témoin l'a vue, elle s'enfonçait dans la forêt en suivant un raccourci. À côté de son portrait de l'époque, un autre, vieilli au moyen d'un logiciel. Jenny Finneran aurait aujourd'hui 37 ans. Les yeux de Searl parcourent les autres avis de disparition. Dix-huit en tout. Comme si la forêt dévorait les enfants de Bender.

La secrétaire a raccroché. Elle annonce à Searl que le shérif l'attend. Il passe la porte à la vitre dépolie. Au-delà, le couloir, une table avec une lourde machine à espresso et des piles de tasses sales. L'air ici sent fort le café et la sueur. Le bureau du shérif est au fond. Searl pousse la porte, salue Crawley, s'étonne qu'il ait à ce point maigri et vieilli depuis la dernière fois qu'ils se sont vus. Il s'assied sur le fauteuil en cuir craquelé réservé aux visiteurs. Crawley achève de griffonner quelques mots sur le dossier ouvert devant lui. Les yeux de Searl glissent sur d'autres avis de disparition, sans doute encore chauds du souffle de l'imprimante, que le shérif a punaisés derrière lui. Gladys Conroy, une mère de famille enceinte volatilisée il y a dix jours alors qu'elle se rendait chez une amie en coupant par la forêt. Tomer Paltrow, un bûcheron dont on n'avait retrouvé que l'équipement et la tronçonneuse près de Moose Lake. Candice Chaine, une des institutrices de Bender dont le chien avait été retrouvé errant au bout de sa laisse dans les sous-bois. Comme si un prédateur avait élu domicile dans les parages. Une créature mythique engendrée par les esprits de la forêt.

Plus bas, les avis de recherche les plus récents, deux auto-stoppeuses kidnappées à une cinquantaine de kilomètres d'ici. Mila Banks et Taylor Bancroft. Le cadre réservé à la photo est vide sur l'avis de Mila Banks. Une note au marqueur en dessous, à l'intention des enquêteurs. C'est la mère de Taylor qui avait donné l'alerte. Elle savait que c'était un enlèvement parce que, la veille, sa fille avait réussi à lui laisser un message en chuchotant dans son portable. Elle disait qu'elle était détenue dans une cellule au fond d'une sorte de cave mais qu'elle ne savait pas où. Son message s'était achevé sur un grincement de porte et un hurlement de terreur. Deux heures plus tard, les flics avaient essayé de trianguler l'appel mais le portable de Taylor était éteint. Ou brisé.

Crawley a posé son stylo. Il allume une Camel et lève les yeux sur Searl, lequel déplie une carte du Colorado et des États voisins qu'il étale sur le bureau. Il y a noté les lieux de traçage des appels de Kirsten. Le tout évoque une étoile de David qui aurait été dessinée par un enfant de maternelle, six points entourant vaguement le centre du Colorado. D'autres points plus aléatoires à Provo dans l'Utah, à Amarillo au Texas, ainsi qu'à Clovis au Nouveau-Mexique.

— Si vous les joignez aux autres, ça peut tout aussi bien vous donner un dinosaure ou la Grande Ourse.

— Je sais.

Crawley tire sur sa cigarette. Sa gorge amaigrie et fripée remue tandis qu'il avale la fumée. Sa respiration fait un drôle de bruit.

— Toujours ces foutus appels ?

— Tous les jeudis, 4 heures du matin.

Crawley consulte machinalement le calendrier punaisé au mur. Mercredi. C'est pour ça que Searl est là. Pour essayer de deviner le lieu de l'appel de demain.

— La bonne nouvelle, c'est que votre fille est toujours en vie.

— Sauf s'il l'a enregistrée plusieurs fois avant de la tuer.

— Trop compliqué pour un tel profil. Il ne fait pas tout ça pour fausser ensuite le jeu. Il veut vous faire passer un message.

— Quel genre de message ?

— C'est ça, le jeu.

Le shérif ne perd pas Searl des yeux. Il fume sa cigarette à moitié et écrase le reste dans un cendrier qui déborde de mégots inachevés. Il demande :

— Qu'est-ce que le FBI pense de tout ça ?

— Pas grand-chose. Ils se bornent à espionner ma ligne et à courir en vain à chaque traçage.

— Bientôt, ils s'en lasseront et laisseront tomber cette piste.

— Et ma fille ?

Crawley ne répond pas. Searl pense à la photo artificiellement vieillie de Jenny Finneran, disparue vingt-sept ans plus tôt dans les environs de Beckenbridge.

— Et vous, shérif ? Vous avez trouvé des indices ?

— Je suis officiellement dessaisi de l'affaire. Will et moi, on laisse tout de même traîner nos yeux et nos oreilles un peu partout, sans résultat pour le moment. Sauf, peut-être...

— Quoi donc ?

Crawley tend le bras vers un dossier rangé derrière lui, le dépose sur la carte. Quelques photos à l'intérieur qu'il tend à Searl. Une clairière ouverte au milieu d'une forêt épaisse. L'aube. Un homme nu, assis contre un arbre, le corps ficelé au tronc, un lacet de cuir passé sous sa gorge. La photo est prise d'assez loin. Les suivantes sont des plans plus rapprochés. Searl frémit en découvrant ce que le tueur a fait subir à sa victime. Il meurt d'envie de demander une cigarette à Crawley. Le shérif doit le sentir car il pousse vers lui son paquet surmonté d'un briquet. Searl examine les clichés suivants en fumant.

— La victime s'appelait Colby Benoit, un bûcheron de Glendale. Un chasseur a découvert son cadavre dans une clairière isolée à une trentaine de kilomètres d'ici. La mort remontait à plusieurs jours. Le gendre du camionneur massacré sur le parking de la station-service d'Arnie Bates.

— Quel rapport avec notre affaire ?

— Dès le début de l'enquête, nous avons récupéré l'enregistrement audio du camion qui avait poursuivi votre famille. Avant de mourir, le vieux Clay a raconté au tueur que sa fille se faisait cogner régulièrement par son ivrogne de mari. Le tueur lui a promis que, s'il se tenait tranquille, il tuerait Colby. Il semblerait qu'il ait tenu parole.

— Nom de Dieu... Vous en avez parlé au FBI ?

— Ils vont rouvrir une enquête locale. Ils pensent que si c'est bien notre tueur, celui-ci n'a fait qu'un bref retour sur ses pas et qu'il s'est déjà remis en mouvement.

— Et vous, vous en pensez quoi ?

— Pour moi, il est toujours dans le coin. Hormis pour vous appeler, il n'en a jamais bougé.

Crawley se tourne vers les montagnes qu'on aperçoit à travers les vitres du bureau. Il soupire :

— Dans quelque direction que vous alliez, vous avez des milliers d'hectares de forêts sauvages où seuls les chamois et les sangliers osent s'aventurer. Il nous faudrait dix ans et la moitié de l'armée américaine pour tout quadriller. Et encore, pas évident qu'on le trouve. Ces régions sont encore sauvages, doc. Elles ne sont électrifiées que depuis une cinquantaine d'années et, il n'y a encore pas si longtemps, les routes qui y menaient n'étaient que des chemins. On a beau construire des autoroutes, envoyer des fusées dans l'espace et conquérir le reste de la planète, ces coins-là échappent depuis des siècles à toute tentative de civilisation.

Le shérif reste un moment silencieux à contempler les bancs de brume accrochés aux montagnes. Il pense aux agents du SK avec lesquels il s'était entretenu sur le parking d'Arnie Bates. Il n'a jamais dit à Searl que le dépeceur s'était échappé d'une espèce de forteresse de haute sécurité pour tueurs en série dans le Dakota du Nord. Une information à ce point secrète que les unités conventionnelles du FBI chargées de l'enquête ne semblaient pas la détenir. Après l'assaut contre la maison de Big Creek, il était allé dîner chez Marge et Will. Il avait recherché sur

Internet d'autres indices sur cette unité fantôme et cette prison prétendument spécialisée. Il n'avait rien trouvé, que des rumeurs. Comme pour lui-même, Crawley ajoute dans un souffle :

— Il flotte de drôles d'histoires là-haut. Des rumeurs de sorcellerie et de sacrifices humains.

— Il est bien obligé de se ravitailler. Avec le début de signalement qu'on a de lui, on va forcément le coincer.

Le shérif ne répond pas. Il continue à regarder les sommets en fumant une nouvelle moitié de cigarette. Dans l'échancrure de sa chemise, Searl repère le point bleu qu'on lui a tatoué à l'hôpital pour guider l'opérateur chargé d'irradier ses tumeurs.

— La vraie question que je me pose, c'est pourquoi il n'a pas tué votre femme et vos enfants. Pourquoi aussi a-t-il enlevé la petite en perdant son temps à l'enregistrer pour vous faire entendre sa voix. Ça ne correspond pas à son mode opératoire.

— Qu'est-ce que vous en déduisez ?

— La même chose que le FBI. Que vous le connaissez forcément. Ou qu'en tout cas lui vous connaît.

Les yeux de Crawley luisent étrangement sous la broussaille de ses sourcils. Searl soutient son regard sans ciller. *Ce type est en train de crever. Il le sait. Il s'en fout.* Il écrase son mégot sur le tas de cigarettes à moitié fumées.

— Je ne fréquente aucun tueur en série.

— Il a pu le devenir après que vous l'avez rencontré. Ou alors votre future femme. Qu'est-ce qu'elle fait comme métier, déjà ?

— Psychiatre spécialisée dans le suivi des jeunes criminels, et experte auprès des tribunaux pour le compte de la défense ou du procureur, c'est selon.

— Le FBI a étrillé cette piste. Il y a tellement de suspects potentiels que ça va leur prendre des années à tout remonter.

Crawley pense à nouveau à ces fumiers du SK qui avaient brusquement disparu de la surface depuis que les médias s'étaient emparés de l'affaire. C'est là qu'il avait compris que les unités conventionnelles du Bureau n'étaient même pas au courant de leur existence. Depuis, il gardait toujours un œil dans son rétroviseur en rentrant chez lui. Il ouvre un autre dossier. Quelques feuillets à l'intérieur. Des notes. Des coupures de journaux. Des rapports du FBI, très courts, dont certains passages ont été caviardés.

— Vous enquêtez sur moi, shérif ?

— Faut bien s'occuper en attendant la retraite. Pas grand-chose à apprendre, d'ailleurs.

Le shérif a chaussé des lunettes. Il parcourt les feuillets.

— Vous deviez avoir 12 ans quand des campeurs vous ont trouvé inanimé sur le bord d'une route traversant une de ces forêts géantes au fin fond du Montana. Vous étiez amaigri, blessé, dans le coma. Étant donné votre état et celui de vos habits, on pense que vous aviez marché droit devant vous durant des jours en vous nourrissant de baies sauvages et en buvant dans les ruisseaux. Vous êtes resté plusieurs semaines dans le coma. À votre réveil, vous avez dû réapprendre à parler, à lire, à écrire. Vous étiez amnésique.

— Je le suis toujours.

— D'après les rapports que j'ai sous les yeux, vous n'étiez fiché nulle part, inscrit dans aucune école, gardé dans aucune crèche, soigné dans aucun hôpital. On a entré vos empreintes dans le grand fichier. *Nada*. Comme si vous étiez né le jour où vous êtes sorti de cette fichue forêt. Or il n'y avait rien aux alentours du lieu où on vous a retrouvé. Pas de cabane de bûcheron, pas de repère de secte adventiste, pas de village. On a élargi les recherches à un rayon couvrant plusieurs jours de marche d'un gosse de votre âge. Rien non plus. Rien de passionnant en tout cas. Le reste est caviardé. Sans doute par ordre des tribunaux puisque vous étiez mineur. Après de brillantes études, vous êtes devenu un ponte dans l'éveil et la rééducation des personnes plongées dans le coma. Vous avez trois enfants et vous pratiquez l'ultra-marathon. Aucune contravention en retard, pas d'incidents de crédit, pas de chèque en bois, casier judiciaire immaculé.

— Désolé de vous décevoir.

— J'ai tout de même essayé d'en apprendre un peu plus sur ce jour où on vous a retrouvé. La seule chose que j'ai réussi à obtenir, c'est le rapport du médecin expert qui vous avait examiné à l'époque, ainsi que les vêtements que vous portiez. Outre le fait que votre squelette présentait de nombreuses séquelles de coups et de fractures, votre densité osseuse démontrait de nombreuses carences chroniques en vitamines et en nutriments essentiels. L'examen de votre sang et de votre flore intestinale a révélé une alimentation essentiellement à base de gibier et d'eau puisée dans les torrents. On retrouve en effet de nombreuses bactéries caractéristiques de la décomposition des forêts. Le reste est normal ou à peu près, en particulier les scanners qu'on vous a fait subir : les zones cérébrales de l'apprentissage du langage, de la lecture, des émotions. Même si vous en présentiez toutes les caractéristiques, vous n'étiez donc pas un enfant sauvage.

Searl a fermé les yeux. Il est pâle et il transpire. Depuis quelques secondes, des odeurs d'orage et de feuilles mortes envahissent son esprit. Le craquement des éclairs. Le crépitement de la pluie sur ce qui semble être de la tôle ondulée. Il est accroupi dans la pénombre. Sous ses paumes, la terre sèche et poussiéreuse d'une grange. Ça sent la paille moisie et la crotte de rat. Il a l'impression qu'un corps se serre contre le sien dans cette pénombre illuminée par les éclairs. Celui d'une fillette vêtue d'une chemise de nuit. Des cheveux, longs, odorants. Elle est terrifiée. Elle se crispe dans les bras de Searl qui vient de lui plaquer sa main sur la bouche en entendant grincer la porte de la grange. Encore le tonnerre. Encore un éclair. Dans cette lueur brutale, aveuglante, il aperçoit les bottes de l'homme qui les traque. Celui-ci respire bruyamment. Il porte une hache dont le fer est couvert de sang. Il fredonne : « Où vous êtes, les merdeux ? »

— Doc ? Vous allez bien ?

Searl sursaute, rouvre les yeux. Son cerveau est tellement entraîné à formuler des visions olfactives qu'il a bien failli y basculer sans appareillage. Il a commencé à faire ce cauchemar juste après le premier appel de Kirsten. Depuis, ça recommence chaque nuit, sans jamais aller plus loin que la porte de la grange qui grince et l'homme qui avance en tenant sa hache.

26

À nouveau la nuit. Assise au fond de sa cellule, Kirsten ne parvient pas à trouver le sommeil. De temps à autre, elle capte le souffle endormi de sa voisine à travers la grille d'aération. Peu après la mort de Taylor, Mila avait commencé à montrer des signes de réveil. Avant qu'elle ne se mette à hurler, Kirsten lui avait expliqué à voix basse ce qu'elle avait déjà dit à son amie. La voix entrecoupée de sanglots, Mila lui avait alors demandé où elle était et Kirsten avait jugé plus raisonnable de lui répondre qu'elle devait se trouver dans une autre cellule hors de portée de leur voix. Mila s'était tue un moment avant de se remettre à gémir. Elle disait qu'elle avait des nausées et une migraine affreuse. Ses paupières étaient lourdes, sans doute à cause des vapeurs de chloroforme qui saturaient encore ses vêtements. Kirsten pouvait le sentir à travers la grille. D'une voix épuisée, la jeune femme avait annoncé qu'elle allait dormir un peu en attendant que ça passe. Elle avait encore gémi avant de se retourner sur sa paillasse et de sombrer à nouveau dans le sommeil. Depuis, ses formes estompées par la couverture dont elle s'est entièrement recouverte, elle passe le plus clair de son temps à dormir.

Kirsten a faim. Elle va se lever lorsque la lumière se rallume dans un claquement, éclaboussant la galerie et la porte de sa cellule. Des pas au loin. Liam approche. Il est vêtu d'un jean, de baskets usées et d'un sweat dont il a relevé la capuche sur une casquette de base-ball rouge, laquelle maintient son visage dans l'ombre. Il tient deux gamelles de nourriture, en dépose une devant la porte de la fillette, une autre devant celle de Mila.

Il extrait ensuite de sa poche une seringue contenant un liquide translucide. L'anesthésiant qu'il injecte à la jeune femme à chaque fois qu'elle fait mine de se réveiller. Une petite dose par jour. C'est ce qu'il fait depuis que Taylor a failli s'échapper. Quand il a besoin qu'elle reprenne ses esprits pour s'alimenter, il lui injecte une dose d'un autre produit, une substance bleue contenue dans une seringue plus petite. Après, il la pique à nouveau avec le premier produit, et elle se rendort.

Bien que Kirsten distingue très peu de choses à travers la grille, elle sait que Liam est entré dans la cellule voisine. Elle le voit se pencher au-dessus de la paillasse de Mila. Il lui fait son injection, puis sort de sa poche un MP3 et des écouteurs assez vieux pour ne pas filtrer les sons. Il les place sur les oreilles de la jeune femme et déclenche la lecture en réglant le son au maximum. Un opéra de Mozart emplit la cellule en sourdine. Mila ne bouge plus. La porte se referme sans bruit. Quand Liam passe à nouveau devant celle de Kirsten, la fillette éclate en sanglots.

— Liam, s'il te plaît, est-ce que moi aussi je peux avoir une piqûre ?

Liam s'immobilise. Il semble hésiter en regardant la seringue presque vide. Luttant contre son bégaiement, il balbutie :

— Non. Tu es trop petite.

— Je t'en supplie, Liam. Ne me laisse pas seule dans le noir. Moi aussi je veux dormir.

Liam se retourne. Il semble ému par la requête de Kirsten. Après avoir de nouveau hésité en regardant la seringue, il dit :

— Il en reste si peu.

Il revient sur ses pas, fait jouer le loquet de la trappe. Kirsten a relevé sa manche et tend son bras à travers l'ouverture. Il le prend dans sa main. Elle est douce et chaude. Il plante tout doucement le biseau de l'aiguille en appuyant lentement sur le piston. Elle grimace. C'est déjà fini. Elle se masse le bras.

— Ta pou... pée aussi ?

— Il en reste encore ?

— Il en reste toujours pour les poupées.

Kirsten sourit dans la pénombre. Après avoir expliqué à Miss Granger qu'il fallait qu'elle soit courageuse, elle tend un des bras mous à travers la trappe, que Liam pique tout aussi délicatement. Puis Kirsten ramène Miss Granger contre elle, et, tandis que Liam s'éloigne déjà, elle retourne se pelotonner contre le mur et sombre rapidement dans un sommeil sans rêve.

Quand elle se réveille, Liam est à nouveau là, accroupi devant la porte dans la lueur des veilleuses. Elle approche son œil de l'interstice. Sans dire un mot, il désigne le téléphone à cadran qu'il a apporté en tirant le fil derrière lui. Considérant tristement l'appareil posé devant la trappe, Kirsten soupire :

— Je pourrais parler à mon papa cette fois-ci ?

Liam secoue la tête. Les yeux baignés de larmes, Kirsten tend le bras à travers la trappe et décroche le téléphone. Elle attend que le voyant bleu s'allume sur la coque en plastique, signe que son père vient de décrocher dans leur maison de Los Angeles. Ravalant ses larmes qu'elle écrase sur ses joues avec ses paumes, d'une voix de grande fille, elle dit :

— Papa, je vais mourir bientôt. Je voulais que tu saches que je ne t'en veux pas d'avoir cessé de m'aimer. Ce que j'ai fait en entrant dans la salle de bains quand Marty prenait sa douche est si mal que rien ne pourra le racheter. Je pense bien à toi et à maman, à Becka, Marty et Megan. Je suis désolée d'avoir réveillé les monstres. Je t'aime.

Kirsten aurait voulu ne pas éclater en sanglots sur ce dernier mot, mais, si elle parvient à présent à envisager qu'un père puisse ne plus aimer sa fille, elle ne conçoit pas que l'inverse soit possible. Elle rend le combiné à Liam qui tient dans sa main deux seringues de plus grande taille remplie du même liquide translucide. Kirsten n'a pas besoin de réfléchir beaucoup pour comprendre que c'est à l'aide de ce produit qu'il va les mettre à mort. Levant les yeux vers la fillette, il bredouille :

— Comme ça, tu ne sentiras rien quand je te poignarderai.

Entendant cela, Kirsten est brusquement submergée par un océan d'amour et de reconnaissance. Ne pas sentir la douleur, ne pas hurler de souffrance, glisser d'un coup du sommeil à la mort, et fuir enfin cet endroit. Elle est agenouillée devant la trappe. Ses petites mains passant par l'ouverture pour caresser celles du tueur, lui hésitant d'abord à ce contact, et puis se laissant faire sans broncher, elle chuchote :

— Je sais que ce n'est pas ta faute, Liam. Je sais que tu voudrais bien ne pas le faire mais que tu ne peux pas t'en empêcher à cause de tout ce qu'on a dû te faire subir quand tu étais petit. Je veux que tu saches que je ne t'en veux pas, que je ne te déteste pas, que je comprends que tu fais tout ça parce que tu es sûr que tout le monde cherche à te faire subir la même chose.

Les yeux brillants de larmes contenues, Liam échappe peu à peu à la caresse de l'enfant. Il dépose les seringues à côté des gamelles et s'éloigne en remportant le téléphone. Kirsten le suit des yeux tandis que sa silhouette se dilue dans l'océan de lumière qui inonde la galerie.

27

Gyrophares éteints, le shérif Crawley engage son Cherokee sur le parking désert du *Grizzly*, un bar à bûcherons perdu sur la 82 en direction d'Aspen, ville elle-même perdue au milieu des montagnes et des forêts de pins les plus inextricables. Situé à quelques mètres en contrebas, le parking ressemble davantage à un terrain vague ouvert à la tronçonneuse pour permettre aux engins de bûcheronnage et aux camions de faire demi-tour vers la vallée et la petite cité minière de Leadville.

Crawley roule à faible allure au milieu des ornières jusqu'au fond du parking où il coupe son moteur et ses phares avant de caler sa nuque contre l'appuie-tête. À l'autre bout, quelqu'un a laissé ouverte la porte de la vieille cabine téléphonique Pacific Bell, et la lumière qui s'en échappe révèle les filaments de brume qui flottent dans l'air glacial.

Crawley interroge la pendule du tableau de bord. Les chiffres lumineux indiquent 3 h 40. Il écoute sa respiration siffler dans ses bronches. Quand il avait commencé sa chimiothérapie, malgré les brûlures et la perte de ses cheveux, il avait eu l'impression de respirer mieux. Jouissant d'un sommeil plus réparateur, il en était même arrivé à se dire qu'il reprendrait volontiers le sport, à petite dose au début, ou à tout le moins la marche, comme ces gens qu'on croisait parfois sur les sentiers forestiers et qui avançaient à vive allure à l'aide de bâtons de ski. Le matin de cette résolution, il avait même passé la tondeuse sur le bout de jardin qui ornait son pavillon de Bender. Et puis, la semaine suivante, exactement comme il s'était évanoui, ce fichu sifflement était revenu, en pire, et ne l'avait plus quitté. C'était la période où il avait commencé à maigrir et à perdre ses muscles. À cesser peu à peu de s'alimenter convenablement aussi, et de dormir.

Crawley écoute sa respiration siffler de plus belle. Comme s'il avait un corps étranger à gauche, juste sous les côtes. Une foutue boule de poils ou une balle en mousse. Il essaie de tousser, constate une nouvelle fois que cela ne change rien. Il allume une cigarette, s'en veut affreusement de le faire. Étouffant la toux qui escalade ses bronches, il entrouvre sa vitre, regarde s'échapper la fumée qui emporte avec elle le peu qui reste de lui.

Juste après le départ du Dr Searl, il s'était rendu chez Davenport et lui avait avoué que son état s'était dégradé. Davenport l'avait engueulé, pour la forme. Ensuite, scanner à Grand Junction comme la première fois, puis box 7 où une autre voix froide lui avait annoncé que sa tumeur avait grossi malgré le traitement et qu'il fallait à présent songer à lui enlever un poumon. L'opération avait une chance sur trois d'être un succès, sauf si les métastases avaient déjà colonisé d'autres organes vitaux, ou les os, ou le cerveau. Comme la première fois, Crawley s'était retrouvé sur le parking à fumer sous la pluie et à penser à Norma. Le soir de son geste irréparable, malgré sa maigreur extrême et son épuisement, elle s'était apprêtée et lui avait préparé un dîner aux chandelles. Un demi-homard congelé chacun et un verre de vin blanc. Elle avait à peine touché au sien. Après cela, ils avaient regardé un vieux film, puis ils étaient allés se coucher.

Crawley jette son mégot et referme la vitre. En quittant l'hôpital, il avait appelé Will et Marge pour leur demander s'il pouvait venir dîner. C'est chez eux qu'il avait passé la soirée avant d'échouer ici. Un rôti trop cuit, des pommes de terre et de la bière. Après avoir embrassé Marge et serré longuement la main de Will, il avait repris la route à la recherche d'un virage au-dessus d'un ravin assez profond pour ne pas se rater. Il n'en avait pas trouvé. Ou plutôt, et cela Crawley avait du mal à l'admettre, pour percuter le rail de sécurité et s'abîmer dans le ravin, il aurait dû rouler au-dessus de la limite de vitesse et perdre à un moment ou à un autre le contrôle de son véhicule. Or non seulement le shérif avait toujours mis un point d'honneur à respecter la loi, mais il détestait par-dessus tout l'idée de perdre le contrôle. Apercevant les guirlandes lumineuses du *Grizzly*, il avait alors décidé de se jeter un ou deux verres derrière le col avant d'en finir autrement.

Crawley claque sa portière et marche vers le bar. D'ordinaire, même à cette heure avancée de la nuit, il y a toujours au moins une dizaine de pick-up éparpillés sur le parking. Ne serait-ce que les bûcherons des équipes du matin qui, le plus souvent, cuvent sur place avant de prendre leur service. Ce soir, Crawley n'en compte que quatre, leur propriétaire ronflant à l'arrière. Avant de poursuivre son chemin, il braque sa lampe torche sur eux pour s'assurer qu'ils se sont enroulés dans des couvertures assez chaudes.

Un panneau sur la porte du bar. Paul Bennet, patron du *Grizzly*, y a écrit sobrement au marqueur : « GRIPPE ! BARREZ-VOUS ! » Crawley colle son front contre la vitre. Emmitouflé dans une couette, Bennet est affalé dans un fauteuil où il semble dormir.

Crawley ne l'a jamais vu aussi pâle. Il essaie d'ouvrir la porte mais celle-ci est verrouillée. Vaguement inquiet, il retourne vers son Cherokee dont il referme la portière sans bruit. Il règle sa radio sur la fréquence de la police du comté de Pitkin. Une voix lasse retentit dans l'habitacle.

— Police d'Aspen. Le shérif Barrow. J'écoute.

— Grant ? Je suis stationné devant le *Grizzly*. Bennet a la grippe. Plutôt mal en point. Tu pourrais envoyer un médecin là-haut pour s'assurer qu'il se soigne ?

— Ed ? Qu'est-ce que tu fais dans le coin ?

— Je reviens de chez Will et Marge. Je voulais juste m'arrêter boire un coup avant de rentrer.

— Boire un coup en pleine nuit ? Toi ? Un problème ?

— Aucun. Je viens juste de me rendre compte qu'en trente ans de carrière, je ne me suis jamais arrêté nulle part pour boire un coup après le service, voilà tout.

— On s'en était tous rendu compte avant toi, Ed. Si tu vois que ça te donne des ailes, n'hésite pas à dormir sur place comme les autres.

— L'ennui c'est que, comme je te l'ai dit, Bennet a la crève, ce qui fait que de toute façon je ne pourrai même pas le boire, ce fichu verre.

— Si ce n'est que ça. Tu vois le Caterpillar stationné à l'autre bout du parking ? Bennet laisse toujours une bouteille de gnôle dans la cabine pour les nuits trop froides. La seule règle quand on tape dans cette réserve, c'est de laisser ses clés de voiture sur le fauteuil. Ceux qui essaient de la transgresser, Bennet les défouraille avec sa batte de base-ball.

— Ben merde, alors.

— Bois-en un à ma santé, Ed.

— Sois sûr que je le ferai. Bonne nuit, Grant.

Crawley coupe sa radio et se dirige vers le Cat dont il rapporte une bouteille de gin bon marché et un verre en plastique à la propreté douteuse. En rejoignant son Cherokee, il se rend compte qu'il a oublié de laisser ses clés sur le fauteuil. Il hausse les épaules, referme de nouveau sa portière et se sert une large rasade. La première gorgée lui brûle la trachée. Les suivantes apaisent cette brûlure. Après avoir posé son 45 sur ses genoux, il dispose devant lui la photo de sa femme et son insigne de shérif. Il respire un peu d'air froid par la fenêtre entrouverte, avale encore une gorgée de gin. Il parle à Norma. Il lui dit qu'il regrette de ne pas l'avoir serré plus fort dans ses bras ce dernier soir où elle s'était donné la mort. Il lui dit qu'il regrette tous ces moments où il a été méchant, désagréable, ou simplement trop fatigué pour être gentil avec elle. Les larmes aux yeux, il ajoute qu'il n'a pas le courage de continuer seul, qu'il ne l'a jamais eu. Il lui avoue, mais elle le sait sans doute, que, depuis qu'elle est partie, il n'y a pas un soir où il ne se soit couché sans tristesse, pas un matin où il ne soit levé sans ressentir comme un coup de poing le chagrin de son absence. Il lui dit aussi qu'il n'a pas la force de se faire opérer, qu'il a bien vécu, et que faire semblant de vivre encore quelques mois sans elle n'a plus le moindre sens.

Crawley a fini. Il laisse aller sa nuque contre l'appuie-tête et pose le canon de son 45 contre sa tempe. Il a écrit les lettres qu'il fallait, arrangé les affaires qui lui restent. Il est en paix. Il va appuyer sur la détente lorsqu'il aperçoit les pinceaux de phares blancs s'engager sur le parking. Le véhicule boueux et cabossé qui vient de quitter la route est un vieux pick-up de couleur rouille, typique de ces camionnettes en bout de course que les bûcherons de Glendale rachètent à la scierie pour leur propre compte.

Le véhicule s'immobilise près de la cabine téléphonique dans un grincement de suspensions. Les phares s'éteignent, laissant la nuit encore plus noire qu'avant. Puis le moteur se coupe à son tour et le ronronnement du diesel se tait. Le silence. Le vent. Crawley interroge instinctivement la pendule du tableau de bord. Les chiffres qui semblent flotter sur le cadran indiquent 3 h 55. Quelques minutes s'écoulent encore avant que la portière ne s'ouvre sur un homme jeune en jean et sweat-shirt dont il a relevé la capuche sur une casquette de base-ball. Il reste un moment immobile près de la cabine téléphonique. La cigarette qu'il allume révèle un instant la beauté étrangement juvénile de son visage. Puis la flamme de son briquet s'éteint et il reste là à fumer dans le halo de la cabine, chaque inspiration révélant son menton et ses lèvres dans un rougeoiement de tabac.

Lorsqu'il a fumé la moitié de sa cigarette, le jeune homme entre dans la cabine. La porte se referme dans un grincement, coupant la lumière du plafonnier. Il n'est désormais plus qu'une ombre immobile et de dos. Sans le perdre de vue, Crawley pose son 45 à côté de la bouteille de gin sur le fauteuil passager. La pendule indique 4 heures. Trois minutes plus tard, l'inconnu ressort de la cabine et remonte à bord de son pick-up. Crawley a rangé sa plaque de shérif ainsi que la photo de Norma. Tandis que le véhicule manœuvre pour rejoindre la route en direction d'Aspen, il met le contact et démarre à sa suite en laissant ses phares éteints.

28

Sauf à rallier directement Aspen, il n'existe aucune raison d'emprunter la route qui y conduit à partir du *Grizzly*. À moins de prendre un des chemins forestiers qui la quittent et que seuls les bûcherons aguerris empruntent. Et là, il faut plus qu'une excellente raison. Sauf aussi à emprunter la seule route qui s'éloigne de la 82, c'est-à-dire la 82C, une piste au tracé si étroit et sinueux que personne ne s'y aventure. C'est à cet embranchement à peine visible que le pick-up tourne. Prenant soin de laisser ses phares éteints, Crawley laisse une distance de cent mètres entre les deux véhicules en s'engageant à son tour sur la route mal goudronnée qui se met à grimper. Bientôt les premiers lacets, les premiers à-pics donnant loin en contrebas sur des torrents bouillonnants, cimetières inaccessibles de caillasses et de rochers coupants où des blocs de granit rivalisent en hauteur et en formes étranges. On dirait parfois les doigts squelettiques et pétrifiés de quelques géants enterrés là depuis l'aube des temps. Ailleurs, d'autres blocs se dressent en buildings de pierre ou en quelques créatures gigantesques et immobiles dont les dos monstrueux s'arrondissent. Partout au-delà, l'infranchissable forêt de racines tout aussi monstrueuses et enchevêtrées, d'arbres immenses et de branches refermées comme une muraille.

Crawley se concentre sur les feux arrière du pick-up. L'inconnu conduit prudemment, soulevant des gerbes de gravillons à chaque fois qu'il mord sur le bas-côté. Heureusement, la lune a fait son apparition entre les nuages, et sa froide lueur éclaire les éclats de calcaire qui saillent au bord des virages. D'après le GPS, le pick-up approche d'une fourche où la 82C disparaît au profit de deux pistes caillouteuses, plus étroites encore, et sans issue. L'inconnu s'engage sur celle de gauche, attaquant les derniers lacets qui grimpent vers les sommets. Ça sent le pin et l'air glacé. Des plaques de neige apparaissent par endroits. Plus du givre que de la neige. Crawley lutte contre la tentation d'allumer ses phares pour s'arracher quelques secondes à cette sensation d'avancer sous une averse d'encre. Il freine légèrement en constatant que le pick-up a atteint un plateau d'altitude où la piste se transforme en un chemin forestier sinueux et mal tracé. Le shérif s'y engage à son tour, écoutant les branches basses des pins racler sa Jeep. Ne bénéficiant plus de la lune pour se guider, il garde les yeux fixés sur les feux arrière du pick-up qui tressautent dans les ornières.

La forêt s'épaissit à mesure qu'ils se perdent dans des contrées qui ne sont même plus exploitées par la scierie Glendale. Ici commence le territoire des grizzlys et des aigles, la chaîne alimentaire réduite à ses maillons les plus essentiels, tout reposant en ces zones arides sur cet équilibre primitif de la nature que les hommes désignent sous le terme de sauvagerie.

Le chemin, sans doute une ancienne voie de halage des troncs, disparaît peu à peu sous les véhicules. Crawley a remis son compteur à zéro. Lorsque les chiffres s'apprêtent à basculer sur le huitième kilomètre, les feux arrière du pick-up brillent plus fort à mesure qu'il s'engage au ralenti sur une ancienne clairière au milieu de la forêt profonde. Crawley immobilise sa Jeep à la lisière. De l'autre côté, les arbres forment une frontière qui n'a sans doute jamais été entamée. Au-delà, le mont Tindell émerge de la forêt.

Le véhicule s'est arrêté devant un ancien abri pour bûcheron que ses phares éclairent crûment. Crawley fronce les sourcils. Cette baraque est plus grande que d'ordinaire, d'apparence plus confortable aussi, sans doute conçue à l'époque pour accueillir à la fois les équipes envoyées par Glendale, et celles des mineurs de Burley qui avaient exploité pendant près d'un siècle les filons de granit du mont Tindell.

Les phares du pick-up viennent de s'éteindre, plongeant la clairière dans une obscurité que la lune ne parvient plus à dissiper. Crawley extrait de sa boîte à gants un casque équipé d'un système d'optiques de vision nocturne. Le noir absolu d'abord, puis le système se met à grésiller à mesure que les amplificateurs de lumière capturent les photons. Peu à peu, la clairière apparaît, baignée par la lueur verte des optiques. Crawley voit le jeune homme grimper la volée de marches vermoulues qui conduisent à la porte de la baraque. Elle se referme sur lui en grinçant. Crawley vérifie le chargeur de son 9 mm dont il manœuvre la culasse pour s'assurer qu'une balle est engagée dans la chambre. Il fait de même avec le pistolet-mitrailleur qu'il vient de récupérer dans la malle arrière de sa voiture. Revenu derrière le volant, il considère un moment la radio. Il est tenté de lancer un appel mais il préfère d'abord vérifier avant de déclencher l'alerte générale pour un coup de fil passé depuis une cabine à 4 heures du matin. Il envoie tout de même un SMS à Will avec les coordonnées géographiques qui clignotent sur l'écran de son GPS.

Puis il referme délicatement sa portière et traverse la clairière.

Un sifflement de plus en plus rauque fait bruisser ses bronches. Il ravale le goût de gin qui tapisse encore sa gorge. La chimiothérapie lui a depuis longtemps fait perdre ses kilos en trop avant d'attaquer ses réserves vitales, et, bientôt, son dos et son visage se couvrent d'une sueur froide.

Parvenu au pied des marches, Crawley teste la solidité de la première avant de grimper prudemment l'escalier. Il reste sous l'avant-toit, le temps que la lune disparaisse derrière un ban de nuages noirs. Hormis le lointain friselis du vent au sommet des arbres, le silence en ces lieux est d'une profondeur absolue.

Le vieux shérif considère la porte moustiquaire que les courants d'air agitent sur son chambranle. Il règle ses optiques de nuit au maximum, et, précédé de son automatique chargé jusqu'à la gueule, il entre.

29

La pièce principale est équipée d'un poêle en fonte, d'une table et d'un buffet, le tout exhalant une forte odeur de laine mouillée et de remugle. Un comptoir mal dégrossi délimite le coin cuisine qui consiste en un bloc avec des brûleurs à bois et un évier alimenté par un robinet à pompe. Les optiques de Crawley glissent sur les murs. Rien ne les recouvre, hormis une ancienne carte du massif forestier et un vieux tableau de répartition des équipes estampillé *Glendale*. Posé en dessous sur un guéridon, un vieux téléphone gris à cadran muni d'une diode. Le cordon est connecté à l'aide de plusieurs mètres de rallonge à un dispositif d'enregistrement. Crawley décroche le combiné. La diode bleue s'allume. L'enregistrement démarre, puis se coupe automatiquement quand le shérif raccroche. Il se tourne et observe à présent les traces terreuses que les chaussures de l'inconnu ont abandonnées sur le sol. Elles semblent disparaître sous une lourde porte tapissée de coupures de journaux jaunies. À mesure que Crawley s'en approche, les optiques révèlent quelques visages de mineurs, et d'autres, pâles et couverts de suie, des victimes de la grippe espagnole qu'on avait enterrées ici par milliers au plus fort du fléau. Les anciennes mines de Tindell. Le shérif actionne le loquet et tire la porte, aussitôt arrêté par le courant d'air qui s'en échappe en mugissant. Au-delà, les ténèbres forment un mur si compact que même les optiques peinent à les percer.

Crawley emprunte un escalier métallique en colimaçon qui s'engouffre sous terre, compte une centaine de marches, débouche sur un terre-plein donnant sur une galerie en pente douce. Juste avant l'arche rehaussée de briques rouges qui en marque l'entrée, il distingue un vieux panneau dont le pictogramme piqué de rouille avertit que le port du casque est obligatoire à partir de ce point. Il avance le long de la galerie en balayant méthodiquement l'espace avec son arme. L'atmosphère est si sèche et immobile que sa transpiration s'évapore sur son visage. Il fronce les sourcils. Depuis quelques secondes, il a l'impression de capter le claquement régulier d'un minuteur électrique. Les ténèbres s'éclaircissent dans ses optiques et son cœur se met à battre un peu plus fort : cette tache vert pâle qui grandit au loin au milieu de tout ce vert sombre, c'est bien la flaque lumineuse d'une ampoule dont le scintillement fait reculer l'obscurité, éclairant au-delà plusieurs portes de cachots.

Crawley vérifie une nouvelle fois son chargeur. Deux autres magasins de quinze coups à sa ceinture. Il lutte un moment contre le vertige qui voile ses yeux. Il s'est appuyé pour cela contre la paroi de la galerie, et la crosse de son pistolet-mitrailleur vient de racler la pierre. Il se maudit intérieurement en écoutant l'écho métallique se dissoudre dans la pénombre. Il recommence à avancer en braquant son arme devant lui. Il ne voit pas les cellules photo-électriques installées de part et d'autres du passage. Lorsque le faisceau qu'elles se renvoient est soudainement interrompu par ses jambes, le claquement du minuteur s'arrête.

30

Accroupie contre la porte de sa cellule, Kirsten somnole. Juste avant que la lumière ne se rallume, elle a senti l'ombre de Liam passer dans la galerie et rejoindre les profondeurs. Elle écoute la musique brailler en sourdine dans les écouteurs de Mila.

Un raclement métallique au loin la fait sursauter. Elle se redresse et colle son œil contre l'interstice. Elle croit distinguer une silhouette dans la galerie. Sa gorge se met à la brûler. L'homme qui vient est plus grand que Liam, plus âgé aussi, et plus massif. Elle recule doucement sur ses genoux et vient se placer contre la grille d'aération. *Don Giovanni* hurle dans les oreilles de Mila. Kirsten attend que le morceau se termine, puis, tapant doucement contre le grillage, elle l'appelle. Mila ne répond pas. À nouveau la musique. Kirsten retourne se poster contre la porte. Au moment où elle approche à nouveau son œil, les claquements du minuteur électrique s'interrompent et la silhouette se fige. Un silence. Un autre claquement plus prononcé. L'une après l'autre en commençant par son extrémité la plus lointaine, de puissantes lampes halogènes intégrées dans la voûte s'allument, inondant la galerie d'une lumière si aveuglante qu'elle en noie les contours. L'homme qui approche est tellement maigre qu'il semble flotter dans son uniforme de shérif. Il porte un chapeau à bord relevé et il est armé. Au moment où les lumières se sont allumées, il a eu le temps d'arracher les drôles de lunettes épaisses qui recouvraient ses yeux. Il recommence à avancer vers les cachots dans le bourdonnement de frelons des halogènes. Lorsqu'il est à portée de voix, la fillette s'écrie :

— Monsieur, je m'appelle Kirsten Searl. Je suis enfermée avec une auto-stoppeuse qui s'appelle Mila Banks. Je vous en supplie, sortez-nous d'ici.

Le shérif s'est arrêté à quelques mètres. Un cercle de sueur assombrit ses aisselles et le contour de son chapeau. Il s'agenouille en braquant son pistolet-mitrailleur dans l'axe de la galerie qui descend vers les profondeurs. Face à lui, une autre cellule dont la porte est ouverte. À l'intérieur, il distingue le cadavre d'une jeune femme massacrée à coups de couteau. Il pense que c'est Taylor Bancroft. Il referme la porte. Ses yeux reviennent vers l'œil de Kirsten qu'il aperçoit à travers l'interstice.

— Je m'appelle Ed Crawley, shérif de Bender.

Crawley s'approche encore. Il se tient à présent agenouillé contre la porte de la cellule de Kirsten. Leurs yeux se croisent, s'accrochent. La fillette dit :

— Il va nous tuer.

— Il ne le fera pas. Pas tant que moi je vivrais. Je dois le neutraliser d'abord, ensuite je reviendrai vous libérer. Où est Mila Banks ?

— Dans la cellule d'à côté. Elle est droguée.

Kirsten fond en larmes. Elle s'efforce de chuchoter mais elle a envie de hurler.

— Je vous en supplie, ne nous laissez pas ici.

— Je vais revenir. Je ne vous abandonnerai pas.

Kirsten ravale ses sanglots. Crawley actionne sa radio dont le micro est fixé à l'épaulette de sa chemise. Il est calé sur la fréquence du bureau du shérif d'Aspen. Sans perdre la fillette des yeux, il dit d'une voix rauque :

— Grant, ici Ed. Je me trouve actuellement dans les anciennes mines de Tindell. J'ai retrouvé Kirsten Searl et Mila Banks. J'ai le tueur à portée de main. Besoin de renforts en urgence. À toi.

Le shérif relâche le bouton d'émission. Un long grésillement dans son oreillette. La voix de Grant au loin, inaudible.

— Grant, je te reçois un sur cinq. Si tu me reçois, je suis dans la mine. Les gamines sont enfermées là où les mineurs avaient leurs quartiers. Appelle Denver. Il nous faut deux hélicos et le SWAT.

À nouveau le grésillement noyant la réponse de Grant. Entendant Kirsten sangloter à fendre l'âme, le shérif dit :

— Je vais ouvrir vos cellules pour que vous puissiez être ensemble. Ne bougez surtout pas jusqu'à ce que je revienne.

Crawley déverrouille d'abord la porte de Mila, puis il braque à nouveau son pistolet-mitrailleur dans l'axe de la galerie. Aucun mouvement. Il entreprend de crocheter la serrure de Kirsten. Elle résiste.

— Petite ?

— Oui, monsieur ?

— J'ai vu ton papa hier. Il te cherche partout. Il va très bien.

— Celui qui m'a enlevé m'a dit que papa me détestait à cause de ce qui est arrivé à Becka, Marty et Megan. Il m'a dit qu'il m'avait abandonnée.

— C'est un tueur. Tu ne dois pas écouter ce qu'il dit. Les autres membres de ta famille sont en vie. Ils sont dans le coma mais ils ont survécu.

À genoux contre la porte, Kirsten a posé ses mains sur sa bouche. Les yeux brouillés de larmes, elle écoute le shérif respirer de l'autre côté. Elle sent le passe tourner dans son logement.

— Ça y est. Tu seras bientôt libre.

Une fine pluie de rouille s'échappe de la serrure. Un nouveau claquement sourd dans les galeries. Les lumières s'éteignent. Le minuteur se remet en route. De l'autre côté de la porte, Crawley bataille pour renfiler au plus vite ses optiques de nuit. Kirsten colle son visage contre la fente. Elle se frotte les yeux. À chaque fois qu'elle les rouvre, elle ne distingue que les ténèbres. Et puis sa vue se réhabitue à l'obscurité et elle aperçoit enfin la silhouette de Liam émerger dans la lueur des veilleuses.

— Oh mon Dieu, il est là !

Le shérif n'a pas encore rallumé ses optiques. Il tourne la tête et tire au jugé une rafale qui résonne sombrement dans la galerie. Liam recule hors du champ de vision de Kirsten en tirant à son tour. Quatre détonations rapprochées. Le corps de Crawley cogne et glisse contre la porte qui vibre sous son poids. Il est gravement blessé. Il râle. Kirsten se mord les doigts en sanglotant.

— Tu m'as menti ! Papa m'aime encore et les autres ne sont pas morts !

Mais Liam ne répond pas. Il a disparu. Kirsten hurle encore : « Tu m'as menti ! » Et puis elle se tait et écoute le shérif qui râle près de la porte. Elle voudrait lui tenir la main mais l'homme bloque l'ouverture de la trappe. Une balle a éraflé son cou et le sang s'écoule en une flaque rouge sous lui. Kirsten rejoint son coin de mur et plaque ses mains sur ses oreilles pour ne plus entendre ses gémissements.

Mila s'est réveillée à cause des détonations. Elle lutte pour ne pas se rendormir. La voix hachée par les sanglots, Kirsten lui résume la situation, lui dit que le shérif a ouvert sa cellule, que le tueur y laisse toujours des seringues bleues, qu'il faut qu'elle les trouve et se les injecte pour ne pas se rendormir. Mila cherche. Elle est épuisée. Kirsten sanglote, la supplie de tenir le coup. Des minutes aussi longues que des heures. Et puis la porte de la cellule s'entrouve enfin sur Mila, assez pour que la fillette se faufile et se jette dans ses bras.

Mila s'est agenouillée et l'étreint en essayant de la rassurer. Elle vacille à cause des drogues. Elle a la bouche pâteuse. Elle dit qu'elle a retrouvé deux seringues bleues. Sous les yeux de Kirsten, elle tire sur sa manche et s'injecte l'autre dose dans le creux du bras. Elle grimace. Ses paupières sont lourdes et elle a toujours affreusement mal à la tête. Elle répète à Kirsten qu'il ne faut surtout pas qu'elle la laisse se rendormir. Kirsten la secoue à chaque fois qu'elle ferme les yeux. Elles restent un moment serrées l'une contre l'autre dans la cellule, le temps que l'antidote fasse son effet. Devant la porte, le shérif gémit. Mila récupère ses optiques de nuit et tourne la tête de tous les côtés pour surveiller la galerie. Les joues baignées de larmes, Kirsten regarde le policier qui tente de parler. Ses yeux roulent follement dans ses orbites et des bulles de sang se forment à la commissure de ses lèvres. Il regarde Mila et dit :

— Marchez le long de la galerie qui remonte vers la surface. Un escalier débouche sur une cabane au milieu de la forêt. Ma voiture est rangée de l'autre côté de la clairière.

Mila éclate en sanglots. La terreur monte en elle à mesure que l'antidote neutralise les effets de l'anesthésiant. La voix brisée, elle dit :

— Je dois retrouver Taylor. Je ne peux pas partir sans elle.

Le shérif comprend que la jeune femme n'est pas au courant pour son amie.

— Mila, tu dois m'écouter. Les renforts vont arriver. Ils s'occuperont d'elle et de moi. Fuyez avant qu'il ne revienne. Je te confie Kirsten. Protège-la par tous les moyens.

Mila hoche la tête, écrase ses larmes. Elle ramasse l'arme de Crawley et remonte la galerie en serrant Kirsten dans ses bras. La fillette regarde la silhouette du shérif s'estomper dans la lueur des veilleuses. Il a cessé de bouger. On dirait qu'il dort.

Mila a atteint l'escalier qu'elle grimpe en soufflant et en gémissant. Elle répète qu'elles vont s'en sortir et Kirsten la croit. De temps en temps, la jeune femme lui demande si elle voit quelque chose. Kirsten surveille bravement l'obscurité derrière. Elle répond qu'il n'y a personne.

Mila a atteint une porte qu'elle pousse. Elles débouchent dans la pièce unique d'un baraquement qui sent le bois pourri. Une nouvelle porte donne sur l'extérieur. Kirsten aspire l'air frais, telle une noyée. Elle regarde avec avidité la lune et les étoiles. Quelques marches sous leurs pieds. Un pick-up est garé près de l'entrée. Mila tire sur les pneus qui se ratatinent en sifflant. Elle désigne la voiture du shérif dont le capot brille faiblement sous la lune. Elle traverse la clairière. Ses muscles tremblent et ses pieds butent contre les racines, mais à aucun moment elle ne renonce à porter Kirsten. Elle atteint la Jeep dont les clés luisent sur le contact. Elle installe la fillette à l'avant, puis se glisse derrière le volant et boucle leurs ceintures.

Dans la lueur du plafonnier, Kirsten aperçoit enfin les traits de Mila. Elle est très belle, très brune et très mince. Elle se rend compte qu'elle n'a pas lâché sa poupée en chiffon. Elle la serre contre son visage, essaie de retenir ses larmes, n'y parvient pas.

Mila fait demi-tour dans un grincement de suspensions avant d'engager la Jeep sur le chemin en se servant des indications du GPS. Les branches basses raclent la carrosserie. La forêt de part et d'autre forme un mur impénétrable dans la lueur aveuglante des phares. Kirsten demande :

— Où on va ?

— Je ne sais pas encore. Le plus loin possible. Il faut que je te mette en lieu sûr.

— Pourquoi tu ne passes pas un appel à la radio ?

La jeune femme est terrifiée. Elle conduit le plus vite possible en respirant bruyamment pour essayer de se calmer.

— Le tueur peut capter l'appel sur un scanner. Tous les gars du coin en ont un.

— Quand on aura rejoint la route, alors ?

Mila a trouvé un paquet de cigarettes dans le vide-poches. Elle en allume une et tire nerveusement dessus.

— Je n'alerterai personne avant d'être sortie de ces fichues montagnes. On va d'abord quitter le Colorado. On verra ensuite.

Kirsten regarde les pitons calcaires qui émergent de la masse sombre de la forêt. Elles ont atteint la route d'Aspen. Mila accélère. Bercée par le ronronnement du moteur, la fillette ferme les yeux.

31

Allongé sur le dos dans la lueur spectrale des veilleuses, Crawley a perdu plusieurs fois connaissance. Quelques secondes en vérité, une éternité dans son esprit. Au début, il redoutait que le tueur ne ressurgisse pour l'achever, mais il a fini par admettre qu'il l'a sans doute mortellement blessé et que, comme lui, il agonise quelque part dans les profondeurs de la mine.

Crawley palpe son thorax, là où les projectiles ont frappé son gilet pare-balles. De si près, ils ont failli percer le kevlar et les plaques de carbone. Il grimace en passant le bout de ses doigts sur les boursouflures métalliques des ogives. En dessous, sa cage thoracique est tuméfiée et il estime avoir au moins trois côtes cassées. Pas le plus grave. Ses mains remontent vers la base de sa gorge. La chance ayant voulu que cette balle-ci ne la traverse que dans sa partie charnue sans emporter la jugulaire avec elle, il a réussi à endiguer l'hémorragie avec un pansement compressif. Il s'est ensuite injecté une dose de morphine et d'épinéphrine contenu dans le kit de secours de son gilet. Le problème est que, chaque fois qu'il perd connaissance, le pansement se relâche et l'hémorragie redouble.

Crawley inspire plusieurs fois pour réguler son rythme cardiaque. Il sait qu'il ne doit pas laisser sa tension chuter sous la limite. Son oreillette grésille. À l'autre bout, la voix de plus en plus claire du shérif d'Aspen lui annonce que Will a récupéré son texto avec les coordonnées GPS de sa position et que les renforts ont décollé de Grand Junction. Grésillements ou pas, Grant lui parle sans cesse pour le soutenir. Crawley se rattache à ça. À Kirsten Searl et à Mila Banks aussi.

Crawley flotte de plus en plus à mesure que le sang s'échappe de sa main repliée sur son cou. Il se demande pourquoi il lutte, sinon pour vivre encore quelques mois et pouvoir crever tout à loisir avant l'été sur un lit d'hôpital, terrassé par le cancer qui le ronge. Il sourit en repensant qu'à l'heure qu'il est, s'il s'était arrêté quelques secondes plus tôt sur le parking du *Grizzly*, il serait en train de déguster une tequila avec Norma au grand comptoir *all inclusive* d'un bar du paradis. C'est comme cela qu'il a toujours envisagé l'éternité : un immense complexe hôtelier au bord d'une plage de sable blanc et d'une mer turquoise, un éternel crépuscule au ras des flots, un ciel de gouache rouge, et la tiédeur des alizés sur le front. OK, mais d'abord et avant tout, un bar toujours fourni de ces alcools post mortem qui ne vous collent aucune gueule de bois. Ça et plusieurs restaurants sur le front de mer avec des spécialités et des animations différentes, un corps à jamais léger et un esprit serein, un transat et un chapeau de paille. Et surtout sa Norma, son sourire, sa présence à jamais.

Crawley sursaute et rouvre les yeux. Durant quelques secondes, se tenant dans l'eau turquoise jusqu'aux chevilles avec la main de Norma dans la sienne, il a presque senti le souffle des alizés sur son visage, le sable mouillé sous ses pieds, le goût de la tequila sur ses lèvres, et celui, plus salé encore, des baisers de la seule femme qui ait jamais compté dans sa vie. Il s'apprête à refermer les yeux avec délice lorsque les halogènes se rallument d'un seul coup, inondant à nouveau la galerie de leur lueur meurtrière. Des voix au loin. Les claquements de plusieurs semelles. Bientôt, grises comme des anges dans la lumière aveuglante, des silhouettes se profilent. Crawley trouve la force de sourire. Les hommes du SWAT de la police de Denver, lourdement armés. Derrière viennent les sections d'assaut du FBI casquées et cagoulées, ainsi que quatre agents en costume et gilet pare-balles.

Les robots du SWAT le dépassent sans un regard avant de poursuivre vers les profondeurs. Ceux du FBI l'encadrent, un genou à terre, en braquant leur pistolet-mitrailleur dans toutes les directions. Les secours, enfin, sous la forme d'une infirmière et d'un médecin urgentiste, qui le stabilisent, le perfusent, le rassurent, l'empêchent de rejoindre Norma.

Les agents en costume se sont arrêtés dans l'embrasure de la cellule où gît le cadavre de Taylor Bancroft. Les yeux vissés sur leur iPad, ils suivent en direct les images que renvoient les caméras fixées sur les casques des unités en mouvement. Le son aussi, un mélange né du sifflement des viseurs thermiques et des respirations. Si la technologie permettait de transmettre aussi les odeurs, ça puerait la sueur et la testostérone.

Crawley a un pauvre sourire en prenant une nouvelle injection de morphine dans les veines. Il regarde les médecins s'affairer sur lui. Nouveau coup d'œil aux agents. Là où il est, il distingue clairement l'écran rétina de l'un d'eux qui retransmet le flux d'images en provenance des profondeurs. Les murs, le sol, les flaques de sang séché, les insectes charognards qui y grouillent. Les unités de choc ont repéré une pièce dérobée derrière un renfoncement. Sans doute un ancien abri aménagé pour les mineurs en cas d'éboulement.

La pièce est vaste et réfrigérée, comme en atteste la brume des respirations qui s'élève à présent dans le champ des caméras. Au centre, une table de découpe et une flopée d'instruments rutilants. Crawley déglutit péniblement. Aux murs, dans le halo des torches frontales qui saute de l'un à l'autre, il distingue trois cadavres cloués en croix à un mètre de hauteur. Un homme et deux femmes correspondant aux personnes qui ont disparu ces dernières semaines dans les environs de Bender. S'il se souvient bien, l'une d'elles, Gladys Conroy, était enceinte. Sur l'écran, une brute du SWAT approche sa main d'un bocal remplit de sang. Quelque chose de plus sombre flotte en suspension.

Au même moment, les équipes qui ont poursuivi leur fouille à travers les galeries annoncent à la radio qu'elles ont trouvé une issue vers la surface et que le tueur s'est sûrement échappé par là.

PARTIE 3

32

— Je reprends ici les travaux du neurochirurgien François Cohadon [1], professeur émérite à l'université de Bordeaux, dans ses recherches sur le coma. De cet état si particulier qu'il définit non comme un symptôme consécutif à d'autres états mais comme un état pathologique en lui-même, il dit la chose suivante.

Searl desserre sa cravate et boit une gorgée d'eau. Les climatiseurs de la salle d'audience du tribunal ont beau être réglés à fond, la chaleur étouffante qui s'est abattue depuis plusieurs jours sur Los Angeles parvient à percer les vitres.

— « Le coma est une perte durable de la conscience, et, comme tel, il constitue un symptôme majeur de différentes affections qui ont en commun de toucher gravement le cerveau et de menacer la vie. Comme la douleur est autre chose que les désordres qu'elle révèle, le coma ne se confond pas avec les atteintes cérébrales dont il est le signe. Le coma a son existence morbide distincte, ses significations particulières, son mystère propre. Il déploie une souffrance

1. *Sortir du coma*, François Cohadon, éditions Odile Jacob, 2000.

spécifique et réclame une prise en charge spécifique. Le coma s'installe en général brusquement et persiste de quelques heures à deux ou trois semaines. À ce stade, une prise en charge lourde et très technique est nécessaire pour pallier les désorganisations de toutes les fonctions du corps, pour traiter, ou au moins prévenir, l'aggravation des pathologies en cause. Cette période initiale est celle du danger vital immédiat, le coma menaçant toujours d'aller plus loin, de se "dépasser" comme on dit, et de finir dans la mort. Après le coma vient le temps de l'éveil et du retour, qui est l'envers du coma, comme la remontée est l'envers d'une plongée profonde. Tout l'édifice ébranlé de l'organisme reprend corps et, à partir de ce corps, la conscience se fait jour à nouveau. »

Searl s'interrompt pour avaler une nouvelle gorgée d'eau. À ses côtés, Bruce Levin, son avocat, est vêtu d'un costume de coton gris. Ses cheveux de la même teinte sont à jamais aplatis par le chapeau Trilby qu'il arbore en permanence. Sur l'autre table face au juge, six avocats défendant les intérêts supérieurs du gouvernement, en l'occurrence du ministère de la Justice. Minces et bronzés, ils portent des costumes de soie taillés sur mesure. Des loups habillés à même le pelage par de grands couturiers. Ils ne perdent jamais Searl des yeux, comme s'ils guettaient le moindre signe de faiblesse pour attaquer. L'audience se tenant à huis clos et au milieu de la nuit, le reste de la salle est vide. Searl repose son verre. Il est tenté de desserrer encore sa cravate. Il s'efforce de concentrer son attention sur ses notes.

— « L'éveil peut se jouer en quelques heures, mais aussi venir par longs paliers sans progrès, sur plusieurs mois. Le patient réveillé est loin d'être retrouvé, un temps d'inventaire et de rééducation étant nécessaire pour tous les rouages du corps et de l'esprit immobilisés dans le coma et peut-être en partie détruits. Après vient un temps de réadaptation parce qu'il faut faire avec ce qui reste, et un temps de réinsertion parce qu'il faut réhabiter, d'une façon ou d'une autre, comme on peut, parmi les hommes. Durant cette remontée, de l'éveil à la réinsertion, la prise en charge évolue. Le patient doit d'abord devenir le sujet retrouvé de sa propre histoire. Plusieurs équipes successives se relaient pour faire émerger ce sujet et protéger son retour. Malgré cela, quelques patients ne reviennent jamais. Ils survivent dans des sortes de limbes. On parle de "non-retour", d'un état "végétatif". Pour un temps indéfini, ils survivent suspendus aux soins, entre le rejet, la détresse et l'acceptation de leurs proches, de nous tous. La prise en charge des états végétatifs épuise les énergies, détruit les familles, et encore elle défie la raison et défie l'éthique. »

À nouveau cette soif dévorante, comme si Searl était toujours en train de courir au milieu de la Vallée de la Mort. À ses côtés, Levin griffonne quelques lignes sur un bloc. Les avocats du FBI piaffent d'impatience en attendant l'heure de monter à l'assaut. De là où il est, Searl a l'impression d'être un plongeur assistant au regroupement d'une meute de requins juste avant la curée.

— Docteur, pouvez-vous, en mots audibles par le commun des mortels, nous exposer le cas de votre patiente depuis que vous avez eu à la prendre en charge, ainsi que l'état dans lequel elle se trouve aujourd'hui ?

Searl lève les yeux vers la vénérable juge Randy Selma Sanchez. Une femme petite et maigre d'une soixantaine d'années, au regard de jais et à l'accent hispanique prononcé. Les avocats du FBI ont fait grise mine en apprenant que c'était elle qui remplaçait au débotté l'honorable juge Mark Elias Donahue retenu au lit par une grippe. Elle s'est enfermée dans son bureau avec ses assistants et a appris le dossier par cœur en moins de quarante-huit heures. Elle sait que les avocats du FBI vont tout faire pour invoquer son manque de préparation. Mais, en bientôt trente ans de carrière, personne n'a jamais pu prendre la juge Randy Selma Sanchez en défaut. Sonné par la chaleur et le chagrin, Searl cherche ses mots.

— Docteur, avez-vous besoin de faire une pause ?

— Merci, Votre Honneur. Ça va aller.

— Nous vous écoutons.

— Mlle Mila Banks a été admise au Good Samaritan Hospital il y a un mois jour pour jour, à la suite d'un carambolage particulièrement violent sur la 89 au sud de Fresno. Six poids lourds, deux camping-cars et onze voitures qui s'étaient télescopés au milieu d'une nappe de brouillard matinal. Parmi les véhicules accidentés, celui de Mila Banks, une Jeep modèle Cherokee.

— Objection, Votre Honneur ! Il ne s'agissait pas du Cherokee de Mlle Banks mais de celui d'Edward Crawley, shérif de Benton, Colorado. Le Dr Searl le sait parfaitement.

La juge tourne lentement la tête vers l'avocat du FBI qui a bondi de sa chaise. Il est aussi maigre que son visage est osseux, et son costume Prada flotte autour de lui comme le feraient les guenilles de luxe d'un épouvantail.

— Je connais le dossier au moins autant que votre réputation, maître Jenkins. Lorsqu'il dit « celui de Mila Banks », le Dr Searl se replace dans le contexte dit de « certitude *ab initio* » : à ce moment du passé qu'il évoque, il ne sait pas autre chose que les faits vérifiables qu'il est en train de nous rappeler. Si vous avez le moindre doute sur ce point, sachez que j'anime des cours du soir à UCLA pour les étudiants déboussolés par leur charge de travail.

Aucune réaction dans la salle. Personne ne rit jamais lors d'une audience présidée par le juge Sanchez.

— Poursuivez, docteur.

— Une fois la patiente admise au Good Sam, les urgentistes ont constaté ses nombreuses blessures, entre autres un trauma crânien avec épanchement méningé ayant provoqué la survenue rapide d'un coma de stade 3. À ce stade, la victime ne réagit plus aux stimuli douloureux, ses réflexes sont abolis et son état nécessite une assistance respiratoire. Dans les heures qui ont suivi les premières interventions, la victime a ensuite sombré en coma dépassé avec arrêt de toutes les fonctions vitales au profit des machines d'assistance, endormissement profond dont elle est revenue quatre jours plus tard pour réintégrer le stade 3 dit « carus ». Lundi dernier, nous avons constaté une nouvelle amélioration avec stabilisation progressive des troubles neuro-végétatifs. Depuis trois jours, les autres stades d'éveil habituels ont commencé avec remontée et stabilisation au stade 2, réapparition des réflexes de base, puis ouverture des yeux et réponses aux sollicitations primaires. À l'heure actuelle, la victime ne parvient toujours pas à répondre à des questions simples, mais elle les entend et semble amorcer une compréhension des termes employés, ce qui est très bon signe. Elle a par contre toujours besoin d'une sollicitation visuelle comme un stylo lumineux pour bouger les yeux.

Searl a débité cet exposé d'une traite. Ce faisant il ment délibérément à la cour. Mila est réveillée depuis déjà une semaine et, même si elle est encore très affaiblie, elle récupère à une vitesse prodigieuse. Searl soutient le regard de la juge. Ne rien laisser transparaître. Sa seule chance de retrouver Kirsten avant que le FBI n'obtienne le jugement qui leur permettra de récupérer Mila pour l'interroger en tant que témoin capital, au mépris de son état. Il leur suffira pour cela de dépayser l'affaire et de saisir un autre juge plus conciliant. Une simple question de temps. Searl sait qu'il risque la radiation pure et simple assortie de plusieurs années de prison en mentant ainsi à la cour, et, pourtant, il se sent mieux. Son domaine, son expertise. Même s'il trouve cet exercice toujours frustrant car, étant lui-même un ex-endormi, il n'a jamais su trouver les mots pour décrire aux éveillés ce que revenir du coma signifie vraiment : le néant, la sensation de froid et de solitude absolu, celle de disparaître dans les profondeurs d'un lac rempli d'encre. Cette perception lointaine, irréelle, inconsciente, que vous conservez des sons et des corps qui vous entourent, à jamais à l'extérieur, et vous à l'intérieur, comme coulé dans du béton épais. Et, surtout, la peur, la terreur absolue, ce hurlement silencieux que vous poussez sans cesse en vous enfonçant dans ce gouffre que devient l'esprit lorsqu'il a éclaté. Searl grimace en avalant une nouvelle gorgée d'eau. Le froid, partout. Et l'abominable silence de la mort.

La juge complète ses notes. Sans lever les yeux, elle demande :

— Les admissions ont déclaré que la victime n'avait aucun papier sur elle, pas de carte d'identité ni d'assurance.

— C'est exact.

— Le dossier précise aussi que Mlle Banks souffre d'adermatoglyphie. Pouvez-vous nous éclairer sur ce point ?

— L'adermatoglyphie est une affection génétique particulièrement rare qui se manifeste par une altération d'un gène dont la fonction régit l'apparition *in utero* des empreintes digitales. La conséquence immédiate de l'adermatoglyphie est donc une absence totale de ces empreintes chez le sujet qui en est atteint, la pulpe des doigts étant entièrement lisse.

— Comment savez-vous dans ce cas que la victime s'appelle Mila Banks ?

— Objection, Votre Honneur ! Il ne ressort pas de la compétence de mon client d'avoir à se prononcer sur ce point.

— Objection retenue, maître Levin. Néanmoins, vous comprendrez aisément que les particularités de ce dossier m'obligent à maintenir cette question, tout en précisant ici que le Dr Searl n'est pas tenu d'y répondre et qu'il peut à tout moment invoquer le secret médical, charge alors à la partie adverse de remplir les blancs.

Searl regarde son avocat se rasseoir. Levin parle peu mais toujours juste, et pour moins de cinq cents dollars de l'heure. Il tourne fugitivement les yeux vers les avocats du FBI dont les mines viennent de s'assombrir à l'évocation de ce foutu secret médical.

— Docteur ? Désirez-vous répondre ?

— Mila Banks était détenue en même temps que ma plus jeune fille par un tueur qui les retenait prisonnières dans les montagnes du Colorado. J'avais lu son nom sur un avis de recherche dans le bureau du shérif de Bender. Elle venait d'être enlevée. Elle a réussi à s'échapper avec Kirsten. Quand on l'a transportée à l'hôpital, elle portait un médaillon en étain avec son prénom gravé dessus.

La juge Sanchez se tourne vers un homme chauve en costume sombre Armani qui se tient assis à deux rangées derrière la ligne des avocats du FBI.

— Monsieur le directeur adjoint Cyrus ? Vous travaillez pour la direction des affaires criminelles du FBI dont vous dirigez le département des incidents critiques.

— C'est bien cela, Votre Honneur.

— Pourquoi les incidents critiques ?

— Je ne comprends pas le sens de votre question.

— Je vais donc essayer d'être plus précise. Une fillette est enlevée par un tueur, elle parvient à s'enfuir avec une autre victime kidnappée, on retrouve cette autre victime au milieu des blessés dans un carambolage au nord de la Californie. C'est là certes un incident grave, voire tragique, mais en quoi au juste est-il critique ?

— Il est critique car ce tueur est particulièrement violent et dangereux, et que Mila Banks est, avec la jeune Kirsten Searl, la seule rescapée susceptible de nous fournir un signalement complet de cet individu.

— Saviez-vous que la victime souffrait d'adermatoglyphie ?

— Nous l'avons découvert en même temps que les admissions.

— Comment savez-vous alors qu'elle s'appelle Mila Banks puisqu'elle n'avait aucun papier sur elle ?

Le directeur adjoint Cyrus consulte ses notes.

— Nous l'avons admis lorsqu'elle avait disparu une première fois et fait l'objet de l'avis de recherche dont parle le Dr Searl. Mila Banks et son amie Taylor Bancroft avaient disparu sur la 34 près de Specimen Mountain. On le sait car, quelques heures avant d'être enlevées, elles apparaissent sur un enregistrement vidéo d'une station-service où elles achètent de la bière et de la nourriture. Pour répondre plus précisément à votre question, juste avant de mourir, Taylor Bancroft a réussi à passer un appel sur son portable qui a été enregistré par la boîte vocale de sa mère. Elle cite le nom de Mila Banks comme étant celui de son amie, détenue comme elle dans les mines de Tindell.

— Taylor Bancroft est bien la dernière victime connue du tueur ?

— Oui, Votre Honneur. Elle a été retrouvée morte dans sa cellule, massacrée de soixante coups de couteau.

— D'où venaient-elles ?

— Taylor Bancroft était serveuse dans un relais routier au sud de Bozeman dans le Montana. Ses parents sont divorcés. Monsieur habite Chicago. Madame vit dans les environs de Los Angeles. C'est là que les deux kidnappées se rendaient. On sait par des témoignages des collègues de Taylor Bancroft que celle-ci avait fait la connaissance de Mila Banks quelques heures avant leur départ.

— On sait d'où Mila Banks venait avant cela ?

— Non, mais ce n'est pas étonnant : ceux qui font la route aiment dire où ils vont, rarement d'où ils viennent.

Un silence. Le juge tourne les pages du dossier. Les avocats du FBI sont sur la défensive. Sans lever la tête, elle souffle dans son micro.

— Directeur Cyrus. La rumeur prétend que le FBI disposerait d'une unité parallèle appelée le SK. Des agents spécialement formés pour traquer les tueurs en série à travers le pays et parfois même à l'étranger. D'après plusieurs enquêtes menées par des journalistes, ces agents opéreraient seuls, au cours de missions qui peuvent durer plusieurs mois, remontant sur le terrain la piste de leurs proies avec des méthodes pour le moins douteuses. Cette même rumeur prétend en outre que le SK garderait des tueurs en série en détention dans plusieurs centres secrets de haute sécurité, et que le tueur dont nous parlons se serait échappé d'un de ces complexes situés dans le Dakota du Nord. Vous comprenez ce que cela signifierait si ces informations se révélaient un jour exactes ?

— Objection, Votre Honneur ! Le sous-directeur Cyrus n'est habilité à répondre qu'aux questions concernant son propre service. J'ajoute pour ma part que cette unité SK n'est qu'un fantasme de journalistes.

La juge Sanchez relève la tête. Elle plante son regard noir dans les yeux de l'avocat principal du FBI.

— Je prends note de votre objection, maître Jenkins. Je préfère néanmoins être très claire : si jamais je me rends compte que vous ou vos clients m'avez menti au sujet de l'existence de cette unité fantôme et de ses centres secrets, je n'hésiterai pas à poursuivre vos chefs pour obstruction à la justice et atteinte à la sûreté fédérale.

— C'est bien noté, Votre Honneur.

La juge se tourne à nouveau vers Searl.

— Docteur, à votre avis, qu'est devenue votre fille ?

— Nous savons qu'elle est parvenue à s'enfuir avec Mila Banks. Lorsque les secours ont découvert le 4×4 du shérif Crawley sur les lieux du carambolage, la police a fouillé activement les environs à la recherche de Kirsten au cas où elle aurait été éjectée. On n'a pas retrouvé la moindre trace d'elle, ni de son sang ou de ses vêtements dans l'habitacle.

Searl se souvient de la voix de Kirsten sur les enregistrements. Ses yeux le brûlent. La juge dévisage à nouveau l'armée des avocats du FBI.

— Si j'ai bien saisi le sens de votre requête, c'est ce point de l'implication personnelle du Dr Searl qui pose problème au gouvernement.

— Tout à fait, Votre Honneur. Nous craignons en effet que son jugement, et éventuellement ses gestes médicaux, soient viciés par la disparition de sa fille et son obsession légitime de la retrouver.

— Le Dr Searl est un spécialiste reconnu de l'état dans lequel se trouve la victime. Je ne vois pour le moment aucune raison objective de confier un tel cas à un autre médecin qui serait forcément moins compétent en la matière. Pourquoi d'ailleurs semblez-vous si empressé de la récupérer et que comptez-vous en faire ?

— Ça me semble évident, Votre Honneur. Mila Banks est un témoin capital que nous devons interroger dans les meilleurs délais et les meilleures conditions. Nous disposons d'un hôpital sur la base militaire de Quantico où nous soignons nos témoins protégés et nos suspects les plus dangereux. C'est là que nous exigeons son transfert sans délai.

— Si je vous suis bien, votre demande vise à obtenir le placement sans son consentement d'une victime comateuse dans un hôpital au beau milieu de la plus grande base militaire des États-Unis. C'est bien ça ?

— Elle y sera à l'abri et en sécurité.

— Comme les détenus de Guantanamo Bay ?

Les avocats du FBI tiquent mais ne répondent pas. La juge s'adresse de nouveau à Searl.

— Docteur, la question suivante est très simple et exclusivement d'ordre médical. Estimez-vous que l'état actuel de votre patiente est compatible avec un transfert vers un autre hôpital ?

— Pas pour le moment. Toute modification aussi infime soit-elle de son environnement pourrait la replonger dans une léthargie dont elle risquerait de ne jamais émerger. Outre l'amnésie qui le frappe, il arrive qu'un patient récemment sorti du coma déclenche des phases psychotiques avec des accès de violence pour lui ou ses proches. Dans les premières semaines, ils peuvent ainsi confondre la réalité et leurs souvenirs. Ils peuvent aussi s'inventer d'autres vies. Ils ne le font pas exprès : c'est leur mémoire qui ne répond plus. Mila Banks est donc actuellement la dernière personne au monde à pouvoir supporter un feu roulant de questions sur une enquête en cours.

— Pouvez-vous estimer le temps nécessaire pour qu'elle soit en mesure de le faire ?

— Tout repose sur le concept de mémoire éclatée. Un patient ne saura se reconstruire que s'il parvient à reconstituer les différentes parties qui composent sa personnalité profonde. Certains ne savent plus lire, écrire, compter ou parler. Leur mémoire est comparable à un miroir brisé : chaque éclat de ce miroir contient un souvenir, une sensation, une certitude de ce que vous êtes, et chacun de ces éclats renvoie aussi une vision déformée et ébréchée de cette réalité que le patient doit affronter à son réveil. Il faut d'abord reconstituer ce miroir en aidant le patient à se souvenir pour se réapproprier son histoire. Pour cela, j'utilise une méthode à base d'odeurs et de sons primordiaux qui aident la victime à entrer en contact avec son inconscient et sa mémoire, jusqu'au moment de l'accident, afin précisément que le cerveau digère le trauma et l'intègre non comme une fin mais comme un nouveau commencement, un simple souvenir olfactif et sensoriel parmi les milliers de milliards qui nous constituent depuis notre naissance. Ça peut prendre quelques jours, quelques semaines, quelques mois, ou toute une vie.

— Vous dites qu'il est possible que Mila Banks ne retrouve jamais la mémoire ?

— Oui.

La juge Sanchez note plusieurs lignes sur un bloc, puis elle ôte ses lunettes et ses yeux reviennent sur Searl.

— Docteur, pensez-vous que votre implication émotionnelle dans ce dossier pourrait présenter un risque pour le rétablissement de votre patiente ?

— Il ne s'agit pas de l'agresseur de ma fille mais de la personne qui a tenté de la sauver. Elle n'est de toute façon pas en état de répondre à mes questions.

— Vous comprenez que vous engagez ici votre responsabilité et que, si ma décision va dans votre sens, elle sera assortie d'une interdiction formelle pour vous d'aborder quelque point que ce soit du dossier avec votre patiente, sous peine de radiation et de poursuites pour entrave à la bonne marche de la justice ?

— Je le comprends, Votre Honneur.

— Votre Honneur ! Chaque jour, chaque heure qui passe constitue un risque supplémentaire de ne jamais retrouver le tueur ! Le gouvernement doit pouvoir interroger cette victime au plus vite, même sommairement.

— Sans attendre, le cas échéant, qu'elle soit en état de répondre à vos questions ? C'est un risque que la Constitution m'interdit de prendre. En conséquence, la cour statue en faveur du Good Samaritan Hospital et ordonne que le témoin Mila Banks soit maintenue dans le service du Dr Searl pour continuer à recevoir les soins que justifie son état. Nous fixons un premier délai de garde de deux semaines, période durant laquelle le Dr Searl et sa patiente demeureront sous la protection du FBI, au moins jusqu'à ce que le tueur soit appréhendé, avec interdiction pour eux de pénétrer dans le service des endormis. Durant cette même période, toute amélioration sensible de la patiente devra être immédiatement signalée à la cour, de même que devra être signalé tout état lui permettant de répondre aux questions légitimes du FBI.

33

Quatre heures du matin. Gyrophares de pare-chocs allumés, le GMC Yukon du FBI remonte les rues désertes de Los Angeles en direction du Good Sam. Deux agents à l'avant. Celui qui conduit s'appelle Barnes. Il est maigre, musclé, attentif à tout. L'homme à côté de lui s'appelle Clifford. Un balafré à gueule de loup qui scrute la rue à travers les vitres fumées. Il tient un pistolet-mitrailleur H&K sous son manteau, prêt à le dégainer à la moindre menace. Assis à l'arrière à côté de l'agent spécial Alonso Garraty, Searl a posé son front contre la vitre. À l'extérieur, l'air est brûlant. Le Yukon remonte Wilshire Boulevard. Au-delà des arcs électriques de la ville, la nuit commence à blanchir. Searl crève d'envie d'une cigarette. À ses côtés, Garraty allume un joint dont il souffle la fumée par la vitre entrouverte. Depuis qu'ils ont quitté le tribunal, l'agent fredonne un air d'opéra.

— C'était bien joué, docteur.

— Quoi donc ?

— Votre petit topo sur le coma à cette juge communiste. Tout ceci diminuant fortement nos chances de retrouver votre fille vivante. Mais j'imagine que vous le savez.

Searl se force à ne pas répondre. Il tourne les yeux vers le pare-brise. La silhouette rassurante du Good Sam se profile au loin. Le regard de l'agent Garraty se perd sur le lacis d'autoroutes qui survolent les rues de L.A.

— Vous faites partie des unités SK, n'est-ce pas ? C'est quoi au juste ? Une espèce d'escadron de la mort ?

— Vous n'imaginez pas ce qui se passe dehors pendant que vous dormez. Ce qui se passe de l'autre côté de vos portes et de vos volets fermés à double tour, dans les profondeurs obscures des villes.

— Vous parlez des tueurs en série ? J'ai lu des livres là-dessus.

— Ça ne suffit pas pour comprendre l'étendue du problème.

— Quel genre de problème ?

— Les États-Unis, doc. 318 millions d'habitants. 300 millions d'armes à feu. Nous sommes à ce point armés parce que nous avons d'excellentes raisons de l'être. Parce que, partout dans ce merveilleux pays dont le reste du monde ne connaît vaguement que les villes principales, les gratte-ciel de Manhattan et la Bourse, il existe des contrées sauvages et reculées, des villages perdus, des forêts maudites et des enclaves sans autre loi que celle de la nature. Les nuits dans ces lieux sont noires et pleines de terreur. C'est là que naissent les monstres que nous traquons. Des prédateurs parfaits, sans conscience ni regrets. Des fauves qui surgissent de la jungle un soir d'orage, égorgent quelques agneaux dans la lueur des éclairs, puis disparaissent à nouveau. Dans la hiérarchie des créatures légendaires, eux sont les vampires.

— Je ne comprends pas.

— L'humanité n'a pas inventé que Dieu, les démons ou les anges pour justifier ses propres crimes. Au fil du temps, il nous a fallu imaginer d'autres monstres afin de tenter d'apaiser les populations confrontées à des événements terrifiants. L'histoire fourmille de meurtres si atroces que la conscience populaire a tenté d'y apporter des explications surnaturelles afin de ne pas avoir à en affronter la réalité humaine. Combien d'ogres, de vampires, de loups-garous ou de bêtes du Gévaudan avons-nous rendus responsables au Moyen Âge du massacre de familles entières, de femmes, d'enfants, de bergères ou de voyageurs isolés ? Mais ces créatures n'ont jamais existé ailleurs que dans notre imagination. Ce sont les tueurs en série qui étaient déjà à l'œuvre à travers les âges. Et ils sont toujours plus nombreux.

À mesure que l'aube approche, la circulation est de plus en plus dense. Garraty jette son joint qui atterrit sur le trottoir. Le 4×4 s'engage sur Wimer, se gare souplement quelques mètres plus loin devant l'entrée principale de l'hôpital. Searl s'efforce de regarder droit devant lui.

— Tout ça pour en venir où ?

— Au fait que nous sommes la seule ligne de défense entre l'humanité et les bêtes sauvages qu'elle engendre dans les lieux sombres. Des tigres qui ressemblent à des agneaux. Cette fascinante pulsion, strictement animale. Cet arc électrique dans les profondeurs du cerveau. Est-ce qu'on peut prévoir quand ça va commencer ? Comment et pourquoi ça se déclenche ? Au début, c'est comme un cancer chez une personne qui ne sait pas qu'elle l'abrite. Le jus noir des tumeurs. Ça se développe lentement. D'abord de la fatigue, des vertiges, une angoisse diffuse. Et vos futures victimes qui attirent de plus en plus votre attention dans la rue à mesure que vous vous transformez.

— C'est de la merde nazie, votre discours, Garraty. Du flan sécuritaire pour endormir les consciences. Vous prétendez faire de la détection de crime avant même que ce crime n'ait eu lieu. Les droits de l'Homme et notre Constitution ont été rédigés pour interdire ce genre de dérive.

Searl descend du 4×4. La chaleur lui tombe dessus à mesure qu'il quitte l'habitacle climatisé. Il referme la portière en se penchant vers Garraty.

— Pourquoi me racontez-vous tout ça ? Je pourrais tout aussi bien balancer ces informations au juge ou à la presse.

— Je ne me fais aucune inquiétude à ce sujet, doc. À présent que vous êtes entré dans la cage aux fauves, vous ne survivrez pas assez longtemps pour espérer le raconter à qui que ce soit.

34

Cinq heures du matin. Searl se tient devant le caisson 12 de la salle des endormis de stade 3. Il a posé ses mains sur la vitre blindée qui le sépare de Rebecca. Elle est étendue à quelques mètres de lui sur un lit entouré de machines d'assistance. À chaque fois qu'on tente de la stimuler, son cerveau décroche. Son cœur aussi. Comme si elle luttait contre la machine qui la maintient en vie.

Searl actionne la commande d'ouverture du sas. Les portes vitrées se referment derrière lui dans un souffle. Avant de venir, il est allé tenir la main de Megan et de Marty qui occupent les deux caissons voisins, plongés dans la pénombre. Comme programme de rééducation en sommeil, le cerveau de Marty a « choisi » des visions olfactives axées sur le surf. Hawaï, son sable blanc, ses rouleaux. Megan a « sélectionné » un programme de ski hors piste dans les montagnes du Colorado. De la neige, du froid, un maximum de sensations fortes. Ici, dans le caisson de Rebecca, les diffuseurs olfactifs secrètent des odeurs de mer, de sel et de vent. Son cerveau a été tellement abîmé par les drogues qu'elle n'a pu retenir que la vision d'une digue face à l'océan où elle contemple le large. Elle ne bouge pas de cet endroit, et, chaque fois que l'équipe tente de modifier la stimulation pour la faire évoluer dans le sens de l'éveil, ses tracés cérébraux s'emballent, signe qu'elle ne parvient pas à remonter à la surface.

Searl s'est assis au bord de son lit où il dispose son matériel olfactif et son ordinateur. Il prend la main glacée de Rebecca dans la sienne. Elle est d'une pâleur de cire. Elle maigrit. Searl cherche ses mots. Il devrait se contenter de raviver ses souvenirs comme n'importe quel membre de l'entourage d'un patient, mais il n'y croit plus. Il sait aussi qu'il doit agir au plus vite s'il veut avoir une chance de la ramener des profondeurs de son coma. Il a compris à quel souvenir correspond cette digue où elle se tient debout face au large. Un programme du dossier « Nous » qu'il a baptisé « Maine ». Six mois plus tôt, ils étaient tombés éperdument amoureux de ce petit port de poupées au nord de Portland, sur la route de Bangor. Une embouchure entre deux avancées de collines recouvertes d'une épaisse forêt de pins d'un vert profond. S'échappant de ce village de pêcheurs, cette longue digue en béton, droite d'abord, puis obliquant selon un angle parfait avant de se perdre au large dans les rouleaux de brume. Tout au bout de la jetée, une balise surmontée d'un lumignon rouge, et une bouée marine équipée d'une cloche dont le son aigre leur parvenait au gré des vagues. Searl et Rebecca s'étaient promenés là durant des heures, au milieu des embruns, avec ce sentiment étrange de marcher sur la mer.

Searl enfile son casque de sommeil, puis place les canules olfactives dans ses narines et les écouteurs reliés à l'ordinateur au creux de ses oreilles. Il fait de même avec Rebecca avant de s'installer dans le fauteuil près du lit. Il laisse aller sa tête contre le dossier. Il a prévu une sécurité supplémentaire en adaptant à lui-même ce dispositif destiné aux comateux : si le dormeur veut se réveiller, il lui suffit de matérialiser ce désir dans son sommeil comme quelqu'un qui se débat en plein cauchemar, pour que l'ordinateur capte ces signaux et mette fin au programme. Searl s'efforce de respirer profondément. Il sait que si d'aventure ce dispositif ne fonctionne pas, il risque de rester coincé à jamais dans sa vision et de sombrer dans un coma sans retour. Il ferme les yeux tandis que les ondes thêta emplissent son casque. Il a encore conscience des odeurs qui flottent dans le caisson, puis celles de la canule olfactive prennent le relais à mesure que le programme le plonge dans le néant.

35

Au bout du néant, à la fin de cette nuit froide et d'un noir absolu dont les quelques secondes ressemblent à une éternité, Searl a l'impression qu'une lumière grise apparaît derrière la membrane de ses paupières. L'univers se rematérialise autour de lui. Le contact du béton sous ses pieds. Le sel, le vent, les embruns. Une odeur de goémon, de vase et de pin. Des mouettes au-dessus, immobiles et criardes, comme flottant dans les courants aériens. Searl attend que le programme se déploie et que les odeurs et les sons pénètrent les profondeurs de son cerveau. Il ouvre les yeux. La plage de galets. Les maisons de pêcheurs adossées à la côte. À l'entrée de la jetée, une cabine téléphonique à la coque criblée de sel et de rouille. Searl avance sur la digue renforcée par de lourds blocs de granit destinés à briser les vagues. Comme toujours dans ce souvenir, il est vêtu d'une veste de chasse imperméable, d'un jean et d'une paire de baskets blanches. Il porte aussi des lunettes à verres miroirs, une casquette de base-ball et un keffieh enroulé autour du cou.

Au loin, estompée par la brume, il distingue la silhouette de Rebecca. Tournant le dos au village de pêcheurs, elle se tient près de la balise lumineuse d'où elle contemple l'horizon. Elle est vêtue d'un ciré rouge à capuche et s'abrite sous un large parapluie jaune. Searl n'est plus qu'à quelques mètres d'elle. Une pluie lourde et salée claque sur ses épaules et sa casquette. Il va l'appeler lorsqu'une bourrasque fouette son visage. L'océan se soulève sous la poussée du vent, et des vagues de plus en plus puissantes se fracassent sur la jetée. Comme si l'esprit de Rebecca projetait ses propres peurs dans la vision. Searl frisonne. Il ne détecte pas uniquement de la peur. De la colère aussi. Et puis le vent retombe d'un seul coup et la pluie redouble tandis qu'il s'immobilise à côté de Rebecca dont le visage et les cheveux sont pris dans l'ombre de sa capuche. Searl remarque que, dans ce qu'elle apporte à la vision commune, elle croit toujours être enceinte. Ensemble, ils contemplent l'océan déchaîné. Ils restent un long moment silencieux, et puis Rebecca renifle et dit :

— Tu n'étais pas là, Searl. Je n'ai rien pu faire pour arrêter ce monstre. Comment as-tu pu nous abandonner ?

— Je suis tellement désolé, Becka.

— Tu es désolé ?

La voix de Rebecca est devenue terreuse. Elle se tourne vers Searl. Ses mains gantées remontent vers sa capuche.

— Tu veux vraiment que je te donne une excellente raison d'être désolé, Searl ?

Les yeux de Rebecca luisent dans l'ombre de la capuche. Searl n'a jamais ressenti une telle noirceur en elle. À mesure que ses mains se rapprochent, il se rend compte que, tout au fond de son coma, sa compagne est toujours persuadée qu'elle a été défigurée par le tueur. L'horreur s'empare de lui à l'idée d'apercevoir ce que son cerveau traumatisé a reconstruit de son propre aspect sur la base de cette certitude. Rebecca sourit sous sa capuche qu'elle fait glisser de quelques centimètres en arrière. Un visage raviné, gercé de rides et de boursouflures, comme poignardé avec un tesson de bouteille. Ses lèvres aussi, et ce qui reste de son nez.

— Je te ferai la même chose la prochaine fois que tu déboules dans un de mes souvenirs, Searl. Je ne te laisserai jamais te réveiller et nous resterons ensemble éternellement.

Rebecca a dit ça d'une voix chargée de haine. À l'autre bout de la digue, la cabine téléphonique s'est mise à sonner et le son strident se mêle aux bourrasques. La capuche glisse encore. Searl recule en plaquant ses mains sur sa bouche. Il veut détourner son regard, mais il ne parvient à détacher ses yeux du visage ravagé qui émerge du vêtement. La pluie sur ses épaules. Le vent dans ses cheveux. Il ferme les yeux. Il sent son cœur accélérer follement. Comme s'il passait devant en s'évaporant, la sonnerie de la cabine téléphonique est de plus en plus forte à mesure qu'il retraverse le néant.

Searl sursaute dans son fauteuil. Il arrache sa canule olfactive d'un coup sec. Les dernières molécules synthétiques de sel et de goémon qu'il a aspirées en effectuant ce geste se volatilisent dans sa narine, effleurent son cerveau, l'éclaboussent de fragments d'images. Il gémit en fermant à nouveau les yeux. Il essuie le filet de sang qui a glissé de sa narine. La migraine galope, explose. Comme toujours quand la transition est trop brutale, sa tension intracrânienne grimpe en flèche. Il se masse les tempes en essayant de chasser les dernières impressions qu'il a rapportées de sa vision. Il est encore transi à cause du vent glacé, et, quand il touche la peau de ses bras, celle-ci est froide et colorée. L'extrémité de son nez aussi, ainsi que ses oreilles. Un effet induit de ses programmes qui l'a toujours fasciné : la transe olfactive est tellement puissante que le corps assoupi y participe en même temps que l'esprit.

Searl grelotte malgré la chaleur qui règne dans le caisson. Il s'injecte une dose de bétabloquant pour neutraliser la migraine. Il regarde Rebecca allongée sur son lit. Ses signaux cérébraux se sont emballés en fin de vision. Ils sont de plus en plus faibles à présent. Searl se penche, embrasse le front de sa compagne. Il lui murmure qu'il l'aime. Ce faisant, il comprend que c'est encore Rachel qui lui manque.

36

Onze heures du matin. Route 89. Parc national de Monument Valley. Searl respire les odeurs synthétiques du 4×4 Lexus qu'il a loué à Flagstaff. Quelques minutes après avoir quitté le caisson de Rebecca, il avait reçu un SMS sur un téléphone jetable. Le message contenait des coordonnées qu'il avait enregistrées sur son GPS. Depuis, il roule à travers les terres vibrant de chaleur qui encerclent les mesas et les montagnes plates de ce paysage de Far West.

Juste avant la frontière de cette partie de la réserve Navajo, il double une voiture de la police du comté de Coconino rangée sur le bas-côté. Un volumineux Dodge Charger noir équipé d'un pare-buffle et d'un V8 de 340 CV. Appuyé contre le capot poussiéreux, un flic en sueur crache un filet de chique en le regardant passer. Les doigts de Searl se crispent sur le volant. Ni trop vite, ni trop lentement. Il scrute son rétroviseur. Le flic le regarde toujours. Il ne se redresse pas, ne décroche pas sa radio. Sa silhouette s'estompe avec les formes de sa voiture dans les voiles de poussière soulevés par le vent. Le regard de Searl revient sur la route. Arrachés au désert, des ballots d'armoise et de brome la traversent en rebondissant sur l'asphalte. Il les évite d'un coup de volant. Son regard revient sur le rétro. Aucune lueur bleutée au loin. Aucune sirène. Le flic et sa voiture ne sont plus qu'un souvenir.

À moins qu'il n'ait précisément reçu l'instruction de te laisser passer.

Les mains de Searl se contractent à nouveau sur le volant. Depuis quelques semaines, la voix de Kirsten lui sert de conscience, d'avertisseur de danger, de compagnie. Plus un chuchotement qu'une voix. Il passe sa langue sur ses lèvres craquelées. Sur l'écran du GPS, la destination n'est plus qu'à cinquante kilomètres. Il accélère, frôle les avancées de sable qui mordent la route. Il approche de l'embranchement de Betty Road. Un 4×4 Chevrolet noir aux vitres fumées vient de s'immobiliser au stop.

Ce sont eux, papa.

Searl s'efforce de ne pas accélérer. Le croisement est tout proche. Un panneau « Interdit aux camions commerciaux » à l'entrée de la route de droite. Un autre panneau, rouge et plus petit, qu'il ne parvient pas à lire. Il franchit l'intersection en trombe. Dans son rétroviseur, le 4×4 s'y engage à son tour, vire dans la direction opposée.

Searl passe sa main dans le flux d'air qui s'échappe de la clim. Il pense à Mila Banks. Jeune. Pas plus de 18 ou 20 ans d'après les radios de son squelette. Mince et très belle. Il grimace en repensant à son visage quand elle avait été amenée en urgence au Good Sam. C'étaient les blessures qui avaient demandé le plus de soin. Et puis, jour après jour tandis que le coma se poursuivait, les traits de Mila avaient commencé à se reconstituer. Les parties enflammées de son cerveau aussi. Ce cerveau qui, quelque part, contenait le souvenir de l'endroit où elle l'avait laissée Kirsten.

Searl a atteint le cœur de Monument Valley. Plus rien ne pousse à perte de vue, hormis quelques cactus et des arbres de Joshua décharnés par le vent. Une autre voiture de police est immobilisée sur bas-côté. Un 4×4 Chevrolet Tahoe vert et jaune aux armes de la police tribale Navajo. Deux hommes à l'avant. Celui qui se trouve derrière le volant adresse un signe de tête à Searl au moment où il engage sa berline sur la piste qui s'éloigne de la route. Ashkii et Ahiga, les deux frères aînés de Rachel. Depuis que Kirsten a disparu, les Navajos ont fouillé la Vallée de la Mort et les moindres recoins du désert des Mojaves. Ils ont aussi alerté les autres tribus de la réserve. Sans résultat.

Ballotté par les cahots de la piste, Searl observe distraitement le sommet des mesas. Bientôt, un gigantesque bloc de béton ocre se dessine à flanc de falaise. Ingénieusement imbriqué dans le paysage par un jeu de teintes qui accompagnent les variations de celles des roches alentour, le *View Hotel* est un bâtiment tout en longueur et sans autre prétention que celle d'offrir le plus beau panorama possible à ses clients. Searl se range sur le parking. Surplombant la route, la terrasse est déserte, hormis un client en panama et costume de lin installé à une table à l'écart. L'ayant rejoint, Searl considère les assiettes de porridge, de pancakes, d'œufs brouillés et de bacon disposées devant Crawley. En plus de son chapeau, le shérif porte des lunettes Lennon à verres bleus. Il n'a plus que la peau sur les os.

— Une serveuse m'a pris en pitié à cause de ma maigreur. Depuis, elle me persécute.

— Bien fait pour vous, Crawley. Comment allez-vous ?

— Aussi bien que possible. Depuis ma sortie de l'hôpital, j'ai pris ma retraite, soldé mes comptes, et j'ai ma petite valise de drogues en tout genre qui m'aide à tenir le coup.

— Vous en avez profité pour arrêter vos séances de chimio, n'est-ce pas ?

Crawley hausse les épaules. Searl allume une cigarette en contemplant le panorama. Il soupire :

— Cela fait trois semaines que vous recherchez ma fille et que vous m'envoyez des téléphones portables en plastique pour être sûr que nous ne serons pas espionnés. Vous ne pensez pas qu'il y aurait au moins un moyen de trouver des lieux de rendez-vous plus simples ?

— Je me méfie de tout, docteur. Vous devriez en faire autant. Vous êtes sûr de ne pas avoir été suivi ?

— J'ai pris les précautions habituelles et la police tribale Navajo boucle le périmètre. Personne ne peut approcher sans leur autorisation.

— Très pratique, votre belle-famille. Et pas du genre à plaisanter. S'ils retrouvent le tueur avant nous, un acte aussi simple que de crever va lui prendre des semaines.

— Si ces unités SK sont tellement secrètes et dangereuses, comment se fait-il qu'ils vous laissent enquêter sur eux ?

— Je paie tout en cash pour ne pas laisser de trace. J'ai aussi des faux papiers que j'ai achetés deux mille dollars à des individus peu recommandables. Pour le reste, je ne me déplace qu'en train et en car ou en achetant des voitures d'occasion. Je n'ai plus d'abonnement de portable, plus de couverture maladie. Pour eux, je n'existe pas. Et il ne faut surtout pas qu'ils se rendent compte qu'un shérif fraîchement retraité leur file le train.

Crawley écarte les assiettes et déplie une carte routière sur la table.

— Je suis d'abord passé par la casse où ce qui reste de ma Jeep est entreposé. Le GPS a morflé, mais j'ai pu reconstituer l'essentiel de l'itinéraire que Mila Banks a suivi après s'être enfuie avec Kirsten. On sait qu'elles ont quitté le Colorado par le sud, puis qu'elles sont passées par Durango avant d'obliquer vers l'ouest.

— Mon Dieu, elles sont donc passées tout près d'ici ?

— Elles ont pris la même route que vous. Elles se sont arrêtées une seule fois dans Monument Valley, à deux cents mètres du *View Hotel*. Je le sais grâce aux caméras de surveillance dont sont équipés les parkings sur cet itinéraire. La nuit de leur fuite, Mila a fait une pause ici, le temps de fumer une cigarette et de contempler l'aube. Kirsten dormait.

Le doigt de Crawley glisse sur la carte jusqu'à un autre point cerclé de rouge au nord de l'Arizona.

— On sait qu'elles sont ensuite passées par les rives du lac Powell et les berges du Grand Canyon. Là aussi j'ai retrouvé un enregistrement d'une caméra de surveillance sur un des parkings aménagés au bord de la 64, à quelques mètres du gouffre. Mila a garé la Jeep près d'un lampadaire. Elle enveloppe Kirsten dans une couverture et s'endort quelques heures à ses côtés. On les repère ensuite dans une station-service près de Flagstaff où elles font le plein et dévorent un hamburger. Leur repas a duré quinze minutes. Kirsten allait bien. Elle semblait effrayée et épuisée, mais Mila la couvrait d'attention et la faisait rire pour la distraire. On aurait dit une grande ado et sa petite sœur.

Une pause. Crawley grimace de douleur.

— Vous devriez vous reposer, shérif.

— Plus tard, doc. J'aurais bien le temps plus tard.

Crawley avale un comprimé pour le cœur, ferme les yeux, respire doucement. Il semble aller mieux mais sa voix est plus faible.

— Juste avant de repartir, Mila consulte l'heure, enfile la casquette et les lunettes noires qu'elle vient d'acheter à la station-service, demande à Kirsten de l'attendre, puis sort passer un coup de fil depuis une cabine publique. La communication dure sept minutes. Elle raccroche et elles se remettent en route. J'ai interrogé le relevé d'appel. La communication était à destination d'une autre cabine téléphonique située sur la rive ouest du Grand Lac Salé, en plein désert de l'Utah. Impossible donc de savoir à qui Mila a parlé ce jour-là, mais je suis persuadé que c'était pour fixer un rendez-vous.

Le doigt de Crawley se déplace à nouveau sur la carte.

— North Las Vegas. Enregistrement du parking du motel *Hood Square*. C'est le soir. Mila s'arrête dans cet établissement où l'on peut payer à l'heure et en liquide. Je pense que Kirsten n'en pouvait plus et qu'elle avait besoin de dormir dans un vrai lit. On sent que cette idée rebute Mila car elle se doute qu'elle est recherchée, mais elle doit se dire que les forces de l'ordre n'ont peut-être pas encore trouvé mon cadavre. Alors, toujours affublée de sa casquette sous laquelle elle a ramassé ses cheveux, elle va retenir une chambre pour la nuit. Là, après être allée chercher des pièces pour le compteur électrique individuel, et de quoi manger dans un fast-food, elle couche Kirsten, éteint la lumière et reste une partie de la nuit debout derrière le voilage à fumer en surveillant les environs.

À nouveau ce mouvement du doigt de Crawley vers l'ouest.

— Elles repartent avant l'aube, s'arrêtent devant une supérette isolée. Mila ressort avec des friandises et redémarre en direction de la Vallée de la Mort. Trois caméras de surveillance routière qui ont conservé une trace de leur passage. Sur la dernière,

Mila fume au volant. À ses côtés, Kirsten dort. On perd ensuite leur trace car les autres caméras sur cet itinéraire particulièrement dangereux étaient en maintenance.

La main de Crawley s'est immobilisée sur un dernier cercle tracé à l'encre bleue de l'autre côté des terres arides.

— Owens Lake. Ça m'a pris un temps fou pour retrouver cet enregistrement. Six heures plus tard, la Jeep réapparaît ici, sur une station-service près de la 195. Mila fait le plein. Elle porte ses lunettes et sa casquette. Kirsten n'est plus dans la voiture.

— Vous voulez dire qu'elle l'aurait abandonnée en plein désert ?

— Je n'en sais rien. Le dernier relevé GPS n'indique qu'un trajet direct entre Vegas et Owens, sans prendre en compte les arrêts quand ils ne sont pas programmés. Elle ne lui a fait aucun mal en tout cas. Si elle avait voulu le faire, elle en aurait eu cent fois l'occasion avant cela. Ce qui est frappant, c'est qu'elle se comporte comme une fugitive.

— Pourquoi une fugitive puisqu'elle aussi a été enlevée ?

— Je pense qu'elle était persuadée que le tueur s'en était sorti après m'avoir dégommé dans la mine, et qu'il était à leur poursuite. Outre le fait que je lui ai fait promettre de protéger Kirsten par tous les moyens, il se peut aussi qu'elle ait projeté l'image de votre fille sur Taylor Bancroft. C'est un état post-traumatique connu des forces de police : la victime prolonge artificiellement et inconsciemment la situation traumatique afin de ne pas sombrer dans la folie. C'est le syndrome du naufragé : jusque dans les années 60, quand on en repêchait un, on l'enveloppait dans des couvertures, on lui donnait à manger et on l'entourait de soins. On s'est alors rendu compte que, passant brutalement d'un état de mort imminente à celui de rescapés où ils n'avaient plus à se battre pour survivre, beaucoup sombraient dans des accès de profonde dépression. Certains se suicidaient, d'autres mouraient de syncope ou de crise cardiaque, d'autres allaient même jusqu'à se jeter à l'eau pour essayer de retrouver cette sensation de péril qui, paradoxalement, les maintenait en vie. Tout se passait comme si l'esprit et le corps continuaient à se battre contre un danger mortel alors que ce danger avait disparu. Je pense que c'est ce qui est arrivé à Mila : elle revivait le traumatisme pour ne pas perdre d'un seul coup cette énergie vitale qui l'avait maintenue en vie durant sa captivité. Elle était ainsi persuadée que Kirsten était toujours en danger. Je pense même qu'elle était sûre que les flics étaient dans le coup. Pour toutes ces raisons, je crois qu'elle a voulu mettre Kirsten en lieu sûr. L'ennui, c'est qu'à présent personne hormis elle ne sait où.

— Il faut explorer l'itinéraire et retourner chaque pierre.

— C'est ce que j'ai fait en roulant des kilomètres et en marchant sous une chaleur de plomb pour inspecter minutieusement les bas-côtés où Mila aurait pu se garer. Il se trouve que ma Jeep présente la singularité de perdre du liquide de refroidissement à l'arrêt. Un joint que je devais changer depuis des semaines. La dernière fois que j'ai eu besoin d'en rajouter, il n'y en avait plus une goutte en vente dans le secteur de Bender. Je me suis donc rabattu sur un liquide utilisé par les conducteurs de Caterpillar et de scieuses géantes. Ces engins chauffant très vite, l'industrie y ajoute un additif phosphorescent afin que les machinistes puissent repérer la moindre fuite sur le sol. J'ai ainsi pu retrouver l'endroit où Mila s'est arrêtée en traversant la Vallée de la Mort. Furnace Creek, à quelques kilomètres d'Emigrant Campground. Un lieu totalement désert, à l'embranchement d'une de ces pistes qui s'enfoncent vers le cœur de la vallée. J'ai inspecté les environs, mais, hormis de nombreuses traces de pneus qui semblaient fraîches, je n'ai rien remarqué de particulier. Et puis, en avançant un peu plus loin sur le bord de la piste, j'ai trouvé ceci au milieu des broussailles.

Crawley a sorti une poupée de chiffon poussiéreuse qu'il pose sur la table au milieu des assiettes. Les mains de Searl se referment sur Miss Granger. Il la serre contre son visage comme le faisait Kirsten. Crawley croit qu'il pleure, mais il ne fait que renifler la poupée à la recherche de l'odeur de sa fille.

— Courage, doc. Si vous voulez mon avis, Kirsten est entre les mains de quelqu'un qui prend soin d'elle. À vous de faire parler Mila avant que le FBI ne mette la main sur elle. De mon côté, je vais essayer de remonter sa piste avant son enlèvement. Restez joignable sur le portable que je vous ai confié. Si cette ligne est compromise, je vous en enverrai un autre. Concentrez-vous sur Mila. Essayez de récolter le plus d'indices possible, tout ce qui peut m'aider à découvrir qui elle est et d'où elle vient.

37

Avant sa séance de rééducation avec Mila, Searl a tenu à s'entretenir avec le professeur Buchanan. Le cabinet de son mentor embaume la cire à bois et le tabac à pipe. Buchanan est un vieux colosse courbé par les ans, aux cheveux grisonnants et à la bedaine généreuse enveloppée dans un éternel costume de velours côtelé. Comme il fume beaucoup et depuis des années, une odeur entêtante imprègne ses vêtements.

Assis sur une des deux chaises d'inspiration romaine qui ornent son cabinet, le psychiatre regarde distraitement les volumes de sa bibliothèque en jouant avec sa pipe en écume. L'esprit de Searl vagabonde. Comme chaque fois qu'il s'allonge sur le divan, ses pensées, jusque-là si claires, se dissolvent dans le silence odorant des lieux. Il regarde la pendule. Déjà dix minutes d'écoulées.

— Là, vous avez gagné, prof. C'est encore moi qui parle le premier.

— Cela fait déjà un moment que nous parlons, Eric. Vous, allongé à me maudire, moi, assis à mourir d'envie d'allumer ma pipe et d'être ailleurs.

— Vous dites ça à tous vos patients ?

— Seulement à ceux qui n'ont pas compris la règle du jeu et qui ont donc besoin de la réentendre. Vous êtes un patient égocentrique et manipulateur. Venant d'un professionnel comme vous, c'est instructif.

Buchanan souffle dans sa pipe. Depuis quelques secondes, Searl le déteste franchement.

— Étant donné l'état de nos relations, je m'attendais effectivement à ce que vous me receviez d'égal à égal, chacun sur une de vos chaises ridicules.

— C'est au moins pour cette raison que vous êtes manipulateur et égocentrique comme tous les patients. Vous avez besoin d'être écouté, pas d'être flatté ou aimé. Quant à ces fauteuils que l'on appelle curules, les Romains les réservaient aux consuls, aux magistrats et aux édiles. Vous en êtes loin.

— Je vous hais, Buchanan.

— C'est bien. Nous progressons.

Searl se concentre. Ses pensées lui échappent toujours. Il sourit. Ce sont moins ses pensées qui se dérobent que les stratégies qu'il a mises en place pour ne pas les dire.

— Ces derniers temps, je ressens de nouveau des colères que je contrôle difficilement.

— Votre fille a disparu. Les vôtres sont dans le coma. Le contraire serait étonnant.

— Ce n'est pas ça.

— Vous n'êtes pas en colère ?

— Si. Mais c'est une colère froide.

— Vous devez réapprendre à la laisser sortir. C'est votre point faible : vous ne parvenez plus à exprimer vos émotions.

— J'ai essayé pourtant. Je suis même allé à ce fichu groupe de parole.

— Celui des anonymes en colère ? Vous n'y êtes allé que trois fois. Vous êtes le premier patient à en avoir été exclu par le confrère auquel je vous avais adressé.

— C'est à cause de ce jeu de rôle imbécile où on devait dire ce qui nous mettait en rogne. Mais je n'ai pas fait que cela. Je me suis aussi plié à vos autres exercices ridicules et ça n'a rien donné.

— Vous trouvez que revoir les classiques comme *Autant en emporte le vent* ou *Titanic* est un exercice ridicule ?

— Oui. J'ai honte de le dire mais j'ai même essayé de regarder *Bambi*. Ça m'a donné envie de manger du cerf.

— Ce sont au contraire des exercices cruciaux dans le réapprentissage des émotions. Vous êtes comme un sportif qui a eu un claquage musculaire. Il faut rééduquer votre muscle émotionnel, et ceci passe d'abord par des mouvements simples que vous refusez d'effectuer. Avez-vous trouvé votre point de rupture ?

— Une scène émouvante dans un film ? Non. Enfin si, peut-être...

— Je vous écoute.

— *Apocalypse Now*. Quand les hélicos chargent la base ennemie en mettant du Wagner à fond.

— Vous êtes sérieux ?

— Je sais qu'*Apocalypse Now* ne fait pas partie de votre fichu programme de réadaptation, mais j'ai ressenti quelque chose à ce moment-là.

— Dans la mesure où vous n'êtes pas un soldat allemand sur la frontière polonaise en 1939, ce genre d'émotions ne vous sera d'aucune utilité. Quoi d'autre ?

— Dans l'adaptation de *Mystic River*, Sean Penn est sous l'avant-toit de sa maison avec un ami. Il pleure sa fille assassinée. Je crois avoir saisi son émotion.

— Vous la définiriez comment ?

— Il est triste ?

— C'est tout ?

— Oui.

— Vous ressentez cette émotion actuellement ?

— J'essaie mais c'est surtout de la colère qui vient. C'est froid.

— Sean Penn aussi est en colère.

— Il est surtout triste. La colère, je sais faire. C'est le reste qui est difficile.

— Un autre point de rupture plus simple ?

— *Danse avec les loups.*

— À la fin ? Quand l'indien hurle son amitié à Dunbar depuis la falaise enneigée ?

— Je... Désolé, j'ai dû m'endormir avant la fin.

Searl ferme les yeux. Il ne parvient pas à dire l'essentiel à Buchanan. Cette haine froide qu'il ressent pour certaines personnes dans la rue alors qu'il ne les connaît pas. Ces rêves aussi où il tue des chats. Il met ça sur le compte du tueur qui a enlevé Kirsten. Le chat, c'est ce fils de pute. Searl se force à respirer.

— Eric ?

— Oui ?

— Avez-vous réussi à pleurer depuis la mort de Rachel ?

— Devant un de vos films à l'eau de rose, vous voulez dire ?

— Ou dans la vie de tous les jours. Même une simple envie.

— Pendant mon dernier marathon. J'ai eu une crampe affreuse.

— Ça ne compte pas.

— Alors non, jamais. Depuis la mort de Rachel, je ne ressens plus rien.

38

Mila se tient devant la fenêtre rectangulaire de la salle d'expression qui englobe son reflet tout entier. La vitre donne sur un petit parc clôturé de murs derrière l'hôpital. Elle a posé sa paume sur le verre. Comme la plupart des réveillés, elle a toujours froid. Par-dessus sa chemise de nuit, elle a enfilé un pull trop grand dont les manches recouvrent largement ses mains. Elle en chiffonne l'extrémité en boule entre ses doigts. Elle porte aussi d'épaisses chaussettes de laine roulées sur ses chevilles et a relevé ses cheveux sous un bonnet de la même maille que le pull. Très maigre, elle présente de fines cicatrices régulières aux avant-bras. Jusqu'à hier, son visage blessé était encore enveloppé de bandages qui épousaient ses traits tout en les estompant. Les bandages ont été ôtés ce matin, révélant un visage d'une beauté troublante. Les stigmates du traumatisme se résorbent peu à peu à mesure que la cicatrisation se poursuit. Bientôt l'épreuve de se reconnaître dans un miroir, de s'accepter tel qu'on est devenu, de se réapproprier cette nouvelle identité.

— Mila ?

— Oui, docteur Searl ?

— Pouvez-vous essayer de me décrire avec des mots simples ce que vous ressentez en ce moment ?

— Non.

— Ce que vous voyez alors ?

Sans cesser de regarder la vitre, Mila cherche ses mots. Ses poings se crispent. Searl est assis derrière elle, à une table où il a disposé ses dossiers et ses ordinateurs. Il sait ce que Mila endure. Ce moment où le cerveau se réveille. La douleur psychique qui accompagne cette autre cicatrisation. Les mots sont là, à quelques millimètres. Il tourne les pages du dossier de sa patiente. Là où la plupart des réveillés mettent parfois deux ou trois mois à recouvrer la parole et à effectuer des actions simples, il n'a fallu que quelques jours à Mila pour rattraper le temps perdu. Pas suffisamment pour tenir une conversation élaborée mais assez pour lire un passage de livre à haute voix ou échanger quelques mots au téléphone. Pour le reste, les émotions, les sensations, Mila est absente, ce qui est fréquent après un tel traumatisme. Outre cette hyperactivité cérébrale qui peut la replonger à tout moment dans le coma, un autre point inquiète Searl : elle se nourrit à peine, et, surtout, elle dort très peu, passant l'essentiel de ses nuits la main plaquée sur la vitre de sa chambre, à regarder dans le vide.

— Essayez avec des mots simples, Mila. Je sais que ce n'est pas facile. Je suis avec vous.

Mila s'efforce de respirer lentement, de retenir l'air après chaque inspiration et de l'expirer en comptant mentalement les secondes qui s'écoulent. C'est le kiné du service qui lui a appris cette technique de relaxation. La cohérence cardiaque que Searl applique lui-même lors de ses marathons.

— La main.

— Oui ?

— Elle est posée sur la vitre.

— Et votre bras ?

— Celui qui tient la main ?

— Celui qui tient *votre* main, Mila. Vous ne devez plus désigner vos membres ou votre tête autrement que comme vos membres et votre tête. Vous ne devez plus dire « la main », mais « ma main ». C'est votre main. Vous devez vous la réapproprier.

— Ce n'est pas ma main. Celle-ci a été coupée. Elle a appartenu à une femme qui s'est suicidée. C'est sur son cadavre que vous avez récupéré cette fichue main.

— Non. Pas plus que vos jambes ou vos pieds. Nous avons déjà eu cette discussion. Vous vous souvenez ?

Les doigts de Mila se crispent sur la vitre. Sa respiration est à présent hachée, pleine de fureur rentrée.

— Vous mentez. J'ai des cicatrices à la jonction des membres, là où vous les avez recousus après que je me suis fait découper en plusieurs morceaux dans cet accident.

— Les réveillés ont toujours ces sensations au début. Cette impression d'avoir explosé, d'être éparpillé en morceaux. C'est horrible à vivre, mais ça va passer.

— Quand ?

— Bientôt.

Les doigts de Mila se relâchent. Sa main s'ouvre à nouveau à plat sur la vitre.

— Vous faites toujours ce geste.

— Lequel ?

— Poser votre main sur la vitre et regarder au-dehors. Les infirmiers ont noté que, le matin, votre paume est tellement gelée par ce contact prolongé qu'ils doivent vous la frictionner pour que le sang circule à nouveau. Il faut que vous retrouviez le courage d'avancer, de vous réapproprier l'espace.

Mila a posé son front contre la vitre. Sa voix se charge de sanglots.

— Elle souffrait sans arrêt.

— Qui ?

— La femme à qui cette main appartenait. Elle tenait un bébé dans ses bras. Elle s'est jetée dans le vide et elle est morte. Il y avait du vent ce jour-là. Il faisait très chaud.

— Ça va passer, Mila.

— Quand ?

— Bientôt.

Searl est inquiet. Les crises psychotiques sont un syndrome classique qui touche un grand nombre de réveillés. La tentation de la folie pour ne pas avoir à affronter la terreur du monde extérieur. S'enfoncer en soi-même et y disparaître. Il note quelques phrases sur le dossier. Les sanglots de Mila s'espacent. Il pose son stylo.

— Mila ?

— Oui ?

— J'aimerais que vous me décriviez ce que vous voyez à travers la vitre. Vous pensez pouvoir faire ça ?

— Je peux essayer.

Mila décolle son front et regarde sa main plaquée sur le verre.

— Je vois une vitre.

— Est-ce que vous apercevez quelque chose au-delà ?

— Non.

— C'est une vitre spéciale. Elle devient opaque quand vous la touchez avec la paume. Elle redevient transparente quand vous la touchez à nouveau. Actuellement, elle est opaque. Vous sentez la différence ?

Mila décolle sa paume de la fenêtre avant de la plaquer à nouveau. Le verre redevient transparent.

— Il y a plus de lumière ?

— Oui.

— C'est plus froid aussi.

— Qu'y a-t-il de l'autre côté de la vitre ?

— Je ne sais pas.

— Il faut que vous cessiez de ne regarder que votre main, Mila. Il y a autre chose au-delà de la sensation de votre paume collée à cette vitre. Quelque chose que vous pouvez apercevoir sans risque.

— Je ne comprends pas.

— C'est comme si vous étiez devenue aveugle : la plupart des aveugles voient toujours mais leur cerveau ne sait plus qu'ils voient. Le vôtre voit ce qu'il y a au-delà de cette vitre, mais il refuse de traiter ces informations. De cette façon, il limite votre vue à la seule perception de votre main afin de ne pas être submergé par les informations en provenance de l'extérieur. Reculez-vous un peu à présent et dites-moi ce que vous voyez.

Mila s'exécute. Son front se plisse. Sa paume est toujours collée à la vitre. Avec l'autre, presque timidement, elle effleure son bonnet.

— Je me vois. Aujourd'hui, je porte un bonnet.

— Qu'est-ce que vous voyez d'autre ?

— Mon visage. Mais c'est comme s'il était dilué.

— C'est votre reflet. Il est transparent comme la vitre. C'est normal. Reculez encore.

— Pour cela, il faudrait que j'enlève ma main.

— Vous pouvez le faire. Vous n'avez rien à craindre.

Mila décolle lentement sa paume de la vitre. Elle recule, s'immobilise.

— Que se passe-t-il ?

— Ma main. Elle est toujours sur la vitre.

— Seulement l'empreinte de votre paume et de vos doigts. C'est un effet dû à la chaleur de votre peau. Ça va disparaître.

Mila recule encore d'un pas. Elle se tient à présent à un mètre de la vitre. Elle contemple sa main rougie par le froid. La pulpe de ses doigts est parfaitement lisse, sans aucune empreinte digitale.

— Que voyez-vous à présent ?

— La pièce où nous sommes. Un ordinateur posé sur une table. Des dossiers. Quelqu'un est assis devant les dossiers posés sur la table.

— C'est moi, Mila. C'est mon reflet dans la vitre.

— Vous mentez.

— Je vais vous faire un signe de la main et vous verrez que c'est moi.

Searl lève le bras. Mila se détend.

— À présent, sans poser la main sur le verre, je voudrais que vous regardiez à travers la vitre.

Mila se concentre. Sa respiration s'accélère. Elle plisse les yeux. Elle essaie d'apercevoir autre chose que les reflets de la pièce derrière elle. Et puis soudain, le flou qui recouvrait sa vue se dissipe et elle aperçoit le monde au-dehors, les arbres, les bancs et les pelouses, les murs d'enceinte du Good Samaritan Hospital au-delà des branches. Malgré la chaleur, des gens déambulent dans les allées. Il fait beau. La vue de Mila se brouille à nouveau. Des larmes roulent sur ses joues.

— C'est bien, Mila. Nous avons fait de l'excellent travail aujourd'hui.

39

Mila et Searl ont pris place dans la salle d'expression que le service met à la disposition des éveillés quand ceux-ci veulent s'isoler. Ils peuvent s'y exprimer à loisir avec des feutres, des crayons de couleur et des livres cartonnés. Le plus souvent des livres d'enfants car les univers décrits y sont apaisants et ne reflètent pas grand-chose du monde extérieur. Il y a aussi des pots de gouaches que les patients peuvent utiliser pour laisser libre cours à leur imagination sur les murs, sauf sur une paroi qui est réservée à l'affichage des notes de service. Searl est assis derrière le bureau qui habille ce mur-là. Il feuillette le dossier de Mila. Il porte une blouse blanche sur une chemise en lin. La jeune femme s'est assise en tailleur entre deux baies vitrées. Elle porte ses grosses chaussettes, une chemise de nuit et son pull trop grand.

— Mila ?

— Oui, docteur Searl ?

— Vous avez compris la question que je viens de vous poser ?

— Vous voulez que je vous raconte le premier souvenir qui me vient à l'esprit, mais rien ne vient.

— Vous préférez que je vous laisse seule quelques instants ?

— Non, mais je veux bien un café. J'ai droit au café ?

— Bien sûr.

Searl prend deux gobelets en carton qu'il remplit de café et de lait. Il sucre celui de Mila mais pas le sien. Il le lui apporte et le dépose délicatement entre ses mains. Elle sursaute à ce contact, le dévisage comme si elle l'apercevait pour la première fois. Puis la lueur de panique disparaît au fond de ses yeux comme un voile qui se dissipe.

— Vous avez eu une absence. C'est votre cerveau qui essaie de se rendormir. Ça va passer.

Searl rejoint son bureau. Le gobelet est brûlant entre ses doigts.

— Le gobelet est en carton pour éviter les suicides, c'est ça ?

— Pour éviter les accidents en général.

— Vous pensez que le suicide est un accident ?

Searl ne répond pas. Il sait que ce n'est pas une question. Mila sirote son café en s'arrêtant de temps en temps pour souffler dessus. Cela fait plus d'une heure qu'elle observe les dessins qui recouvrent les murs. La plupart représentent des entrecroisements complexes de hachures, des visages squelettiques comme dans l'œuvre de Basquiat, ou des formes rayonnantes et épurées comme dans celle de Keith Haring. La plupart des visages sont flous. Certains sont couverts de cicatrices. D'autres croquis, particulièrement détaillés, ne représentent que des yeux, immenses et terrifiés, comme aperçus à travers la brume. Certains de ses yeux s'inscrivent dans un visage, une tête, des cheveux, mais alors ce visage n'a pas de nez ni de bouche. Ailleurs, comme dans une toile de Munch, ces visages n'ont pas d'yeux ni de nez mais seulement une bouche démesurément ouverte sur un hurlement silencieux. Les visions du coma. Searl attend que Mila s'exprime aussi. Elle scrute attentivement un visage avec une bouche mais sans nez ni yeux.

— Si je devais définir ce que j'ai ressenti dans le coma, c'est cette image que je choisirais.

— Des visages écorchés ?

— Oui. J'en ai vu des milliers. Je marchais dans une ville et tous les passants étaient comme ça et ils me regardaient. Ou alors j'étais sur une plage et tous avaient le même visage. C'est comme le pire de vos cauchemars, sauf que vous savez que vous ne pouvez pas vous réveiller.

Searl avale un peu de café déjà froid. Il pense à Kirsten. Il essaie de l'imaginer heureuse, à l'abri. Il s'accroche à ça pour ne pas devenir fou.

Mila tourne la tête vers le bureau. Ses yeux sont vert sombre et ses cheveux d'un brun presque noir. Elle reste parfois des heures à se regarder dans le miroir de sa chambre. Elle touche son reflet, essaie de le prendre en défaut de ses propres mouvements. Elle ne le reconnaît toujours pas.

Mila soupire, pose son café sur le sol plastifié et désigne l'appareillage que Searl a disposé sur le bureau. Un casque à canule, des fioles, des seringues.

— Ce sont les outils que vous utilisez pour ressusciter les souvenirs ?

— Oui.

— Nous allons nous en servir aujourd'hui ?

— J'ai d'abord besoin que vous retrouviez un souvenir réel pour y accoler des odeurs. Je ne peux pas prendre le risque de vous faire vivre une scène qui n'a pas eu lieu. Pas dans votre état où la perception de la réalité est déjà altérée.

— Pourquoi ?

— Parce que ces lieux sont morts, Mila. Parce que vous risqueriez de ne jamais en revenir.

Mila approche son poignet de son nez, le hume. Elle fait la même chose avec une mèche de ses cheveux. Sa main retombe sur son genou. Elle a cessé de se blesser à cet endroit.

— Oubliez les souvenirs pour le moment. Parlez-moi de vous en quelques mots simples, comme si vous vous présentiez à quelqu'un.

— Je m'appelle Mila Banks. Je vais avoir 19 ans. Je... Docteur Searl ?

— Oui ?

— Quel jour sommes-nous au juste ?

— Vous pensez que nous sommes quel jour ?

— Je ne sais pas. Dans mes souvenirs, le ciel est bleu et c'est l'été.

— Nous sommes le 19 septembre. Un jeudi.

— Merci. Je m'appelle Mila Banks. J'ai 19 ans. Je suis née dans le Montana, mais j'ai vécu une partie de ma vie dans le Colorado. Mon père était gardien dans un hôtel perdu dans la montagne. Il buvait beaucoup. Je me souviens que nous passions l'été dans le Nevada. Un petit ranch au milieu du désert. Il y avait des frelons. Des taons, aussi. Je... Non. En fait, il n'y avait que des frelons.

— Vous en êtes sûre ?

— Oui.

— Sur une échelle de 1 à 10 ?

— Comme pour la douleur, vous voulez dire ?

— Oui.

— Je dirais que j'en suis sûre à 7 sur 10.

Searl continue à écrire. Il en est à la page 4 du test qui en contient une trentaine. Sa plume en or résonne sur le papier. Mila considère le mur derrière le bureau. Une rangée de patères. La veste du docteur. Au-dessus, des petits nuages au pochoir, comme on en trouve dans les chambres d'enfants. Mila fixe son attention sur l'un d'eux jusqu'à ce qu'il devienne flou.

— Racontez-moi un souvenir de cette époque.

— N'importe lequel ?

— Oui.

Mila fronce les sourcils. Elle fouille sa mémoire. Elle essaie de s'arracher à cette torpeur qui l'engourdit. Elle se mordille l'intérieur des joues.

— C'était un après-midi dans le Nevada, dans ce petit ranch isolé où nous passions nos étés. Nous y allions toujours l'été, jamais l'hiver. L'hiver, mon père était concierge dans un hôtel perdu au milieu des montagnes du Colorado.

— Mila ?

— Oui.

— Vous ne pourrez pas éternellement vous en tirer comme ça.

— À quel propos ?

— Du Nevada, du petit ranch, de cet hôtel perdu dans la montagne.

— Je vous jure que c'est vrai !

— Là n'est pas le problème. Vous comprenez le mot « problème », Mila ?

— C'est quelque chose que l'on croit être vrai mais qui en fait n'est une illusion ?

— Ça, c'est un trompe-l'œil.

— Une énigme alors ?

— Pas dans ce contexte.

La jambe de Mila se met à bouger. Son talon tape en rythme sur le sol plastifié. Elle regarde le ventilateur qui brasse l'air au plafond. Elle réfléchit. Searl reprend :

— Dans ce contexte, *avoir un problème* signifie pour celui qui vous parle qu'il rencontre une difficulté à vous comprendre.

— Je ne sais pas quoi faire pour réparer cela.

— Vous n'avez pas à le réparer. Vous n'avez rien brisé. Vous devez simplement vous mettre à la place de votre interlocuteur et vous demander ce qui peut bien lui poser un problème dans ce que vous avez dit. Ici, afin que nous vous comprenions, vous ne devez pas rester à la surface des choses. Vous devez faire un effort pour nous transporter dans ce petit ranch au milieu du désert afin de nous le faire vivre comme si nous étions avec vous. C'est cela que nous appelons « raconter un souvenir ». Vous comprenez ?

— Désolée, docteur Searl. Je pensais que c'était pertinent.

Les claquements de semelle s'espacent. Mila cherche à nouveau dans sa mémoire.

— On était là où vous savez. C'était l'été et il faisait très chaud. Derrière le ranch, il y avait des rondins recouverts d'une bâche poussiéreuse dont l'envers était infesté d'araignées violonistes. J'aime ce mot.

— Violoniste ?

— Non. Araignée. Je le trouve très doux. Presque triste.

— Quoi d'autre ?

— Il y avait un puits à la margelle éboulée. On y lançait des pierres parce qu'il était à sec. Elles faisaient un bruit sablonneux en atterrissant. À bien y réfléchir, je pense que les araignées venaient de ce puits.

— Quel souvenir gardez-vous de cet hôtel où votre père travaillait l'hiver ?

Le regard de Mila est revenu sur le mur aux dessins. Sa respiration s'accélère.

— C'était au fin fond du Colorado. Un hôtel immense et très vieux qui fermait tous les hivers à cause de la neige. Il fermait toujours en octobre. C'est à ce moment-là que nous y montions avec mes parents. À cette époque, mon père avait une vieille Coccinelle et il essayait d'écrire un roman à succès. Ma mère était inquiète parce que le dernier concierge qui avait hiverné là-haut avait tué sa famille à coups de hache.

— Comment s'appelait cet hôtel, Mila ?

— Je ne sais plus. Je me souviens juste de la route qui y menait. Le paysage était fabuleusement beau.

— C'était l'*Overlook* ?

— Oui ! C'est ça ! Vous y êtes déjà allé ?

— L'*Overlook* est le nom de l'hôtel hanté dans *Shinning*, l'un des best-sellers de Stephen King. Nous en avons retrouvé un exemplaire dans votre sac à dos quand on vous a transportée à l'hôpital. Ça et *Fictions*, un recueil de nouvelles de Jorge Luis Borges.

— C'est impossible ! Ce sont mes deux seuls souvenirs ! Ça et le ranch ! Je suis sûr que mes parents sont encore là-bas !

— Ces lieux sont morts, Mila. Ils sont une pure reconstruction de votre cerveau plongé dans le coma. Ce sont des lieux de terreur et de tourment. Je ne vous y enverrai sous aucun prétexte.

Mila a fermé les yeux. Des larmes se forment entre ses cils.

— Ne vous découragez pas. Vos vrais souvenirs ne vont pas tarder à refaire surface.

40

— Mila ?

— Oui ?

— Nous allons finalement passer aux stimulations olfactives. Il faut rétablir le contact avec vos premiers souvenirs avant que votre cerveau ne les efface à jamais. Si ça fonctionne, nous pourrions gagner plusieurs semaines sur votre rééducation.

Mila est debout devant les murs couverts de dessins de la salle d'expression. Elle tient un marqueur noir dans sa main. Elle ne parvient toujours pas à se lancer.

— Ce serait une « bonne nouvelle » ?

— Oui.

— On pourrait donc s'en réjouir, n'est-ce pas ?

— Oui.

— Pas comme ce matin au réfectoire ?

— Ce matin, Anna venait d'annoncer que son grand-père avait une leucémie. Vous n'auriez pas dû la féliciter à ce moment-là.

— Même si son grand-père est un être méchant qui torture des enfants ?

— Vous pensez que c'est ce qu'il est ?

— Non mais c'est toujours possible.

— Même dans ce cas, une leucémie ne peut pas être considérée comme une bonne nouvelle.

— C'est pour ça qu'Anna était furieuse contre moi ?

— Elle n'était pas furieuse, Mila. Elle était juste surprise et triste.

— C'est ce qu'elle veut vous faire croire.

Mila tient la pointe du marqueur à quelques millimètres du mur. Sa respiration s'accélère.

— Toujours ces visages écorchés qui hantent vos cauchemars ?

— Oui. Je ne sais pas par où commencer pour parvenir à les saisir.

— C'est peut-être parce qu'ils n'ont plus de traits ?

— Peut-être, oui.

— Vous avez l'impression de les connaître ?

— Non.

— Les lieux où ils se trouvent ?

— Non plus.

— C'est sans doute une projection de votre propre visage lorsqu'il a traversé le pare-brise au moment de votre accident. Le cerveau a tendance à se fixer sur le dernier traumatisme qu'il reproduit à l'infini dans le coma.

Mila a posé son marqueur. Elle marche vers la table près de laquelle se trouve disposé un vaste fauteuil inclinable en cuir. Elle passe sa main sur les accoudoirs.

— On dirait un fauteuil de dentiste.

— Vous avez des souvenirs de ça ?

— Du dentiste, vous voulez dire ?

— Oui. Le goût des plombages, le bruit de la roulette, la sensation étrange de la douleur qui essaie de remonter le long des nerfs anesthésiés.

— Sans doute. Je ne sais plus.

Mila effleure les sangles de cuir qui ornent les accoudoirs.

— Certains patients peuvent développer des réactions violentes lors des explorations. On se sert des sangles pour qu'ils ne se blessent pas.

— Pas pour moi, OK ? Je préfère me blesser que d'être attachée.

— Vous pourriez me blesser aussi.

— C'est un risque que vous devez accepter si vous voulez explorer mon cerveau.

— OK. De toute façon, aujourd'hui, nous allons nous borner à restaurer vos premiers souvenirs avec des odeurs primaires comme de la colle d'écolier ou de l'encre.

Mila a pris place dans le fauteuil de relaxation. Vaguement inquiète, elle regarde le casque olfactif posé sur une tablette devant ses yeux. Searl s'installe sur le tabouret en cuir qu'il vient de pousser près du fauteuil. Il dispose des flacons sur la tablette.

— Vous voyez bien que vous avez tout d'un dentiste. Vous arrachez des souvenirs au lieu des dents. C'est tout.

— C'est beaucoup moins douloureux aussi.

Depuis quelques secondes, les yeux de Mila brillent de larmes. Elle veut faire bonne figure mais elle est terrorisée. D'habitude, les réveillés ont des repères familiaux auxquels se raccrocher durant la longue traversée de leur réinsertion. Des objets intimes, des peluches, des photos, des lettres de leurs proches. Tous, sauf Mila. Son menton tremble. Elle a ramené ses bras sur son visage. Elle ravale ses larmes. Searl pose délicatement un casque audio sur ses oreilles. Elle grimace à ce contact. Comme tous les réveillés, elle déteste être effleurée. Certains ne supportent même pas d'être regardés.

— Je vais diffuser un son isochrone de rythme alpha ou thêta. Les premiers induisent un état de relaxation intense. Les seconds alimentent le sommeil et les états d'hypnose profonde. J'y ajoute des stimuli communs comme le bruit de la pluie, des vagues, du vent, en fonction de la vision que je cherche à reproduire.

Searl insère délicatement la canule olfactive dans la narine droite de sa patiente. Les mains de Mila rejoignent les siennes, suspendent son geste, l'achèvent elles-mêmes. Searl se rend compte à quel point les doigts de la jeune femme sont gelés.

— Nous allons commencer sans les sons, juste avec les odeurs les plus simples, histoire de s'échauffer.

Searl pianote sur le clavier de son ordinateur qui pulvérise une première composition. Une odeur lointaine, poudreuse, minérale.

— De la craie ?

— Plus précisément un tampon effaceur chargé de poussière de craie. Ou la manche d'un vêtement enduit de cette même poudre. Ça évoque quoi pour vous ?

— Euh, une falaise ?

— Je vais reprendre l'impulsion en continu. Arrêtez de réfléchir. Laissez-vous aller. Dites-moi simplement ce que ça évoque pour vous, mais n'essayez pas de construire cette évocation.

— Ça doit venir tout seul, c'est ça ?

— Oui.

— Et si ça ne vient pas ?

— Ça va venir.

Searl a déclenché les vibrations alpha qui se répandent à présent dans le casque de Mila. La jeune femme ferme les yeux et respire plus profondément à mesure que l'odeur sature ses fosses nasales. Searl force sur les ondes et ajoute une autre odeur, quelque chose de vaporeux, à la fois lointain et entêtant. Mila se crispe. Elle rouvre brusquement les yeux.

— C'est complètement flippant, votre truc !

— Qu'avez-vous vu ?

— Du carrelage blanc. Un bocal. Un bloc de craie. Je crois que c'était moi. J'étais plus jeune. Je portais une blouse et des gants en latex. Je déposais des gouttes d'acide sur le bloc de craie. De la mousse est apparue à mesure que l'acide rongeait sa surface. Une odeur étrange s'élevait de cette réaction. Une odeur irritante comme de l'ammoniaque.

— Ça devait être un laboratoire de chimie durant vos années de lycée. Nous sommes sur la bonne voie. Il y avait une fenêtre dans cette vision ?

— Oui. Beaucoup de lumière au-dehors.

— De la lumière jaune ou blanche ?

— Plutôt blanche.

— C'est donc de la chaleur. Nous allons essayer un souvenir d'eau et de soleil. Une plage. La mer. Le sel. L'eau tiède autour de vos chevilles. Le sable brûlant.

— Je n'ai aucun souvenir de ça.

— Vous ne vous êtes jamais baignée dans la mer ?

— Je ne sais pas. Je ne m'en souviens pas.

— On va essayer avec les ondes thêta. De la pierre, du sable et du soleil. Ensuite, la brise et les vagues.

Searl pianote sur son clavier. La vibration sonore se modifie. Les sons deviennent différents dans chaque oreille, comme s'ils contenaient plusieurs dimensions auditives. Mila a l'impression qu'ils entrent dans son esprit comme de l'énergie pure, vivante. Sa concentration est immédiatement happée par le déluge de sensations qu'ils provoquent. Le bruit du vent rasant les herbes sèches, des insectes dans les herbes et les pierres. Un cri de rapace haut dans le ciel. Les odeurs à présent. De fleurs desséchées par le soleil. De pierres brûlantes. De sable aussi. Les sons à nouveau, puissants, harmonieux. Le bourdonnement lointain d'une armée de frelons.

— Mila ? Vous m'entendez ? Quelque chose ne va pas ! Il faut que vous rouvriez les yeux maintenant !

La voix inquiète de Searl, de plus en plus lointaine. Le psychiatre secoue son épaule pour la réveiller. Elle se crispe. La terreur grandit à mesure que les odeurs et les sons se modifient, se referment sur elle.

41

— Mila, ne jette plus rien dans le puits. Ne va plus jamais voir le puits ou le puits te mangera.

La voix de Searl a disparu. Ce chuchotement rauque et odorant à la place, tout contre l'oreille de Mila. Le silence autour. D'autres odeurs. Bois et draps. Mila est allongée sur un lit caisse à deux places au fond d'une pièce aveugle, uniquement éclairée par le jour qui se faufile à travers les interstices d'un plancher donnant sur le rez-de-chaussée d'une maison. Un lit d'enfant. La place à côté d'elle est vide. Encore tiède. Elle plaque ses poings sur ses yeux. D'après les sensations qui lui parviennent de son corps, elle doit avoir une dizaine d'années. Elle serre contre son visage un vieil ours en peluche. La fourrure synthétique sent le lait caillé. L'homme penché au-dessus d'elle halète dans la pénombre. Relents de sueur, d'haleine cariée et de bourbon. Papa Harry. Ce mot oublié vient de s'allumer dans l'esprit de Mila. Un autre souvenir. Des lignes maladroites tracées sur un cahier d'écolier.

Qu'est-ce que tu dis ? Papa et le monstre, c'est ça ? Quoi alors ? Papa hait le monstre ?

Mila plaque ses poings encore plus fort sur ses paupières à mesure que papa Harry se penche. À nouveau ce murmure et cette haleine de cadavre :

— Je sais que tu ne dors pas, Mila. Tu m'as entendu, sale petit animal ? Pas le puits. Jamais le puits.

— Jamais le puits à cause des araignées ?

— C'est ça. Tu as compris.

Mila effleure la place vide à côté d'elle.

— Où est-il ? Qu'est-ce que tu lui as fait ?

— Il a été méchant. Il a désobéi.

— Il n'est pas méchant. Il a juste peur.

— Sale petite bête méchante. Il est dans le noir à présent. Il erre à jamais dans les ténèbres.

Le chuchotement s'éloigne. L'haleine aussi. Un claquement tout au fond du cerveau de Mila. La lumière vient de s'éteindre au-delà de la muraille de ses poings. Elle est seule à présent. Elle grelotte. Comme chaque fois qu'elle est terrifiée, elle chantonne à voix basse la comptine du tigre.

— *It's time to feed my tiger. It's time for its tea. It's time to feed my tiger. Oops, my tiger wants to eat me.*

Le silence. Le vent au-dehors. Une lumière cuivrée et brûlante se glisse à travers les interstices en même temps que la poussière rouge du désert. Mila grimace. Elle porte une chemise de nuit. Ses genoux sont écorchés et ses paumes abandonnent sur les coussins un peu de cette terre rouge que le vent soulève. Elle sanglote dans sa peluche. Sa main glisse à nouveau sur la place vide, remonte jusqu'à l'oreiller plat et dur comme une pierre. Une petite voix effrayée s'échappe de l'armoire au fond de la pièce. Une petite voix pleine de bégaiements.

Mila émerge de sa vision en aspirant l'air comme une noyée. Les sangles mordent ses poignets. Le hurlement qui brûle sa gorge ressemble à un coassement. Son corps est couvert de sueur.

— Calmez-vous. Je suis là.

Mila ouvre les yeux. La salle d'expression. Le Dr Searl. Elle regarde sa main qui serre le poignet du médecin. Ses ongles plantés dans ses chairs. Elle a ramené un peu de l'odeur de là-bas, un peu du bruit du vent, un peu des chuchotements de l'être enfermé dans l'armoire. Elle essaie de se souvenir mais c'est comme si un brouillard épais envahissait son esprit. Searl pianote sur son clavier. Des sons se déversent dans le casque. Des ondes thêta pures, lentes, harmonieuses. Ses yeux lavande reviennent sur Mila.

— N'essayez pas de parler. Les ondes vont vous aider à vous détendre. Les restes de vision vont s'estomper.

Peu à peu, Mila desserre son étreinte autour du poignet de Searl. Elle se rend compte que le plus petit de ses muscles est tendu à l'extrême. Elle se laisse bercer par la musique. Elle voudrait fermer les yeux mais elle n'ose pas.

42

Ed Crawley peste contre les rafales de grésil et de neige qui crépitent sans relâche contre le pare-brise. Cela fait des heures qu'il roule au milieu des paysages gelés de Yellowstone à bord d'un vieux Chevrolet Impala payée cash chez un revendeur d'occasion. Depuis qu'il a franchi les limites du parc, il désespère d'apercevoir la moindre lumière au milieu de la tempête. Il soupire en essuyant une nouvelle fois la buée accumulée sur la vitre. Il meurt d'envie d'allumer la cigarette qui gigote entre ses lèvres, mais, chaque fois qu'il fait mine de récupérer l'allume-cigare dans son logement, les roues patinent sur le revêtement gelé et il doit rattraper la voiture à deux mains pour l'empêcher de basculer dans le fossé. Crawley grimace en reniflant ses paumes rendues poisseuses par le volant : il a eu beau accrocher toute une collection de sapins désodorisants au rétroviseur, l'habitacle pue toujours autant la bière et le cigare. Il jette un rapide coup d'œil sur la carte dépliée en travers du siège passager. Encore une centaine de kilomètres jusqu'à Bozeman. La veille, il est descendu dans un motel sur le bord de la 52. Il n'a pas fermé l'œil de la nuit. À l'aube, il a envoyé un texto à Searl mais ce dernier n'a pas répondu.

Crawley a finalement réussi à allumer sa cigarette. En relevant les yeux, il repère à travers la neige les phares d'une voiture stationnée sur le bas-côté. Un 4×4 noir à sept places comme ceux du FBI. Son cœur s'emballe. Tout à fait le genre d'émotions que ses médecins lui ont interdit. Il essaie de maintenir la trajectoire la plus stable possible. Avec les traînées de neige qui débordent sur l'asphalte, la route est fortement rétrécie à l'endroit où le 4×4 est arrêté, et il va devoir le croiser à faible allure. Crawley tente de se raisonner en se disant que c'est peut-être un gars en panne. Il plisse les yeux et distingue les détails de la calandre entre deux bourrasques. Un GMC Yukon. Typique du FBI. Son cœur accélère encore dans sa poitrine. Sans quitter la route des yeux, il fouille son veston à la recherche de son spray à la trinitrine. Les pneus patinent à nouveau sur le verglas au moment où il l'extrait de sa poche. Quand il se redresse pour rattraper la voiture avant qu'elle ne morde le bas-côté, Crawley observe d'un air sombre les flashs bleus et rouges qui viennent de s'allumer sous les phares du 4×4. Un coup de sirène, bref, glaçant.

Le GMC n'est plus qu'à une centaine de mètres lorsque la portière s'ouvre sur un gars en manteau, gants et lunettes noires, qui s'immobilise sur le bord de la route. Crawley a ralenti. Comme on se suicide, il s'envoie un jet de trinitrine sous la langue. Le médicament est poivré, mentholé, brûlant. Un voile devant les yeux, Crawley guette l'effet de la nitroglycérine. Les artères qui se dilatent, les parois du cœur qui se relâchent, la tension qui baisse en flèche en même temps que le pouls.

Le 4×4 n'est plus qu'à cinquante mètres. L'agent se place en travers de la route, lui fait signe de s'arrêter. Crawley constate qu'en plus de son flingue dans son holster sous une veste de costume qui apparaît dans l'échancrure de son manteau, il porte un pistolet-mitrailleur en bandoulière, armement rare, même pour le FBI.

Crawley s'immobilise dans un craquement de givre à un mètre de l'agent qui s'approche. Le gars a le visage protégé par une chapka noire où scintille le sigle argenté du FBI. Les lunettes à verres miroirs au-dessous, et le PM. Crawley a l'impression de se faire arrêter à un barrage de la police russe. Il réprime un sourire. Foutue trinitrine. Ça vous détend tellement qu'on en oublierait de hurler en se faisant bouffer par un requin. Il baisse la vitre. L'agent se penche. Il pue le cuir. Un costaud, chacun de ses gestes trahissant l'entraînement rigoureux qu'il a subi à l'académie de Quantico. Crawley ne voit pas ses yeux mais il devine que le gars inspecte attentivement l'habitacle. Les lunettes reviennent sur lui. Son reflet dans les verres miroirs. Le gars exhibe sa plaque SK. Agent spécial Doug Rafferty. Crawley est tenté de lui demander ce qu'il fait ici en pleine tempête. Il se ravise.

— Un problème ?

— Vos papiers, je vous prie.

Politesse métallique du Bureau. Le froid en plus. Un rien de morgue aussi. Crawley tend sa fausse pièce d'identité et son permis de conduire. L'effet de la trinitrine commence à s'estomper. Déjà, son cœur accélère imperceptiblement comme un molosse qui ronge sa muselière.

L'agent prend son temps. Crawley a examiné lui-même ses documents sous toutes les coutures, mais rien ne vaut l'œil d'un doberman du gouvernement. Il pense à son palpitant. Depuis qu'il sait qu'un infarctus risque de l'emporter avant son cancer – sorte de course de fond entre deux fauves enragés dont l'arrivée est sa propre mort –, il n'arrive plus à penser à autre chose. Il visualise ses artères dans sa poitrine, quelque part sous la carapace de ses côtes. Un lacis de tuyaux rougeâtres émergeant des chairs sanguinolentes de son cœur et sinuant dans les sillons musculaires, sous les plaques graisseuses qui les protègent. Les coronaires puissamment ramifiées, la circonflexe, les collatérales. Un buisson de veines gorgées de sang, pulsatiles, perpétuellement en mouvement. Trois kilos de viande essentielle commandés par des vaisseaux de trois à quatre millimètres d'épaisseur qui n'attendent qu'une occasion pour se boucher et mettre à terre n'importe qui, nain ou géant, quaterback ou vieille dame. C'est à cela que Crawley songe tandis que l'agent spécial Rafferty examine son permis de conduire. Cette certitude qu'une de ces saletés peut s'obstruer à n'importe quel moment et l'envoyer de l'autre côté du grand fleuve avant qu'il n'ait pu retrouver Kirsten.

— Où allez-vous, monsieur Mullen ?

Crawley sourit aimablement. C'est le nom qu'il s'est choisi. Prénom : Howard. Adresse : 1234 Wilshire Road, un entrepôt sucrier désaffecté dans la banlieue de Detroit.

— Je remonte vers le Canada.

— Pour quelle raison ?

— J'ai un cancer. Je vais bientôt mourir. Je revisite les endroits que j'ai connus avec ma femme. Je voulais le faire avec elle mais elle est décédée avant moi.

Les yeux de Crawley se sont embués. Il pense à Norma. Il s'en veut de s'être ainsi confié à une brute comme ce traqueur de tueurs en série. L'agent le regarde à travers ses lunettes.

— Quelle est votre date de naissance ?

— 14 janvier 1950.

Crawley a répondu sans marquer la moindre hésitation. Il sait que l'agent a un doute et qu'il applique la procédure, laquelle consiste à demander ce type d'informations et à guetter la réaction du suspect.

— Votre taille ?

— 1 mètre 93. Mes yeux sont gris. Avant, ils étaient bleus. Je pesais aussi 110 kilos de bonne viande américaine il y a moins de six mois. Maintenant, je n'en pèse plus que 70.

Le ton de Crawley s'est volontairement durci. Les honnêtes gens s'emportent toujours quand ils se sentent mis en cause. Aussi sensible que de la glace, l'agent lui rend ses documents.

— Soyez sur vos gardes, monsieur Mullen. La neige est salement tombée un peu plus loin.

Crawley répond d'un hochement de tête en relevant la vitre. Il avance au ralenti. Le craquement du givre sous ses pneus. Le froid. Il passe lentement devant le 4×4. Le conducteur le suit du regard. Crawley scrute la silhouette de Rafferty dans son rétro. Toujours aussi immobile, l'agent ne le perd pas des yeux. Crawley accélère. Bientôt, les bourrasques de grésil estompent la scène.

43

Le *North Star* est un restoroute perdu au milieu des étendues gelées à quelques kilomètres au sud de Bozeman. Deux baraques contiguës en rondins avec une pompe à essence Texaco sur le devant, un parking encombré de congères, quelques guirlandes multicolores et sales en suspension dans l'air glacial. Aucune publicité n'annonce sa position, pourtant la salle unique est rarement vide car le *North Star* est la seule halte possible dans cette partie de Yellowstone.

Slalomant entre les congères, Crawley range son Impala à côté d'un pick-up Ford, sur un alignement de places dont les bandes bleues disparaissent sous une épaisse couche de givre. Quand il pousse la porte, il est immédiatement happé par le souffle brûlant qui s'échappe en continu des radiateurs.

La salle consiste en un alignement méthodique de tables en Formica équipées de banquettes, chaque table étant logée dans un box en bois, chaque box surmonté de trophées de chasse et muni d'un haut-parleur relié au juke-box qui trône au fond. Contre le mur de droite, le comptoir en acajou massif court sur toute la longueur du *North Star*. Lui aussi est surmonté de crânes de caribous et de cerfs qui fixent la salle de leurs yeux de verre.

Crawley commande une bière à la serveuse qui passe le torchon sur le comptoir rutilant. Elle a l'air encore jeune malgré ses cheveux grisonnants. Avec un accent lent et calme, elle demande :

— Quelle bière il veut ?

— Coors.

— Pas de chance. On va être livré demain. On a été dévalisé hier à cause du concours de *beer-pong* où ces imbéciles de la ville ont encore failli tout casser.

La serveuse désigne une affiche près de la porte où est annoncée une de ces soirées animées durant lesquelles les joueurs crachent des balles de ping-pong dans des verres de bière. Elle soupire qu'on ne l'y reprendra plus.

— Vous avez quoi d'autre ?

— Telles que je vois les choses, il doit me rester de la Liberty Ale ou de la Summer de chez Anchor. Peut-être aussi une ou deux Abita Jockamo, mais c'est pas sûr.

— Va pour une Liberty.

La serveuse pioche une bouteille sous le comptoir, la pose devant Crawley. Le verre est couvert d'une buée de fraîcheur. Il en boit une longue gorgée, cherche en vain un sous-verre en papier pour pouvoir reposer la bouteille, la repose tout de même. La serveuse a allumé le juke-box qui se met à crachoter un air de Sinatra. Elle revient en passant toujours le chiffon sur le comptoir.

— On peut croquer un bout ?

— Le cuisinier n'est pas encore là. M'étonnerait qu'il vienne avec toute cette neige. Qu'est-ce qu'il veut ?

— Je ne sais pas.

— Maigre comme il est, il a besoin des œufs façon Nancy. Nancy, c'est moi.

— Va pour vos œufs.

La serveuse disparaît derrière les portes battantes qui gardent la cuisine. Des bruits de poêle qu'on agite. Le beurre grésille. Bientôt, une odeur de lard et de pain grillé parvient aux narines de Crawley. Il avale une nouvelle gorgée de bière. Il pense à Norma et à cette bonne odeur identique qui flottait le matin dans leur chalet de Bender. Le grincement des portes battantes le ramène à l'instant. La serveuse dépose devant lui une assiette avec deux œufs sur le plat, des saucisses, des pommes de terre et du lard, et une autre avec du pain grillé tartiné de beurre et de marmelade. Crawley goûte les œufs, grappille les pommes de terre et les saucisses, mord dans le lard et le pain, se goinfre finalement sous les yeux pétillants de la serveuse qui l'interrompt en reculant l'assiette de quelques centimètres.

— Attendez un peu que ça descende, sinon vous allez être malade.

Crawley déglutit le mélange qui encombre sa bouche. Il avale une gorgée de bière en se tournant vers les fenêtres. Personne sur la route. La serveuse a recommencé à essuyer le bar.

— Je cherche ma petite-fille. Elle devait venir chez moi en stop. Elle n'est jamais arrivée. Je sais qu'elle est passée par ici avant de poursuivre sa route avec une employée du nom de Taylor Bancroft. Elle m'a envoyé une carte postale pour me le dire. Elle s'appelle Mila Banks.

Le torchon s'immobilise sur le comptoir. Le sourire de la serveuse a disparu. Elle aussi regarde vers les fenêtres et la route.

— De drôles de gars sont venus la demander, votre Mila. Si j'étais vous, je ne parlerais plus d'elle à personne avant d'avoir franchi la frontière de l'État.

— Quel genre de gars ?

— Le genre en costume avec des plaques de ces crevures du gouvernement.

— Vous leur avez dit quoi ?

— Que votre Mila est bien venue ici. Elle est arrivée un soir comme un courant d'air, les cheveux trempés, grelottante et toute maigre. Elle s'est assise à une des tables dans un box. Elle regardait sans arrêt par les fenêtres. Elle avait l'air effrayée. Je lui ai demandé si elle avait un souci. Elle m'a répondu que non. Puis elle a voulu savoir si je n'avais pas vu un auto-stoppeur avec une capuche fourrée et un sac à dos. Je lui ai répondu que je n'avais croisé personne qui ressemblait à cette description. Je lui ai demandé si c'était son ami et si elle l'attendait. Elle a secoué la tête. C'est comme ça que j'ai fait sa connaissance.

— Vous savez d'où elle arrivait ?

— Elle ne me l'a pas dit, mais d'après son teint et l'état de ses mains, ça faisait un bout de temps qu'elle marchait dans le froid. J'ai cru aussi repérer un accent du Maine dans ce qu'elle disait. Et puis à d'autres moments sa voix redevenait neutre et je n'en étais plus aussi sûre. Pas canadienne en tout cas. Mais ça ne veut pas dire qu'elle n'arrivait pas de là-bas.

Nancy s'est servi une bière qu'elle boit les yeux dans le vide et les coudes sur le comptoir.

— Elle n'avait pas grand-chose en poche pour manger, mais je lui ai quand même fait mes œufs qu'elle a arrosés de tabasco avant de les dévorer comme vous. Après, elle a insisté pour balayer la salle afin de ne rien me devoir. Quand elle a eu fini, c'était propre comme jamais. Elle m'a demandé s'il y avait une place à prendre. J'en ai parlé au patron et on l'a embauchée. Le soir même, elle faisait la connaissance de Taylor. Ça a été tout de suite le coup de foudre entre ces deux-là et on sentait bien qu'elles ne tarderaient pas à prendre leur envol comme des moineaux. Taylor travaillait chez nous depuis un mois. Avant ça, elle aussi faisait la route. Faut croire qu'elle se plaisait par chez nous. L'été, il fait presque chaud ici.

— Mila est restée combien de temps ?

— À peine un jour. Les routards ne tiennent pas en place. Ils s'arrêtent juste le temps de se remplir un peu les poches pour pouvoir continuer. Ces gens-là, ça avance comme si ça fuyait quelque chose. Le lendemain soir, quand j'ai embauché, j'ai vu que Taylor avait pris son salaire dans la caisse et qu'elles s'étaient envolées.

La serveuse regarde à nouveau par la fenêtre. Elle fouille un tiroir, en sort un carnet à spirales qu'elle pose devant Crawley.

— Un peu plus tard ce soir-là, alors que je prenais ma pause cigarette, j'ai retrouvé ça dans la neige. Je sais qu'il était à Mila parce que je l'avais vu crayonner dessus le premier jour. Elle avait dû le faire tomber en partant.

Crawley effleure la couverture du carnet. Elle est bleue et douce comme une fourniture d'écolier. Nancy a terminé sa bière. Elle soupire.

— Deux jours plus tard, je crois me souvenir que c'était un vendredi, on a reçu un appel de Taylor. Elle disait qu'elles étaient sur la route du côté d'Idaho Falls. Je lui ai souhaité bonne chance, mais je ne suis pas sûre qu'elle m'ait entendue car la communication n'était pas bonne. Après ça, elle a raccroché, et c'est tout.

Crawley laisse un billet de dix dollars sur le comptoir. Il se lève, coiffe son chapeau et se dirige vers la porte. La voix de Nancy le rattrape :

— Pensez à manger, vous êtes beaucoup trop maigre.

Crawley hoche la tête. Il sort dans le froid.

44

Après avoir quitté le *North Star*, Crawley est redescendu à travers la brume neigeuse jusqu'à Idaho Falls où il s'est arrêté pour la nuit dans un motel. Il se tient debout devant la glace de la salle de bains. Il vient de prendre une douche brûlante et a ceint ses reins à l'aide d'une serviette éponge qui semble ne pas vouloir tenir autour de sa taille. Il considère son ventre creusé. Malgré les œufs de Nancy, il a encore maigri. Il avale ses pilules pour le cœur et se sèche avant de rejoindre la chambre.

Le carnet de Mila est posé sur le lit. Il a résisté à la tentation de l'ouvrir sur la route, se contentant d'en effleurer la couverture de temps à autre. Il cale son dos avec un oreiller, allume une cigarette.

Les pages sont couvertes de croquis représentant des paysages et des villes que Mila a traversés ces derniers mois. Crawley en reconnaît certains pour les avoir aperçus lui-même au cours de ses voyages avec Norma.

Le premier dessin représente la citadelle d'Halifax. Chaque détail est si réaliste que Crawley a l'impression de regarder une photo. Il tourne les pages. La Nouvelle-Écosse, ses lacs, ses forêts. Parfois, Mila se dessine le pouce levé près d'un panneau indicateur ou en pleine nature. Elle a l'air heureuse. Elle croque aussi des visages, le plus souvent de profil, ceux des camionneurs et des automobilistes avec lesquels elle partage quelques kilomètres de son périple. Elle reproduit surtout des scènes marquantes de ses journées : un coucher de soleil, des canards sauvages, des abeilles butinant un buisson de fleurs.

Crawley se fige en découvrant la page suivante où Mila a dessiné un chien écrasé au milieu d'une route déserte. Il fronce les sourcils. À la précision macabre des détails, il comprend que la jeune femme a dû rester penchée durant des heures au-dessus du cadavre. Il tourne d'autres pages. Mila descend vers le sud à travers le Nouveau-Brunswick. Encore des lacs. La baie de Fundy. Des plages rocheuses. Des phares perdus sur des falaises au milieu de la lande. Des forêts de pins descendant jusqu'à la mer. Les doigts de Crawley s'immobilisent à nouveau. Hopewell Rocks, une plage hérissée de rochers verticaux. Une forme grise, indistincte, comme un tas de varech près de l'eau. Un vol criard de cormorans et de mouettes au-dessus. Page suivante. Mila s'est approchée. Une baleine à bosse échouée sur le sable. Vu l'état de la carcasse, elle a dû être heurtée par un bateau de fort tonnage et dériver durant des jours avant de s'échouer ici.

Mila campe sur la plage. Elle passe plusieurs jours à reproduire les moindres détails de la carcasse qui continue à se décomposer. À l'arrière-plan de ses croquis, le paysage a disparu. Il ne reste que la baleine, une langue de sable et la brume. Des traces brunes encore odorantes sur certains dessins. Mila touche la carcasse. Elle y plonge sans doute ses mains. Elle a besoin de ce contact.

Crawley tourne les pages. Mila a repris la route. Elle a franchi la frontière. Elle avance à présent à travers les étendues rocheuses du Maine. À nouveau des lacs. Saint Andrews et Perry. Elle a rejoint la côte. Des gros plans de branches mortes, des sacs poubelles éventrés, des oisillons morts sous un arbre. Mila dessine jusqu'à l'obsession un nid de frelons désert dans les branches. Page suivante. Le panneau d'entrée d'une petite ville. *Dead End, Maine*. Une bourgade de pêcheurs sans parking ni grande roue. À droite du dessin, une demeure d'inspiration victorienne perchée sur une falaise. Crawley cherche sur la carte routière où il a commencé à reporter l'itinéraire de Mila. Aucun patelin de ce nom-là. Le seul en fait dont la position corresponde s'appelle Sanborn Cove. Il revient au dessin du panneau d'entrée. Page suivante. Mila se tient devant la demeure sur la falaise. Elle s'est assise sous un cèdre pour dessiner un autre nid de frelons aperçu dans les branches. Crawley frémit. Ce nid-là est habité. Sa surface alvéolaire grouille de bestioles noires, larges et longues comme le pouce.

Page suivante. La façade de la demeure sur trois étages. Mila détaille les boisures, le porche, l'avant-toit, la longue terrasse qu'il recouvre. Une balançoire rouillée à droite. Des massifs de fleurs. Une boîte aux lettres. Crawley fronce les sourcils pour essayer de lire le nom écrit dessus. Il s'empare d'une loupe de poche qu'il passe sur le gribouillis de Mila. Il croit lire : « Amalia Spencer ». Plus loin : « Psychiatre ». La loupe glisse sur le reste de la maison, s'immobilise sur une forme derrière les voilages d'une fenêtre à l'étage. Un visage. Celui de Mila. Elle est beaucoup plus jeune, beaucoup plus maigre, ses longs cheveux sont noués en tresses légères et elle semble terrifiée.

45

— Mila ? Vous m'entendez ?

Mila se tient debout devant les visages du mur d'expression. Elle a passé la nuit ici, sans boire ni manger. Searl a l'impression que son corps se décharne sous sa chemise de nuit et son pull en laine. Elle frissonne. Depuis l'accident de vision, des souvenirs ont commencé à remonter à la surface.

— Je sais que vous êtes terrifiée. Ce qui s'est passé ne se reproduira pas.

— Comment pouvez-vous en être sûr ?

Mila a chuchoté ces mots. Searl ne répond pas. Il regarde les dessins que Mila a exécutés cette nuit sur un cahier à croquis. D'une précision ahurissante, ils représentent des scènes de son enfance. Sur la première page, elle est accroupie sur un rocher au bord d'un ruisseau. Il fait beau et chaud. Elle trempe ses doigts dans l'eau claire. Un poisson passe à proximité. Des libellules, des moucherons, la lueur du soleil à travers les arbres. Un nid de frelons au loin sur une branche basse.

— Vous êtes douée en dessin. Vous l'avez toujours été ?

— Je ne sais pas. J'imagine que oui.

Searl passe aux autres pages. Le bruit du papier cartonné entre ses doigts. La scène suivante représente Mila sur un vélo. Toujours la même précision. Elle doit avoir 8 ans. Une route de campagne au milieu des champs. C'est la saison des coquelicots. De lourds nuages de beau temps rampent dans le ciel. Un petit chien galope à côté du vélo, le long d'un alignement de poteaux télégraphiques. Un nid de frelons est perché sur l'un d'eux. Les insectes furieux s'en échappent en grondant, fondent sur le petit chien qui n'est plus qu'une boule informe et agonisante au bord de la route. La gorge sèche, Searl feuillette les autres pages. Mila assise sur la table de la cuisine. Mila lisant sur un lit couvert d'oreillers. Chaque fois, s'échappant d'une cheminée ou entrant par une fenêtre ouverte, des frelons.

— Vous voulez bien me parler de ces souvenirs qui vous sont revenus ?

— Ce sont plus des images que des souvenirs. Elles sont très précises mais elles ne bougent pas.

— Vous percevez des odeurs ?

— Par moments. Des odeurs de pluie ou de pierres chaudes.

— Des bruits aussi ?

— Non. Il n'y a que le silence. Et le bourdonnement lointain des frelons.

— Les frelons représentent le danger pour votre esprit. Vous avez dû être gravement piquée dans votre enfance. Vous vous souvenez de cela ?

— Non.

— Votre corps, lui, s'en souvient. C'est l'incarnation de votre peur. Ça va s'arranger.

Searl regarde le portable en plastique de Crawley vibrer sur le bureau. Un message du shérif clignote sur l'écran.

« Je vous envoie des pages d'un carnet que Mila tenait en faisant la route. Elle n'écrit pas. Elle ne fait que dessiner. Je conserve les pages précédentes pour mon enquête. Dans les suivantes, elle vient de passer par un village de pêcheurs où je pense qu'elle s'est arrêtée chez quelqu'un qu'elle connaissait. Après cela, elle se dirige vers Cleveland. Dans les dessins que je vous envoie, un inconnu apparaît. Je vous laisse fouiller dans cette direction. Des résultats de votre côté ? »

Les doigts de Searl courent sur le clavier.

« Des souvenirs d'enfance. Rien de concret pour le moment. »

Searl attend une réponse. Elle ne vient pas. Il repose le téléphone jetable à côté de son iPhone. Un infirmier apporte la pile de dessins que Crawley vient de faxer. Bangor dans le Maine, Albany, Syracuse. Mila reproduit des monuments, des places et des rues, des champs à perte de vue, des granges au loin. Searl passe la loupe sur chaque croquis. Dans les différentes scènes, une silhouette se précise, d'abord esquissée au milieu des autres, puis de plus en plus nette à mesure que Mila fixe son attention sur elle. Un homme, jeune. Il porte une parka à capuche fourrée qui masque son visage, un jean, des bottes, un sac à dos.

Niagara Square à Buffalo, l'immense hôtel de ville Art déco à l'arrière-plan. Le jeune homme est assis sur un des plots en béton qui gardent le monument McKinley. Il ne semble pas remarquer l'essaim de frelons qui tourbillonne au-dessus de lui. Il a croisé les jambes et fabrique une pancarte qu'il tient verticalement sur ses genoux.

Searl examine les dessins suivants. Cleveland, Toledo, Chicago. Le métro aérien. L'homme au sac à dos est là, dans le même wagon que Mila, le visage dissimulé sous sa capuche fourrée. Il se tient debout près des portes. Un frelon tournoie sur le verre juste en face de ses yeux.

46

Mila s'est mise à dessiner sur la partie du mur qui lui est réservée. Des visages écorchés autour d'une table. Les plaies n'apparaissent que par contraste, à la lueur des bougies qui les éclairent. On dirait que les suppliciés contemplent le vide.

— Mila ?

— Oui ?

— Est-ce que vous êtes déjà allée à Chicago ?

— Je ne sais pas. Je ne pense pas.

La jeune femme a posé ses feutres. Elle est épuisée. Elle s'allonge sur le fauteuil de relaxation. Searl lui tend les croquis du métro.

— On dirait mes dessins.

— Vous les reconnaissez ?

— Non, mais le coup de crayon m'est familier.

Mila lève les yeux vers Searl. Elle est pâle, effrayée. Elle est en train de traverser cette phase du réveil où le cerveau abandonne ses faux souvenirs sans parvenir encore à récupérer les vrais.

— Je ne reconnais pas du tout cet endroit.

— C'est un de vos souvenirs. C'est celui-ci que je vais vous proposer d'explorer.

— Avec votre fichue machine à odeurs ?

— Cette fois-ci, je serai là avec vous.

— Je ne veux pas y retourner.

— À Chicago ?

— Dans ce ranch.

— C'est votre lieu mort, Mila. Je ne vous y renverrai jamais. À présent que votre cerveau le sait, il ne vous y renverra pas non plus.

Mila laisse Searl lui sangler les avant-bras sur les accoudoirs. Il place les écouteurs et la canule olfactive. Elle ferme les yeux.

Bientôt, les ondes thêta résonnent au loin. Elles enveloppent l'esprit de Mila. Elles créent le mouvement du souvenir. Des grincements. Des vibrations. Cahots et soubresauts des roues sur les rails. Des secousses légères, contenues, rassurantes. Des odeurs ensuite, de bois, de froid, de corps, de cheveux, d'haleine, de moquette et de brûlé. Comme du charbon, comme le souvenir du charbon.

Se mêlant aux secousses, les odeurs se font sensations, de la banquette contre le dos de Mila, du reste de son corps qui réintègre son esprit, de tous ces mouvements ressuscités qui la traversent à nouveau. Chicago. Il faisait très froid ce jour-là.

47

Le mugissement du métro. Les vibrations. Un bloc de lumière, vif, crémeux, massif et horizontal, comme un immeuble incandescent persistant à la surface de la rétine. Un bloc d'ombre. Un autre à nouveau de lumière. Le globe brillant du soleil entre les buildings de Chicago. Éblouie, Mila vient de fermer les yeux. Elle porte un manteau épais et des mitaines. Son nez est glacé. Sa chaussure droite est trop serrée. Ses vêtements sont propres, son corps aussi. Elle fait une pause à Chicago. Un petit hôtel dans le quartier étudiant, un repas chaud dans un vrai restaurant. Un goût de pâte sucrée tapisse sa gorge. Une gaufre chaude dont elle ressent encore la chaleur sur ses paumes, le nappage léger sur ses doigts.

Mila rouvre les yeux au moment où la rame ralentit à l'approche d'un virage. Le métro aérien, ses entrelacements de rails et de ponts métalliques au milieu des buildings, si proches que les wagons en frôlent souvent les façades. Mila a posé son front contre la vitre. Les briques rouges des immeubles luisent de mille feux sous l'effet du givre. Un autre virage fait apparaître le building-prison de haute sécurité de Chicago avec ses meurtrières donnant à chaque étage sur des cellules ultramodernes. À un embranchement de lignes, tout près d'une nouvelle série de virages qui force une nouvelle fois le convoi à ralentir, une troupe de danseuses se produit sur le toit d'un entrepôt désaffecté, juste pour les passagers du métro. Mila leur adresse un signe de la main à travers la vitre. La lumière change à nouveau tandis que le soleil disparaît derrière un immeuble. Le front toujours appuyé contre la vitre, la jeune femme capte à présent le reflet des autres voyageurs à la surface du verre. Une silhouette attire son attention à l'autre bout du wagon. Un homme vêtu d'une parka Canada Goose. Un sac à dos à ses pieds. Il a enfilé sa capuche fourrée. Il porte des chaussures de marche au cuir usé. Il fait la route. Mila fronce les sourcils.

— Vous le connaissez ?

Mila tourne la tête vers le vieil homme assis en face d'elle. Il est grand et mince. Les cheveux blancs tirés en arrière, il porte un anneau d'or à l'oreille. Mais c'est surtout ses yeux bleu lavande qui retiennent l'attention de la jeune femme.

— Qui êtes-vous ?

— Vous avez eu un accident. Vous êtes hospitalisée au Good Samaritan à Los Angeles. Vous vous souvenez ?

— Je ne vous connais pas. Je vous assure que n'ai jamais eu d'accident. Je vais très bien. Je fais la route.

— Votre cerveau tente de résorber le traumatisme en le niant. Vous ne devez pas le laisser faire. Vous êtes allongée sur un fauteuil de relaxation, dans la salle d'expression de mon service. Vous avez eu un premier accident de vision dans un de vos lieux morts. Vous êtes sur le point de sombrer à nouveau dans le coma.

Les sons et les vibrations s'atténuent. Les yeux de Mila sont en train de se fermer. Un éclair blanc, aveuglant. Elle tressaille. Elle rouvre les yeux.

— Aïe ! Qu'est-ce que vous m'avez fait ?

— Une décharge électrique. Votre tracé revient. Qui suis-je, Mila ?

— Vous... Vous êtes le docteur Searl.

— Où êtes-vous en ce moment ?

— Je suis hospitalisée dans votre service après avoir eu un accident de la route. Je suis au Good Samaritan Hospital, service des endormis.

Au moment où Mila prononce ces mots, l'inconnu tourne brusquement la tête vers le reste du wagon. Il cherche Mila du regard. Elle voit ses yeux briller sous sa capuche. Des frelons en émergent, grouillent sur la fourrure synthétique.

— Mon Dieu, il m'a sentie. Il sait que je suis là.

Searl se penche, prend la main de la jeune femme dans la sienne.

— Regardez-moi, Mila. Ne regardez que moi. Ce à quoi vous assistez s'est déjà produit. Il ne peut rien vous arriver. Vous le connaissez ?

— Je ne sais pas. Il me suit depuis le Maine. J'ai l'impression qu'il me suit depuis toujours.

— Pourquoi avez-vous peur de lui ?

— Parce qu'il tue.

— Qui, Mila ? Qui a-t-il tué ?

Mila frémit. Elle est submergée par l'horreur.

— On était dans une auberge de jeunesse à Buffalo. Un chien aboyait dans la cour intérieure. On aurait dit qu'il avait peur. Cet homme est sorti comme une ombre. Je l'ai suivi de loin. Il était accroupi dans l'arrière-cour. Il serrait le chien dans ses bras. J'ai cru qu'il voulait le réconforter, mais en fait il était en train de le poignarder. Il l'étouffait, et, en même temps, il le poignardait.

— Est-ce que vous le connaissez ?

— Non. Il ne montre jamais son visage. Il avance dans la pénombre. La nuit lui appartient. C'est le maître des frelons.

En entendant ce surnom, l'inconnu sursaute. Il a repéré Mila au milieu des autres passagers. Il se rapproche en se tenant aux rambardes. Une lame courbe et tranchante surgit de la manche de sa parka tandis qu'il marche vers elle. Le métro fonce à travers une nuit d'encre. Plus de buildings ni de froid. Plus de passagers, hormis Searl dont la silhouette commence à se diluer.

— Oh mon Dieu, il va me tuer !

— Calmez-vous, Mila. J'ai déclenché les ondes de réveil. Il vous suffit juste de fermer les yeux ici pour les rouvrir à l'hôpital.

Mila est pétrifiée. Elle ne parvient pas à refermer ses paupières. La voix de Searl, lointaine à présent :

— C'est à vous de décider, Mila. Voulez-vous vous réveiller ?

Le maître des frelons est tout proche. Il brandit sa lame qu'il pose sur la gorge de Mila. Il se penche au moment où elle ferme enfin les yeux. Son souffle sur son visage. Son haleine morte. Les sensations s'éloignent. La dernière est celle de l'acier qui perce son cou. Le néant à nouveau. Au loin, la lumière de la salle d'expression, comme une tête d'épingle dans les ténèbres, de plus en plus large à mesure que Mila revient. Le bourdonnement des frelons s'amenuise derrière elle. Elle marche vers cette lumière. Elle a l'impression de courir vers elle.

48

Crawley a atteint Bangor. Il roule depuis des heures vers le golfe de Fundy. Le littoral brumeux du Maine. Des forêts humides, des lacs. À cette époque, la côte n'est qu'une succession de stations balnéaires désertes et froides. Il s'arrête sur le parking d'un supermarché à Hodden pour faire le plein du pick-up cabossé qu'il a acheté dans une casse. On est dimanche et le parking est vide. Des sacs en plastique tourbillonnent dans le vent. Un caddie abandonné au milieu. Au-delà, la carcasse métallique d'une grande roue près de la plage, des auto-tamponneuses parquées sous leurs bâches, des montagnes russes. Assis sur un trottoir à côté des grilles de la fête foraine, un adolescent à la chevelure ébouriffée parle avec un grand et vieux Noir très maigre qui balaie les détritus. L'océan encore au-delà, verdâtre et brumeux.

Crawley traverse le centre-ville désert. Un vélo d'enfant est couché sur le trottoir. Un peu plus loin, sous le crachin qui s'est mis à tomber, une tondeuse est immobilisée au milieu d'un jardin. Le panneau de sortie de la ville. La route s'éloigne de la côte, franchit quelques collines boisées, puis pique à nouveau vers l'océan à travers d'épaisses pinèdes aux aiguilles violettes. Bientôt le panneau d'entrée de Sanborn Cove. Crawley range son pick-up sur le bord de la route. En dessous du nom du patelin, le losange jaune d'un autre panneau : « DEAD END ». Impasse. Il lève les yeux vers le petit port de pêche et sa plage de galets gris engoncée entre deux falaises. Perchée à droite, la maison du dessin de Mila, de style sudiste et flanquée d'un large cèdre aux reflets bleutés. Un chemin à peine carrossable y conduit à droite du panneau d'entrée. Crawley y engage son pick-up. Les suspensions grincent dans les nids-de-poule et les ornières mal comblées. Une lande rocailleuse balayée par le vent. Le chemin n'est bientôt plus qu'une cicatrice à travers les herbes. Le shérif s'arrête à quelques mètres du cèdre et coupe le contact. Les rafales font grincer les branches. Il remonte son col et descend, immédiatement happé par le vent froid. Il se tourne vers le large. L'océan gris ardoise à perte de vue. Le ressac contre les falaises. Un chalutier lutte au loin contre les brisants.

Crawley allume une cigarette en se tournant vers la maison. Les volets sont presque tous fermés. Un filet de fumée blanche s'échappe du conduit de la chaudière. Il marche jusqu'au pied du cèdre. Sous les branches, l'air embaume le menthol et la mousse. Il repère facilement l'endroit d'où Mila a exécuté ses autres dessins de la maison. Il s'accroupit. Entre les racines, il repère des mégots fumés jusqu'au filtre, ainsi qu'un emballage de bonbons Life-Savers. Le plastique craque entre ses doigts tandis qu'il le renifle. Ça sent la cerise sauvage, pour autant que la cerise sauvage sente quelque chose.

Crawley se redresse, marche jusqu'à la maison, lit le nom sur la boîte aux lettres. Amalia Spencer, psychiatre. Il grimpe la volée de marches menant à la terrasse. Il va frapper à la porte lorsqu'une voix éraillée suspend son geste :

— Vous cherchez quelque chose ?

Crawley se tourne vers une table de jardin installée à l'autre bout de la terrasse, au milieu d'une forêt de bambous en pot. Une femme grande et mince enveloppée dans un châle est assise devant un service à thé. Elle porte un épais pull de laine aussi blanc que ses cheveux. Elle doit avoir la soixantaine. Elle sirote son thé en regardant approcher Crawley de ses yeux d'un noir intense. Le shérif ôte son chapeau.

— Docteur Amalia Spencer ?

— Qui la demande ?

Crawley est sur le point de porter sa main à sa poche pour en extraire sa plaque comme au bon vieux temps. Il se ravise de justesse.

— Howard Mullen. Je recherche ma belle-fille. Elle a disparu du domicile conjugal il y a deux mois en laissant un enfant en bas âge et un mari dévasté. Elle a abandonné toutes ses affaires et, en particulier, un journal de bord avec des dessins. Votre maison et votre nom apparaissent sur plusieurs de ces croquis.

Le Dr Amalia Spencer allume une cigarette dont elle recrache lentement la fumée. Ses yeux d'un noir d'encre restent fixés sur Crawley. Elle prend le dessin qu'il lui tend, l'examine avec attention.

— Un visage d'adolescente apparaît derrière une des fenêtres à l'étage. C'est elle, jeune.

— Comment s'appelle-t-elle ?

— Son nom de jeune fille est Mila Banks.

Le visage d'Amalia Spencer est devenu pâle. Ses traits sont tirés. Elle souffle la fumée de sa cigarette.

— J'ai bien peur que ce soit impossible, monsieur Mullen. Mila Banks est morte il y a quatre ans.

49

Le thé refroidit dans les tasses. Ça sent encore vaguement la cannelle et le gingembre. Crawley frissonne dans le vent qui agite les bambous. L'air est de plus en plus frais à mesure que la lumière décroît. Le shérif regarde les livres et l'épais bloc-notes que le Dr Spencer a laissés sur la table. C'est surtout le bloc qui attire son attention.

Il entend grincer la moustiquaire de la porte d'entrée. Amalia Spencer revient avec un plateau sur lequel elle a disposé une bouteille de whisky et de fines tranches de bœuf séché. Elle porte des dossiers sous un bras. Elle les dépose à côté du bloc avant de servir le whisky dans de lourds verres en cristal. Les glaçons tintent en remontant à la surface.

— Du Bruichladdich, un whisky écossais qui titre 90 degrés. Ceux qui le distillent assurent qu'une seule gorgée peut vous tuer net.

— Tant mieux.

Amalia Spencer allume une autre cigarette, très blanche et très fine, dont elle recrache lentement la fumée. Crawley considère son visage à peine ridé. Quelque chose de froid au fond de cette âme.

— Vous aviez donc une patiente qui s'appelait Mila Banks ?

— J'ai fait sa connaissance il y a quatre ans. Elle venait d'être recueillie par une famille qui habitait une maison de pêcheur à l'autre bout de Dead End.

— Dead End ?

— C'est comme ça que nous appelons notre patelin. Une façon comme une autre de décourager les estivants de venir s'y fourvoyer avec leurs satanés camping-cars et leurs bedaines enduites de crème à bronzer. Nous sommes une petite ville de pêcheurs sans hôtel ni restaurant. Nous tenons à notre tranquillité.

— Vous habitez ici depuis longtemps ?

— Je suis née ici. Je suis partie exercer ma profession dans la plupart des grandes villes du monde, mais, au bout du compte, nous sommes comme les saumons : nous revenons toujours à l'endroit où nous avons vu le jour.

Amalia Spencer déguste une tranche de viande séchée qu'elle fait passer avec une gorgée de whisky. Crawley fait de même. Saveur teriyaki pour la viande, baril de poudre et ceinture de cuir pour le whisky. Le tout descend comme une brûlure le long de son œsophage. Il se rend compte qu'il est affamé. Amalia Spencer ne le quitte pas des yeux. Il a l'impression qu'elle lit en lui à livre ouvert.

— La première fois que j'ai vu Mila, c'était à la fin d'une journée de juillet, l'année de l'éclipse totale du soleil. Je venais de me réinstaller ici et je recevais encore quelques patients qui venaient d'Augusta ou de Bangor. Quand je suis sortie ce jour-là, il faisait une chaleur épouvantable et Mila était assise sous le cèdre. Je venais de me préparer du thé glacé. Je l'ai invitée à le partager avec moi. Il m'a fallu une semaine pour qu'elle accepte de venir s'asseoir à votre place. Elle n'a en revanche jamais bu son thé. Mais elle venait s'asseoir là tous les jours, sous le cèdre d'abord, à cette table ensuite quand je m'y installais et que je lui faisais signe de me rejoindre. C'était une très belle jeune fille de 14 ans, triste et tourmentée. Elle ne parlait pas.

Amalia Spencer boit une nouvelle gorgée de whisky. Elle a la main lourde. On sent que se souvenir de Mila lui est pénible.

— Quelques jours plus tard, les parents adoptifs de Mila sont venus me trouver. Des instituteurs à la retraite qui habitaient Bangor et qui songeaient à s'installer définitivement dans leur maison de campagne de l'autre côté de la baie. Je leur ai dit que je ne pouvais pas prendre d'autre patient, mais ils ont tout de même tenu à me raconter son histoire. Mila avait été découverte six mois plus tôt errant dans le grand désert de l'Utah. Elle avait été recueillie par des itinérants très pauvres qui l'avaient gardée quelque temps avec eux avant de la remettre aux autorités. Elle était maigre, ne parlait pas et présentait de nombreux stigmates de mauvais traitements. La police n'a jamais su d'où elle venait ni ce qui lui était arrivé. Comme elle souffrait d'adermatoglyphie, on n'a pas pu relever ses empreintes digitales et personne ne sait qui elle était ni comment elle s'appelait vraiment. Elle portait un médaillon gravé au prénom de Mila. Les Banks ont fait le reste en l'adoptant.

— Personne ne l'a jamais réclamée ?

— Non. Les autorités ont survolé avec des hélicos la partie du désert où elle avait été retrouvée par les vagabonds. D'après les enquêteurs, elle avait pu être elle-même une enfant de vagabonds ou d'une famille très pauvre installée dans une cabane au beau milieu du désert. Une de ces cahutes en planches sans eau ni électricité qui se font et se défont au gré des tempêtes. On en dénombre des milliers dans ces endroits isolés. Alors, au bout de quelques semaines, les autorités ont bouclé le dossier et proposé Mila à l'adoption.

— Vous croyez à cette thèse de l'enfant vagabond ?

— Je ne sais pas. Ce qui va dans ce sens, c'est le fait que Mila n'ait jamais été déclarée comme souffrant d'adermatoglyphie. Or, si elle était allée à l'école, cette affection très rare aurait automatiquement fait l'objet d'un signalement. Pour autant, lorsque je l'ai connue, elle semblait maîtriser les codes sociaux de base, comme la politesse ou l'empathie. Preuve qu'elle avait fait l'objet d'une éducation, même sommaire. À ceci près qu'elle ne parlait pas. Mais cela ne signifie pas qu'elle n'avait jamais parlé.

— Il y a tant d'enfants que ça non déclarés aux États-Unis ?

— Élevés en dehors de toute influence de l'État, vous voulez dire ? Vous seriez étonné. Les gens qui échappent ainsi à tout recensement, le plus souvent des familles ou des clans entiers, forment deux communautés qu'on appelle les Outland et les Farland. On estime à quatre-vingt mille le nombre des premiers. Ils vivent en marge de la société par choix. Ils n'ont pas de carte d'identité, pas de mutuelle, pas de travail déclaré, pas de compte en banque. Ils sont itinérants et tout à fait civilisés, à ceci près qu'ils refusent toute notion de gouvernement, d'impôts, de scolarité. Ils vivent en autarcie par conviction et par choix philosophique. Les autres forment le groupe beaucoup plus obscur des Farland. Rarement éduqués, vivant le plus souvent dans une grande misère dont ils n'ont aucune chance de s'extraire, les Farland subissent leur état. Ils vivent dans les endroits les plus reculés, formant le plus souvent des regroupements opportunistes de taudis perdus en pleine nature. Sans compter les enfants morts, assassinés ou affamés dans ce genre de milieu sans que personne ne soupçonne leur existence. Dans ces endroits coupés du monde, que ce soient les régions désertiques ou les villages isolés sans eau ni électricité au milieu des Appalaches, on vit encore comme en Europe au Moyen Âge. Ce sont des lieux qui échappent à la civilisation, emplis de noirceurs.

La psychiatre vide son verre. Il fait presque nuit et les lampes à batterie autonome qui équipent la terrasse prennent peu à peu le relais du soleil. Crawley se tourne vers le cèdre.

— Mila adorait venir s'asseoir ici. Je ne sais pas au juste ce que cet arbre avait à lui dire, mais elle l'écoutait. Un soir, elle est arrivée couverte de boue. Je lui ai proposé de prendre un bain. Curieusement, elle a accepté mais elle était incapable de se laver convenablement. Je m'en suis alors occupée moi-même avec une éponge et du savon. Quand je l'ai enveloppée dans une serviette, elle s'est serrée contre moi comme un animal apeuré. Elle grelottait. J'ai tendu l'oreille et je me suis rendu compte qu'elle fredonnait « *It's time to feed my tiger* », une comptine qu'on enseigne en maternelle pour apprendre l'anglais.

— Elle est venue vous voir souvent ?

— Presque tous les jours de cet été-là. Parfois, elle s'endormait entre les racines du cèdre, ou dans la remise où je lui avais installé un sommier, une table de nuit et une lampe de chevet. Jusqu'à ce jour tragique.

— Que s'est-il passé ?

Le visage d'Amalia Spencer s'assombrit à nouveau.

— C'était à la fin du mois d'août, le jour de l'éclipse. Ça avait attiré tant de plaisanciers que l'océan en était couvert à perte de vue. Du monde aussi sur les falaises. Les parents adoptifs de Mila avaient loué un bateau pour rejoindre l'armada des estivants qui actionnaient leur sirène dans cette obscurité irréelle. Personne ne sait ce qui s'est passé. Toujours est-il qu'à l'aube, les gardes-côtes ont retrouvé le bateau des Banks vide et à la dérive à plusieurs miles d'ici. On n'a jamais repêché leurs corps. Alors, deux semaines plus tard, quand les recherches ont été interrompues, les habitants de Dead End se sont cotisés pour leur offrir une stèle au cimetière.

— Et vous n'avez jamais échangé un seul mot avec Mila durant ce fameux été ?

— Seulement des dessins. Des cahiers entiers de croquis. Je vous en ai retrouvé quelques-uns afin que vous puissiez vous faire une idée.

La psychiatre désigne les dossiers qu'elle a apportée en même temps que le whisky. Crawley les examine les uns après les autres. Il est à nouveau stupéfait par le foisonnement de détails que Mila, même jeune, réussissait à rassembler dans ses croquis. Le dessin qui revient le plus souvent est celui d'un petit ranch au milieu d'un désert. Le toit et une partie de l'arrière-cour sont recouverts d'un épais filet de camouflage, lequel projette son ombre sur la margelle d'un puits. Un ciel immense et bleu à perte de vue. Le sol, d'un blanc éclatant, à perte de vue lui aussi. Rien à l'horizon que de vagues montagnes plates.

Crawley feuillette les autres dessins. Variations autour d'un même thème. Le ranch aux formes estompées par le camouflage, vu de l'arrière, de face, des côtés, de près, de loin, le soir, à l'aube, sous la chaleur écrasante de midi. Un enclos vide sur le devant, dont les planches vermoulues sont pour la plupart déclouées. Un avant-toit branlant projetant une flaque d'ombre noire sous l'ombre grise du filet. Une chaise à bascule vide en dessous. Deux fenêtres crasseuses encadrent la porte d'entrée. Un demi-étage aveugle immédiatement sous la fournaise du toit bardé de toile goudronnée. À l'arrière, une soupente encombrée de rondins partiellement recouverts par une bâche poussiéreuse côtoie un vieux portique avec une balançoire rouillée. À dix pas de là, le puits et sa margelle. À quinze autres pas, un empilement de branches mortes provenant d'un arbre desséché dont la souche émerge encore du sol sablonneux. Rien d'autre à perte de vue, que le désert.

Sur la plupart des dessins suivants, une petite fille en chemise de nuit se tient debout au centre de cette arrière-cour ombragée. Immobile sous le soleil brûlant, à mi-distance du puits et du tas de branches mortes, elle serre un ours en peluche contre elle. Sur d'autres, elle est accroupie devant le tas de branches mortes et on dirait qu'elle creuse la terre rougeâtre sur laquelle il est posé.

Les yeux de Crawley s'immobilisent sur le dessin suivant. Même décor, même petite fille accroupie. À ses côtés, un garçon, vraisemblablement du même âge, l'aide à creuser le sol avec ses mains. On ne voit pas son visage qui n'est qu'une ombre sous les ombres projetées. Sur les croquis suivants, le même garçon est assis sur la margelle du puits. Il semble s'adresser à la fillette assise sur la balançoire ou de nouveau debout et immobile entre le puits et le tas de branches mortes.

— Qui est ce petit garçon ?

— Sans doute un ami imaginaire que Mila s'était inventé pour supporter la réalité.

— Il lui ressemble étrangement.

— C'est souvent le cas quand on s'invente un ami.

— Elle n'avait pas de parents ?

— Si elle en a eu, elle ne les dessinait jamais.

— On a une idée de l'endroit où se trouve ce ranch ?

— Non. Mais, vous savez, ce lieu peut tout aussi bien être sorti de l'imagination de Mila.

— Pourtant votre maison existe bien, elle. Mila sait donc reproduire la réalité. Et elle y laisse toujours des indices.

Crawley s'intéresse à présent à l'arrière-plan des dessins les plus détaillés. Il sélectionne ceux sur lesquels Mila a dessiné le ranch de loin. Rien n'accroche l'œil à l'horizon. Aucune montagne, aucun repère. Il revient sur d'autres croquis que Mila semble avoir reproduits à heure fixe. À chaque fois, allongée près du puits, elle dessine le filet de camouflage au-dessus d'elle. Encore au-dessus, flottant dans le ciel parfaitement bleu, elle reproduit la croix que forment les traînées de condensation de ce qui ressemble à deux vols intérieurs à moyenne altitude. Elle exécute ses dessins toujours au même moment, alors que les avions se sont croisés quelques minutes plus tôt et que leur traînée respective s'éloigne, à angle droit, l'un volant visiblement un peu plus vite que l'autre. D'après la position du soleil sur chaque croquis, il est entre midi et 14 heures. Cette vision à heure fixe d'une civilisation en marge de laquelle elle vit semble fasciner Mila. Crawley examine les autres dessins. Pas d'autres traînées de condensation que celles de ces deux avions de ligne. Pas même celle, plus fine, d'un avion de chasse.

— Vous pouvez les garder si vous le souhaitez. Promettez-moi simplement que vous me les renverrez quand vous n'en aurez plus besoin.

Crawley hoche la tête. Les cahiers de Mila sous le bras, il rejoint sa voiture.

50

Searl ne s'en serait pas rendu compte s'il n'avait pas fait un crochet par les urgences. Il n'y aurait sans doute même pas prêté attention. À nouveau ce sifflement aigu et très faible tandis qu'il se penche sur la victime âgée d'une soixantaine d'années, Basilio Gomez, un réveillé qui avait quitté son service six mois plus tôt après une longue période de coma dépassé. Searl se redresse. Encore ce sifflement. Il considère le patient en état de mort cérébrale, la moitié du visage emporté par la balle qu'il s'est tiré dans la tempe. Il avise la récente cicatrice qui barre son sternum. Il lève des yeux interrogateurs sur les urgentistes :

— Pontages et pacemaker posé il y a deux mois. C'est cela qui le maintient encore en vie mais ça ne va pas durer. On a préféré vous appeler car c'était un de vos patients.

Juste derrière le hublot vitré des urgences, Carmina Gomez, la femme de Basilio, ravagée par le chagrin. Searl se souvient d'eux. Un couple de petits vieux qui étaient en croisière dans les Antilles quand Basilio avait fait son attaque cérébrale. Il était grand-père de onze petits-enfants, et Carmina était restée des nuits entières à son chevet, réveillant ses souvenirs, maintenant le contact. Et puis le miracle s'était produit. Pour quelques mois.

Searl achève d'examiner le suicidé. Basilio avait beaucoup maigri pendant son coma, mais pas autant que maintenant. Des cicatrices mal refermées parsèment ses avant-bras. Il n'en était pas à sa première tentative. Sans doute depuis son opération cardiaque. Souvent, les plaies qu'on ouvre ne se referment jamais.

Searl se penche sur son ancien patient. Il sait qu'un cerveau dans un tel état ne capte plus rien. Il lui murmure pourtant quelques mots. Les tracés ralentissent, deviennent plats. Searl coupe les alarmes de l'électrocardiogramme. De l'autre côté du hublot, Carmina sanglote dans son mouchoir. Il n'a pas la force d'aller la réconforter. Et puis le sifflement du pacemaker qu'il vient à nouveau de capter accapare son esprit. Il gagne le vestiaire, inspecte ses vêtements, trouve rapidement la puce micro que Garraty a glissée dans sa poche quelques minutes plus tôt, sans doute juste avant qu'il ne descende du GMC. Searl examine l'engin au creux de sa paume. Pas plus gros qu'un bouton de chemise. Il est tenté de l'écraser sous son talon. Il se ravise et rejoint son service. Les portes blindées se referment en chuintant sur son passage. Les rumeurs assourdissantes du hall s'estompent. Il ne reste plus que le silence atténué par un fond de musique classique.

Searl passe devant la salle de sport. À travers la baie vitrée, il observe Mila sur son tapis de course. Son tee-shirt est trempé. Depuis que le kiné lui a donné le feu vert pour des courses à rythme soutenu, elle ne décroche plus. Searl la regarde. Visage fermé, presque lisse, la jeune femme court en écoutant la musique qui se déverse de ses écouteurs. Elle a les yeux fermés, l'esprit entièrement concentré sur l'effort. Searl connaît cette sensation. Chaque muscle, chaque atome, chaque bloc de neurones tendus vers le même but. Le tapis ralentit. Mila récupère. Elle se sent bien. Elle rouvre les yeux. Searl lui adresse un signe en lui indiquant sa montre. Mila a compris. Elle disparaît dans les douches.

La salle de garde. La secrétaire de Searl lui apporte un café. Le débriefing de la nuit se déroule sans incident. Searl fait signe à son équipe de continuer sans lui. Avant cela, il a glissé le micro dans la poche de son kiné en chef, lequel va passer la matinée à s'occuper des comas de stade 4. Massage, détente profonde. Aucun risque que Garraty n'entende quoi que ce soit.

Searl remonte les couloirs, referme la porte de la salle d'expression derrière lui. Mila se tient devant les fenêtres. Elle regarde le parc. Ses cheveux sont encore humides. Ses épaules se soulèvent légèrement au rythme de sa respiration. Elle a de nouveau posé sa main à plat sur la vitre. L'angoisse de morcellement, comme dans les premiers jours qui avaient suivi son réveil.

Searl s'assied à son bureau et consulte les autres dessins découverts par Crawley dans le carnet de la jeune femme. Après Chicago, Mila a repris la route en direction de Des Moines et de la frontière du Nebraska. Le maître des frelons est sur ses talons. Le cœur de Searl accélère en tombant sur le croquis d'un sans-abri étendu dans une mare de sang au pied d'un arbre éclairé par un lampadaire. C'est la nuit. Il a été égorgé. À l'arrière-plan, on aperçoit le dôme en or du Capitole d'État de l'Iowa. Les dessins suivants représentent des fragments de campagne déserte. L'Iowa et ses cultures en rond à perte de vue. Vus du ciel, des milliers de cercles de couleurs différentes. Une route. Une station-service. Une ferme entourée de champs de maïs et gardée par un saint-bernard. Le dessin d'après est sombre, à peine éclairé par des bougies posées sur une table. Searl sent sa gorge s'assécher. Des visages écorchés, comme ébouillantés dans la lueur mouvante des flammes. Le psychiatre lève la tête vers le mur d'expression. La même scène morbide que Mila avait dessinée la veille.

— Mila ?

— Oui ?

— Comment allez-vous, aujourd'hui ?

— Je ne sais pas. Des flashs effrayants me reviennent mais je ne les comprends pas.

— J'allais y venir. J'en ai l'obligation légale à présent.

Mila est venue s'asseoir devant Searl. Elle ramène ses cheveux en arrière, les noue avec un chouchou.

— Avant votre accident, vous avez été enlevée, sans doute par ce maître des frelons que vous avez croisé dans le métro de Chicago. Une fillette était détenue au même endroit que vous. Un policier est intervenu mais le tueur est parvenu à s'échapper. Vous voyagiez avec une amie. Taylor Bancroft. Elle a été poignardée dans les mines où vous étiez retenues prisonnières. Après l'intervention de ce policier, vous avez réussi à vous enfuir avec cette fillette. Vous avez conduit à travers le Colorado et l'Utah, jusqu'à la Vallée de la Mort où vous l'avez sans doute laissée à des gens de confiance pour qu'elle échappe à ce tueur. C'est ma fille. Elle s'appelle Kirsten. Cela fait deux mois à présent qu'elle a disparu et personne ne sait si elle est encore en vie.

Searl a sorti une photo de Kirsten de son portefeuille. Il la montre à Mila. La jeune femme a posé ses mains sur ses lèvres. Elle sanglote. Searl se concentre. Il sait qu'il joue gros et que, à force de bousculer sa patiente si tôt après son réveil, il risque de provoquer un choc irréparable dans son cerveau.

— Je sais que c'est difficile, Mila. Je lutte pied à pied avec le FBI qui veut vous récupérer pour vous interroger dans leurs locaux. Je leur ai dit que vous n'étiez pas en état mais ils s'en moquent. J'ai réussi pour le moment à nous ménager un peu de temps, mais s'ils apprennent que vous êtes réveillée et en mesure de parler, ils obtiendront de la justice que je vous livre à eux sans délai.

— Je ne sais même pas comment je peux vous aider. Je ne me souviens de rien.

— Il faut que nous accélérions le rythme de vos visions en remontant le temps jusqu'à votre évasion avec Kirsten. Le problème est que vous aurez peu de répit pour vous remettre entre chaque incursion dans votre subconscient. Ça va être éprouvant pour vous. Et risqué.

— Ne vous souciez pas de ça, docteur. Je suis la première à vouloir me souvenir de ce qui s'est passé.

Mila a pris place sur le fauteuil de relaxation. Elle laisse le psychiatre boucler les courroies de contention autour de ses poignets. Searl pose sur ses genoux le dessin du sans-abri assassiné. Il fait attention à ce que Mila n'aperçoive rien de cette scène. Il ne veut pas prendre le risque de la renvoyer directement là-bas.

— Vous souvenez-vous de Des Moines ?

— Un peu. Je ne suis pas sûre. Il pleuvait. Je suis descendue du car que j'avais pris en quittant Chicago. Il faisait froid.

— Des odeurs particulières ?

— Celles du car. Du plastique, du tissu, la moquette sale du couloir et des murs, des odeurs humaines. Des vapeurs de gasoil.

— Et au-dehors ?

— La pluie. Le froid. Le bitume trempé. Les feuilles mortes.

Searl pianote sur son clavier. Les ondes thêta enflent dans les oreilles de Mila. La canule diffuse les premières odeurs synthétiques. À nouveau cette sensation de s'enfoncer dans les eaux noires d'un lac gelé. À nouveau le néant.

51

D'abord le froid, localisé sur le haut du visage de Mila. Un bruit de moteur ensuite. Le mouvement des suspensions, l'accélération qui comprime le corps, la présence des autres passagers. La sensation d'elle-même assise dans un fauteuil au tissu rêche et à la propreté douteuse. Dehors il fait nuit. Des rafales de pluie claquent contre le verre. Peu à peu, Mila recouvre ses esprits. Elle s'est assoupie juste avant Des Moines. Quand elle rouvre les yeux, le car est plongé dans la pénombre et les veilleuses dispensent leur flaque de lumière froide sur les visages endormis. Elle décolle son front de la vitre. Le chauffeur roule à travers la banlieue déserte, traverse le fleuve en direction du centre-ville. La coupole en or du Capitole d'État se découpe au loin.

— Tout se passe bien pour le moment, Mila.

Mila tourne la tête. Searl est assis à côté d'elle. Il a réintégré son apparence de vieil homme mince aux cheveux blancs. On dirait que lui aussi se réveille. Elle se tourne un peu plus, se raidit. Le maître des frelons est là, assis au dernier rang. Il a ôté sa capuche et semble dormir. Mila essaie d'apercevoir son visage dans la lueur des plafonniers mais sa tête est plongée dans la pénombre.

— N'ayez pas peur. Souvenez-vous que tout ce qui va se passer s'est déjà produit.

Les haut-parleurs grésillent. Le chauffeur annonce sobrement : « Des Moines – Capitol Hill ». Les lumières s'allument. Celles au-dessus de Mila clignotent. Elle tourne de nouveau la tête vers le maître des frelons mais les voyageurs qui se lèvent pour attraper leurs bagages lui barrent la vue. Le car se range avec souplesse à quelques mètres de l'église luthérienne de Capitol Hill. L'allée centrale est à présent encombrée de passagers. Mila se laisse emporter par le flot. Le courant d'air de la porte qui vient de s'ouvrir. Le froid. La pluie. Les odeurs de la ville. À quelques mètres de l'arrêt de bus, des bénévoles luthériens debout devant une table sur tréteaux proposent des boissons chaudes. Derrière eux, une banderole annonce que l'église de Capitol Hill recherche d'autres bénévoles pour distribuer des repas aux nécessiteux. Searl se tient à côté de Mila. Dans la vision de la jeune femme, il a accepté un gobelet de café qu'il sirote en observant les environs. Mila aperçoit la silhouette du maître des frelons s'éloigner en direction du Capitole. Il a relevé sa capuche fourrée et disparaît à un angle de rue.

— Vous vous rappelez ce que vous avez fait en descendant du car ?

Mila regarde les passagers qui commencent à se disperser, les bénévoles, l'église au-delà.

— Je me suis inscrite pour distribuer des repas. C'est souvent ce que je fais en échange d'un abri pour la nuit. J'écope en même temps de deux heures de prières en groupe, mais ça permet d'être au chaud.

— Où avait lieu cette distribution de nourriture ?

— Le parc du Capitole d'État.

— Des odeurs particulières ?

— De la soupe à la tomate et aux vermicelles. La chaleur des marmites. L'odeur des corps sales et de l'herbe trempée. Toujours la pluie et le vent. Il y a eu un incident avec un sans-abri.

— Quel genre d'incident ?

— Je ne sais plus. Il était furieux.

— Fermez les yeux dans votre vision, Mila. Je vais modifier les odeurs et vous transporter directement là-bas.

Mila s'exécute. À nouveau la sensation de néant, mais en beaucoup plus rapide, comme le vertige nauséeux que l'on ressent en se penchant à un balcon. Les odeurs changent. Mélange de soupe et de crasse. La direction du vent aussi. Il pleut un peu moins. Une voix grave, alcoolisée, furieuse.

— Tu peux pas faire attention !

Mila rouvre les yeux. Elle est debout derrière une table sur tréteaux avec d'autres bénévoles qui servent la soupe à une file ininterrompue de sans-abri. Bras tendu, elle tient une louche qu'elle vient de renverser sur la main d'un clochard en remplissant son gobelet. L'homme est furieux. Comme les autres, il a surgi des coins sombres du parc. Il porte un anorak, un pull et un jean raide de crasse. Mila considère sa main rougie par la soupe à la tomate. La peau fume. Le sans-abri grimace de douleur. Elle s'excuse, lui sert un autre gobelet, fouille dans la trousse à pharmacie à la recherche d'une pommade. L'homme maugrée un juron et s'éloigne. Quand Mila relève la tête, il disparaît sous les arbres. Elle se dit qu'il risque de souffrir toute la nuit et d'infecter sa plaie. Elle ôte son tablier, avertit les bénévoles, puis, son tube de pommade à la main, se lance à sa poursuite.

Elle a atteint la limite des arbres. L'obscurité devant elle. La pluie sur les feuilles mortes. Le vent dans les branches. Elle croise des ombres qui la frôlent, celles d'autres sans-abri qui clopinent vers la soupe. L'extrémité du parc. Mila atteint une clairière mal éclairée par des lampadaires. Le dôme du Capitole d'État est tout proche. Le sans-abri qu'elle a blessé s'est installé sous un arbre. Il souffle sur sa main et sur sa soupe qu'il avale en quelques gorgées. Mila va s'avancer lorsqu'une ombre surgit tout près de lui. Le scintillement d'une lame. Un flot de sang giclant de sa gorge tranchée sur son anorak, l'homme s'effondre en arrière. Mila étouffe un cri, se plaque contre un arbre. Sa lame luisant dans la lueur blafarde des lampadaires, le maître des frelons s'acharne sur le cadavre. Mila recule dans la pénombre, se retourne, s'enfuit.

Le vent sur son visage. La pluie. Ses cheveux sont trempés. Une silhoutte devant elle. Un autre clochard. Il la recueille dans ses bras, lui agrippe les poignets. Elle va se mettre à hurler lorsqu'elle reconnaît le visage de Searl.

— Mila. Vous ne risquez rien. Je vais vous tirer de là.

Mila se blottit dans les bras qui l'enveloppent. Elle ferme les yeux. Les odeurs du parc et de la pluie se dissipent. À nouveau le néant. Mila voyage.

52

Lorsque Mila rouvre les yeux, il fait jour. La pluie a cessé mais pas le vent. Elle frissonne dans ses vêtements humides. Elle est assise sur un banc, sous l'auvent d'une station-service au bord d'une route de campagne. De gros nuages glissent dans le ciel et le soleil scintille dans les flaques d'eau que la pluie a laissées sur le bitume. Une nouvelle rafale de vent la fait frissonner. Elle se redresse. Des champs circulaires à perte de vue, de couleurs différentes en fonction des plants qui y poussent. Mila fouille dans ses poches. Elle en extrait un paquet de cigarettes chiffonné, en allume une. Elle n'a rien avalé depuis le breuvage à la tomate des bénévoles. Elle a peur. Elle scrute la route déserte. Rien à l'horizon. Un grincement derrière elle. Elle se retourne. Searl est assis sur une chaise à bascule près de l'entrée de la station-service. Il porte une salopette de pompiste.

— De quoi vous souvenez-vous après le meurtre du sans-abri ?

— J'ai récupéré mes affaires à l'église de Capitol Hill et j'ai quitté Des Moines en pleine nuit. Je voulais prendre un car mais il n'y en avait pas. Alors j'ai marché aussi vite que possible droit devant moi et j'ai quitté la ville. À un moment, je suis passée devant un commissariat. J'ai voulu m'arrêter mais je n'ai pas osé. J'ai songé à les appeler depuis une cabine téléphonique mais là aussi j'ai eu peur.

— Pourquoi ?

Des larmes coulent le long des joues de Mila. Elle renifle, les écrase avec le plat de sa main. À travers ses sanglots, elle dit :

— Parce que tout le monde m'avait vue me lancer sur les traces du sans-abri avec mon tube de pommade et je me suis dit que la police allait forcément croire que c'était moi qui avais tué ce malheureux.

— C'est ce que fait le maître des frelons : il cherche à vous faire endosser ses crimes. Il ne laisse aucune trace derrière lui. Il s'arrange pour qu'on fasse le rapprochement avec vous. Comme ce chien qu'il a tué dans cette auberge de jeunesse à Buffalo. Vous vous êtes enfuie après avoir assisté à cette scène, et, depuis, on pense sans doute que c'est vous qui l'avez poignardé.

— Qu'est-ce que je peux faire ? Oh mon Dieu, je ne sais pas quoi faire !

— Calmez-vous, Mila. Vous ne pouvez pas influer sur le cours de ce qui a déjà eu lieu. Est-ce que vous vous souvenez de ce qui s'est passé ici ?

— J'ai attendu une partie de la matinée qu'une voiture passe. Après l'Iowa, j'allais arriver dans les grandes plaines du Nebraska et je me suis dit que j'avais plus de chance de trouver quelqu'un ici. J'espérais que le maître des frelons ne m'avait pas vue quitter la ville et qu'il mettrait du temps à retrouver ma trace.

Mila s'est raidie. Elle vient d'apercevoir une silhouette au loin. Un marcheur. Il avance sur la route. Il tend le pouce vers un véhicule qui le dépasse sans ralentir.

— Oh mon Dieu, c'est lui !

— Détendez-vous, Mila. Quoi qu'il puisse arriver, ça a déjà eu lieu.

La jeune femme frissonne dans le vent chargé de pluie qui balaie à nouveau la plaine. La voiture approche. Un van Chrysler à la carrosserie vert pomme. La silhouette du marcheur au loin. Les champs à perte de vue, comme un océan déchaîné sous le ciel chargé de nuages. Le van grossit dans le champ visuel de Mila. Elle distingue à présent le bruit du moteur entre les bourrasques. Le grincement de la chaise à bascule.

— Que s'est-il passé ensuite ?

— Je ne sais plus.

— Ne laissez pas la peur vous paralyser. Ceci s'est déjà produit.

Mila ne perd pas le marcheur de vue. Le temps qu'elle se retourne vers Searl, elle a l'impression que sa silhouette s'est rapprochée d'une centaine de mètres.

— C'est une distorsion temporelle classique dans ce genre de vision. Vous croyez que vous êtes retournée une fraction de seconde mais, dans la réalité, vous avez dû effectuer d'autres gestes et avoir d'autres pensées.

— Que se passera-t-il si je ne parviens pas à me réveiller ? Si je reste coincée ici, si je vous oublie, si je retombe dans le coma ? Que se passera-t-il si je suis encore là quand le maître des frelons arrivera ?

— Si cela se produit, je vous ferai une injection d'amphétamines.

— Et si ça ne fonctionne pas ?

Le grincement de la chaise à bascule. Le claquement du couvercle d'un briquet. Searl souffle la fumée de la cigarette qu'il vient d'allumer. Il range son tabac dans la poche de sa salopette.

— Si la jonction entre maintenant et ce qui s'est réellement passé ne se produisait pas, la vision se poursuivrait jusqu'à l'arrivée du marcheur.

— Il pourrait me tuer ?

— Vous auriez un accident de raisonnement qui pourrait vous faire croire qu'il serait en train de vous tuer, mais ce ne serait que le point de rupture de votre esprit basculant dans la folie. Votre vision se poursuivrait alors éternellement hors du champ de la réalité.

— Ça signifie qu'il pourrait me traquer éternellement sans que je parvienne à lui échapper ni à me réveiller ?

— Oui. Et, à chaque fois, il vous tuerait. C'est pour cette raison que vous ne devez pas laisser la terreur vous envahir. Vous n'êtes pas morte ici. Vous avez donc forcément quitté cet endroit avant qu'il ne l'atteigne. Essayez de vous rappeler.

Le van n'est plus qu'à quelques mètres de la station-service. Mila commence à distinguer des silhouettes dans l'habitacle. Deux adultes à l'avant. Trois enfants à l'arrière. Le conducteur met son clignotant, s'engage sur le parking. Il roule sur une flaque d'eau avant de s'arrêter au pied des pompes.

Le grincement de la chaise à bascule. Searl s'est levé. Il marche vers le van en essuyant ses mains à l'aide d'un chiffon graisseux. La vitre du conducteur se baisse. Il s'entretient une seconde avec lui, puis décroche le pistolet du sans-plomb et commence à remplir le réservoir. Il lève les yeux vers Mila qui s'approche à son tour en arrimant les courroies de son sac à dos.

— Que s'est-il passé ensuite ?

— Je ne sais plus.

— N'essayez pas de vous souvenir. Faites ce qui vous semble le plus logique. Faites ce que vous auriez fait dans la même situation.

Mila s'est immobilisée à quelques mètres du van. Elle regarde la fillette qui vient de descendre. Le vent souffle dans ses cheveux très blonds. Elle serre contre son anorak un lapin en peluche qu'elle laisse tomber sans s'en rendre compte. Elle trépigne en tendant la main vers l'habitacle. Sa maman descend à son tour, referme sa main sur celle de sa fille qui l'entraîne vers la station-service.

Le plein se poursuit. Mila regarde vers la route au-delà du van. Le maître des frelons n'est plus qu'à huit cent mètres de la station. Elle a parfois l'impression qu'il va plus vite, en même temps que les nuages au-dessus de lui, comme un film en accéléré. Elle croise le regard du père de famille à travers le pare-brise. Les deux autres enfants à l'arrière la regardent aussi. Mila baisse les yeux. Elle considère son jean crasseux et ses bottes de marche usées jusqu'à la corde. Trempée et maigre comme elle est, elle doit avoir l'air repoussante. L'homme lui fait signe d'approcher. Elle en profite pour ramasser le lapin en peluche. L'homme la remercie. Vêtu d'un jean et d'une veste canadienne, il est brun, costaud, enrobé, chaleureux.

— Vous allez où ?

La jeune femme tend le bras vers l'ouest.

— Si loin que ça ?

Le plein est fait. Quand Mila regarde le pompiste, ce n'est plus Searl mais un autre vieil homme qui s'éloigne vers la station-service. Mila hoche la tête. Depuis qu'elle a croisé ce regard bienveillant de père de famille, et celui si bleu de la fillette, ses yeux se remplissent à nouveau de larmes. Elle les essuie rageusement avec sa manche. L'homme semble ému.

— Ça ne va pas ? Vous êtes perdue ?

Mila a relevé les yeux vers le maître des frelons. Elle se rend compte avec horreur qu'il a forcé le pas. Il agite les bras en hurlant au milieu des bourrasques.

Mila croit discerner son prénom. Ses larmes redoublent. Elle grelotte dans le vent froid. Le père de famille lui sourit.

— Montez. On a une ferme au sud de Lincoln. On pourra vous déposer sur la 65. On attend les filles et on y va.

Mila regarde encore une fois la route. Sa capuche fourrée sur la tête, le maître des frelons est à moins de cinq cents mètres. Il a écarté les bras dans le vent qui le pousse. Il ne hurle plus. Il hâte encore le pas. La porte de la station-service s'ouvre sur la fillette qui met ses mains en porte-voix :

— Papaaa ! Maman demande si tu veux qu'elle achète des bières pour ce soir.

— On peut y aller tout de suite, s'il vous plaît ?

Les yeux du père reviennent sur Mila. La terreur a fait vibrer la voix de la jeune femme. Ses sanglots redoublent. L'homme se retourne pour essayer de voir ce qu'elle regarde au-delà du van, mais le tronçon de route avant la station-service se trouve dans son angle mort.

— Dites-moi ce qui se passe.

— C'est mon petit copain. Je l'ai plaqué hier. Il est violent. Il me cherche.

— Vous voulez qu'on appelle la police ?

— Pas ici. Pas maintenant. Ça va s'arranger.

— Ça n'a pas l'air d'être le cas.

— Alors, papa ? C'est oui ou c'est non pour la bière ?

— Non, chérie. On a ce qu'il faut à la maison.

— OK, je lui dis.

Le père de famille regarde Mila. Elle grelotte de plus belle.

— Montez à l'arrière.

Un des enfants ouvre sa portière. Le véhicule contient sept places. Mila se glisse sur la banquette du fond. L'habitacle sent l'humain, un peu la cigarette et l'animal. Sitôt qu'elle s'est assise, un énorme saint-bernard se redresse dans le coffre et l'assaille avec sa langue. Les amortisseurs grincent sous son poids. L'homme dit :

— Sage, Barney ! Ne vous en faites pas, il n'est pas méchant.

Mila ferme les yeux sous les coups de langue qui abandonnent des traits de bave sur ses joues et son menton. Les enfants rigolent. Elle s'est retournée et a passé ses bras autour du cou de Barney. Elle essaie de le repousser pour apercevoir la route. Le maître des frelons s'est mis à courir. Il n'est plus qu'à deux cents mètres. Elle se tourne vers la station-service dont la porte s'est refermée en grinçant. La fillette tire sa maman jusqu'à la voiture. Elle cherche sa peluche des yeux. Son père lui dit qu'elle est là. La petite tire de plus belle. La maman grimace en retenant les paquets qu'elle tient contre elle. Mila se tourne encore. Le maître des frelons n'est plus qu'à une centaine de mètres. Elle espère que personne ne va l'apercevoir ni entendre le claquement de ses semelles sur le bitume.

La fillette monte à côté de Mila, la maman à côté du père. Il a mis le contact. Il dit à sa femme que Mila fait la route et qu'elle a récemment eu des soucis avec un petit ami jaloux. Tout en quittant la station-service, il ajoute sombrement que ce jeune homme semble violent. La mère dit : « Ça alors. » Ses yeux s'attardent sur Mila dans le rétroviseur. La jeune femme craint qu'elle n'aperçoive quelque chose à travers la vitre arrière, mais Barney lui bloque la vue. La voiture accélère. Le maître des frelons n'est plus qu'à quarante mètres. Il a dépassé la station et court de toutes ses forces pour essayer de rattraper le van. Un éclat métallique jaillit de sa main tandis qu'il dégaine sa lame. Il a laissé tomber son sac pour courir plus vite. La buée de sa respiration s'échappe de sa capuche. Voyant qu'il ne rattrapera jamais le véhicule, il ralentit, s'immobilise, lève son poing armé vers Mila qui le regarde à travers la lunette arrière. Puis Barney remue encore et lui bouche la vue. La fillette dit :

— Au fait, je m'appelle Meredith.

— Enchantée, Meredith. Moi, c'est Mila.

— Ne sois pas triste. Ton petit ami est un sale type. Tu sais ce que je fais, moi, aux sales types pendant la récré ? Je leur donne un coup de pied là où ils font pipi et ça leur fait tout drôle.

Meredith a chuchoté ça à l'oreille de Mila. Elle accompagne son propos d'un clin d'œil. Mila sourit :

— Je lui ai fait la même chose hier soir à Des Moines. Je crois que c'est aussi pour ça qu'il est en colère.

Meredith pouffe dans sa peluche. Les yeux de la mère reviennent dans le rétroviseur.

— Je m'appelle Martha Decker et voici mon mari Jud. Nous ne laisserons personne vous faire du mal. Nous allons bientôt quitter cette route pour une autre, et votre malotru ne pourra pas vous retrouver.

— Ma femme travaille pour le shérif. On ne plaisante pas avec les violences domestiques par chez nous. Nous allons vous conduire à la maison où vous partagerez notre repas. Ensuite, nous appellerons les autorités pour que vous puissiez faire un signalement de cet individu.

— Je préférerais le faire dans un autre État pour ne pas risquer qu'il l'apprenne.

— Où cela ? En Californie ? Et que se passera-t-il s'il décide de s'en prendre à nouveau à vous avant cela. Non, mon enfant, croyez-moi, vous devez alerter notre shérif afin qu'il puisse intercepter votre saligaud avant qu'il n'ait traversé le Nebraska à votre poursuite. De cette façon, après une ou deux nuits en cellule, non seulement il aura compris la leçon mais vous aurez pris assez d'avance pour qu'il ne vous retrouve jamais.

Martha Decker a affirmé cela d'un ton sans réplique. Mila hoche la tête. Elle se retourne une dernière fois. La station-service n'est plus qu'un point à l'horizon. Elle pose son front contre la vitre. Elle regarde le paysage. Meredith s'est blottie contre elle. Elle a fermé les yeux et s'endort. Mila fait de même. La sensation de mouvement de la voiture disparaît presque aussitôt. À nouveau le néant.

53

Un lieu sombre à présent, sans contours ni limite, où règne une obscurité absolue. Un lieu clos où s'affrontent des odeurs de bois et de linge. Mila est allongée sur quelque chose de mou, confortable, rassurant, environnée par ce qui semble être des couettes, des édredons, des draps et des serviettes qui la recouvrent entièrement. Certaines sont rêches contre ses joues, d'autres moelleuses et odorantes. Une armoire, solide et ancienne. Mila n'ose pas encore ouvrir les yeux. Elle se sent à la fois en danger et à l'abri, comme une gamine cachée dans un réduit hors de portée des monstres qui rôdent.

Une douleur sourde palpite sous son crâne. Elle passe le bout de ses doigts sur son cuir chevelu. Une bosse, large et épaisse. Une croûte fraîche. Un peu de sang séché sur sa tempe et sa joue. À mesure qu'elle reprend conscience, son champ de perception s'élargit et elle capte un air de musique classique de l'autre côté de la cloison. Le final de *L'Enlèvement au sérail*. Pas de bruit au-delà de la musique. Pas même les aboiements de Barney contre le mur mouvant des maïs à l'extérieur de la ferme. Blottie dans sa cachette, Mila essaie de rassembler ses souvenirs. Plus elle se concentre et plus son crâne la fait souffrir.

Ils avaient atteint la ferme des Decker à la tombée de la nuit. Mila avait pris un long bain brûlant avant de céder sa place à Meredith, puis elle était redescendue aider Martha à préparer le dîner. Un rôti avec des oignons rissolés, des galettes de maïs et de la bière, des pancakes pour le dessert. Pendant ce temps-là, Jud avait coupé du bois avec les grands, allumé un feu et mis la table. Dehors, l'orage grondait. Une tempête pleine d'éclairs et de fureurs obscures approchait.

À la fin du repas, tandis que Meredith était montée se coucher, Martha avait demandé à Mila où étaient ses parents. Elle avait répondu qu'ils étaient morts, et que, depuis, elle faisait la route. Il s'en était suivi un long silence gêné, puis, dans un soupir, Jud avait dit : « C'est bien toi, ça, Martha. » C'est à ce moment-là que Barney s'était mis à aboyer contre la muraille de maïs qui ondoyait sous le vent et dont les plantations s'étendaient jusqu'au sommet des collines.

Au début, ça avait juste été des aboiements interrogateurs, comme si Barney cherchait à se persuader qu'il avait bien repéré quelque chose. Et puis, tandis que Jud ravivait le feu et que Martha servait le brandy, son hésitation s'était soudainement muée en rage sourde, ses quatre-vingt-dix kilos de muscles tendus sous son pelage. Jud avait alors marché jusqu'à la lourde armoire à linge à l'autre bout de la baie vitrée donnant sur le devant de la ferme. Il avait regardé un moment au-dehors, puis il avait dit : « Qu'est-ce qu'il a ce chien ? » Voyant que Barney ne se calmait pas, il était sorti dans la tempête avec son fusil de chasse. Juste avant cela, dans la lueur des éclairs, chacun avait vu le saint-bernard disparaître dans les maïs, sa lourde carcasse y ouvrant un chemin que le vent avait bientôt refermé. Quelques secondes plus tard, on avait entendu assez distinctement ses aboiements de rage se transformer en hurlements de douleur et d'agonie. Jud était apparu à son tour dans le champ de la baie vitrée, puis, alors qu'il épaulait son fusil en appelant Barney, les lumières de la ferme s'étaient éteintes. Un éclair à nouveau. L'aveuglement qui succède à son éclat. Quand leurs yeux s'étaient de nouveau habitués à l'obscurité, Jud avait disparu.

Mila serre ses poings contre ses yeux sous les édredons qui la protègent du reste du monde. Martha avait hurlé. Les deux grands aussi. On s'était levé dans l'obscurité que seul le feu éclairait faiblement. On s'était cogné dans les meubles, puis, tandis que Mila allait atteindre la partie de la baie vitrée la plus proche de l'armoire à linge, elle avait senti un coup violent résonner à l'intérieur de son crâne et elle avait perdu connaissance.

La tempête s'est calmée. Mila a beau tendre l'oreille, elle n'entend rien d'autre que l'opéra de Mozart. *Don Giovanni* à présent. La scène du Commandeur. L'armoire est entrouverte. Allongée sur l'épaisse couche de linge, elle approche les yeux de l'embrasure. Des bûches ont roulé hors de l'âtre, achevant de se consumer en libérant une fumée âcre qui flotte dans ce salon comme une brume. Partout dans la pièce, on a disposé des chandelles qui ont depuis longtemps fondu, abandonnant des spirales de cire solidifiée sur les meubles. C'est dans cette lueur vaporeuse que Mila aperçoit les cadavres de la famille Decker assis sur les canapés et le lourd fauteuil en tissu qui leur fait face. Étouffant un gémissement de terreur, elle pose tour à tour son regard sur les visages défigurés et les cous décharnés, les torses, les dos et les bras dépecés. La nausée lui tord l'estomac à la vue de la formidable quantité de sang répandu sous la table basse, sur le tapis et les tommettes. La flaque est si vaste et épaisse qu'elle atteint presque la porte du salon.

Mila a beau écarquiller les yeux, elle ne reconnaît pas Meredith au milieu de ces visages si parfaitement dépecés qu'on en distingue encore les traits. Elle étouffe un sanglot en se faufilant hors de l'armoire. Ses pieds nus abandonnent une trace molle dans la mare de sang qui a commencé à coaguler. Elle avance vers les escaliers en prenant soin de ne pas regarder les visages qui se découpent dans la lueur des bougies. Elle sursaute en entendant la porte de Meredith grincer à l'étage. Un bruit de chasse d'eau. Un frottement de chaussettes dans le couloir. La porte se referme.

Mila a attrapé un couteau à découper sur la table avant de se poster face à la baie vitrée. Elle essaie d'apercevoir quelque chose au-dehors. Elle ne perçoit que trop tard la silhouette qui se profile derrière elle. Les doigts du maître des frelons se referment sur ses épaules. Son souffle chaud à travers son cache-col. Les muscles fins et puissants de son ventre et de ses bras. D'une main, il lui enserre la gorge. De l'autre, il pose la pointe de sa lame sur sa trachée. Elle pousse un cri, gémit, sanglote.

— Qui êtes-vous ? Pourquoi vous ne me tuez pas comme les autres ? Qu'est-ce que vous me voulez ?

Mila tressaille en entendant grincer à nouveau la porte de la chambre de Meredith. Le même frottement de chaussettes dans le couloir. Une petite voix dans les escaliers :

— Maman, c'est toi ? Où est Barney ? Où sont les autres ?

Le souffle chaud du tueur. Mila sent ses doigts se resserrer autour de sa gorge. Elle râle, étouffe. Ses jambes se dérobent. Sa tête tourne. Le voile noir. Elle ferme les yeux et s'effondre dans les bras de son agresseur.

54

Le soleil est déjà haut dans le ciel quand Mila revient à elle. La terre, chaude et humide. Elle est allongée au milieu des maïs qui projettent une ombre rassurante sur son visage. Malgré la chaleur, elle frissonne. Quand elle se redresse, elle se rend compte que les plants sont si hauts qu'ils la dépassent d'une tête. Elle marche droit devant elle, dans les sillons laissés par la semeuse, en prenant soin d'escalader la pente qu'elle devine sous ses pieds.

Au bout de quelques minutes, elle finit par déboucher sur un promontoire où les plants sont moins hauts. Il lui faut pourtant grimper sur une pierre pour apercevoir quelque chose. Au loin, elle aperçoit la route et l'allée de graviers blancs qui conduit à la ferme des Decker. Une dizaine de gros et puissants 4×4 noirs du FBI sont rangés côte à côte devant la maison. Les coroners transportent sur des civières les sacs contenant les cadavres. Mila fouille la scène des yeux. Des agents d'intervention en gilets pare-balles violets, d'autres en costume avec des lunettes à verres miroirs et des insignes argentés à la ceinture. L'un d'eux tient Meredith par la main.

Mila s'est assise sur la pierre au milieu des champs qui surplombent la ferme. Elle comprend que le tueur a dû la déposer ici avant de s'enfuir. Une pointe de nausée lui brûle l'estomac. Des sanglots secs agitent ses épaules. Elle porte ses doigts à sa gorge. La plaie ouverte par la lame est déjà sèche. Elle pense aux Decker. Elle est tentée de se rendre au FBI. Elle se ravise. Elle sait que c'est elle qu'on accusera, elle qui finira grillée sur la chaise. Elle a compris que le maître des frelons ne la laissera jamais en paix. Sa migraine galope, toujours plus brûlante. Une voix lointaine, irréelle, comme portée par le vent.

— *Mila, vous m'entendez ? Vous devez vous réveiller maintenant !*

Depuis quelques secondes, Mila se sent flotter. Elle essaie de se lever pour reprendre sa marche à travers le maïs. Un vertige la courbe en deux. Elle vomit, s'allonge au milieu des épis. À nouveau la terre sous elle. D'autres voix, toujours plus lointaines.

— *Plus de pouls ! On est en train de la perdre !*

— *Chariot d'urgence ! Préparez le défibrillateur et l'adrénaline !*

Mila n'entend plus. Elle flotte. La terre est molle et tiède sous elle. Du sang s'écoule de ses narines. Elle ferme les yeux. Elle se laisse aller.

55

À présent les ténèbres. Le silence est si profond qu'aucune vibration ne le traverse. Les bras en croix, Mila s'enfonce dans les eaux noires et gelées de son inconscient. Elle ne lutte plus. Elle ne souffre plus. Elle se sent bien.

Une explosion à la surface du vide, comme une bombe à ultrasons projetant son onde assourdissante dans toutes les directions. Mila tressaille, muscles tendus à se rompre. Elle ouvre les yeux dans la masse noire et gelée où elle dérive. Armée de points brillants qui convergent vers elle, l'onde vient de partout, lumineuse comme un brouillard électrique. Mila se contracte de toutes ses forces pour y échapper mais l'essaim de lucioles-frelons se rue à sa rencontre, l'enveloppe, la mord cruellement en la traversant.

Nouvelle explosion silencieuse. Mila hurle au milieu de toute cette eau qui s'engouffre en elle. Peu à peu, elle remonte vers la surface opaque et vaguement lumineuse qu'elle aperçoit très loin au-dessus d'elle. Si opaque qu'elle a l'impression de se diriger vers un point de banquise où la glace plus mince est de ce bleu gelé que le froid revêt quand les rayons du soleil la traversent. Au-delà, elle distingue une lumière blanche, crue, violente. Bouillie de bruits engloutis, comme ceux que l'on entend en nageant sous l'eau. Un rayon de lumière pure perce la surface, aussi douloureuse que les explosions électriques. À mesure qu'elle remonte, Mila recommence à être, à penser, à désirer, à ressentir, à mourir de peur. Une voix au loin, de plus en plus claire.

— *Vous revenez, Mila. Vous y êtes presque. Ne résistez pas. Accrochez-vous à la lumière et à ma voix.*

La surface est toute proche. Comme si elle était immergée au fond d'une baignoire, Mila distingue à présent des visages rendus troubles par la barrière liquide qui la sépare encore de l'air libre. Puis l'onde gelée reflue de son front, et les sons et la lumière explosent. Tout ce qu'elle voit et entend désormais, les mines concentrées des urgentistes, les sifflements de l'électrocardiogramme, le crissement continu des appareils de réanimation, cet ouragan de bruits et de voix, tout cela est plus que jamais réel.

Searl est penché au-dessus d'elle. Ses yeux lavande, son sourire, ses lèvres minces qui arrondissent chaque mot :

— Mila, vous m'entendez ? Vous avez fait un nouvel accident de vision. La tension a déclenché une inflammation des méninges et vous avez replongé en coma de stade 3 avec arrêt cardio-respiratoire. Nous avons bien failli ne pas vous récupérer malgré le défibrillateur. Vous êtes revenue à présent. Reposez-vous. Vous ne risquez plus rien.

Mila est incapable de parler. Gagnée par l'épuisement, elle ferme les yeux. Le néant lui manque.

56

Les terres rouges et craquelées de l'Utah à perte de vue. Crawley a posé son front luisant de sueur contre le volant de sa vieille décapotable. Avant de quitter les côtes du Maine, il avait téléphoné à un ami retraité du contrôle aérien pour l'ouest des États-Unis. Il lui avait parlé des vols intérieurs qui se croisaient régulièrement et à angle droit dans les dessins de Mila. Il l'avait rappelé en arrivant à l'aéroport international de Bangor. Deux vols, en rotation constante depuis des années, se croisaient chaque jour à 13 h 21 au-dessus du désert Mojave : l'American Airlines Portland-Tucson et l'US Airways Chicago-San Diego. S'en étaient suivies six heures d'avion avec les changements depuis Bangor jusqu'à Salt Lake City, puis quatre heures de routes défoncées à bord d'une Cadillac Eldorado achetée à une famille mormone à la sortie de la ville. Sans plus s'étonner que des mormons possèdent une telle guimbarde, Crawley avait dû leur jurer qu'il conserverait les autocollants religieux dont ils avaient recouvert les bords du pare-brise ainsi que le capot. Les versets restaurationnistes aussi, tracés au Posca sur la carrosserie, façon Hells Angels de Dieu, comme si ces mecs avaient brusquement basculé des théories de Gandhi à celles d'Himmler. L'Église de Jésus-Christ des cinglés des derniers jours.

Pris de nausée, Crawley ouvre la portière, vomit une nouvelle fois sur le sable. Du sang au milieu des éclaboussures. Son cœur galope dans sa poitrine. Il tâte sa carotide dilatée par la pression. Au moins cent quarante pulsations par minute. Il ausculte ses chevilles. Les articulations ont commencé à enfler. Il serre les poings en sentant sa vue se brouiller, se maudit à voix basse en se souvenant des symptômes de soif et d'épuisement qu'il avait négligés en quittant le Maine, qu'il avait laissés passer dans l'avion, qu'il avait souverainement méprisés en prenant la route du sud. Tout ça parce que son esprit était focalisé sur Mila.

Fébrilement, Crawley s'injecte un composé d'hydralazine et de furosémide pour faire retomber la tension. Il avale aussi une poignée de comprimés pour soutenir le cœur. Il s'est de nouveau effondré sur le volant. Peu à peu, son pouls repasse sous la limite mortelle et la sensation d'oppression thoracique cède du terrain. Quand il rouvre les yeux, sa montre indique 13 h 18. Il a garé sa décapotable en plein désert, à l'intersection approximative des trajectoires des deux vols. Six 4×4 de la police tribale Navajo dévalent la colline, s'arrêtent près de la Cadillac. Chino est au volant du premier. Une trentaine de guerriers lourdement armés l'accompagnent. La nation Navajo sur le pied de guerre.

Un grondement dans le ciel. Crawley lève les yeux vers les traînées de condensation qui émergent à l'horizon. Les 4×4 dans son sillage, il roule à travers le désert pour se rapprocher le plus possible du point d'intersection. Les suspensions de la Cadillac grincent. Les pneus soulèvent des gerbes de poussière. Crawley lève à nouveau les yeux. Une vieille clôture éventrée dont les barbelés distendus s'étendent à perte de vue. Des panneaux « DEAD END » rouillés gigotent dans le vent brûlant. D'autres annoncent : « Anciennes mines. Danger extrême. »

Les véhicules franchissent la clôture. Les yeux fixés au ciel, Crawley accélère. Les deux traînées se rejoignent au milieu du plateau sur lequel il vient de s'engager. Au loin, il aperçoit une sorte de monticule devant un enclos aux planches vermoulues. Son cœur recommence à accélérer dans sa poitrine. Au-delà, parfaitement imbriquées aux perturbations naturelles du terrain, il distingue à présent l'ombre et la silhouette d'une construction estompée par un filet de camouflage.

57

Crawley s'est garé à quelques mètres du ranch. Il coupe son moteur en même temps que les 4×4 de la police tribale. Le vent racle le sol. Le désert, blanc, brûlant, à perte de vue ; le couvercle bleu sombre du ciel au-dessus. Se fondant comme des ombres dans le paysage aride, les Navajos se répartissent le terrain. L'un d'eux s'éloigne d'une centaine de mètres et s'allonge au sommet d'une butte avec son fusil à lunette. Son M16 en bandoulière, Chino rejoint le shérif.

— Drôle d'endroit pour une promenade, vieil homme. Personne ne s'aventure ici à cause des anciennes mines de cuivre. Ils ont ouvert des kilomètres de galeries sous le désert. Des fosses et des puits. Depuis, on a interdit l'accès au secteur. Hormis les scorpions, quelques serpents et des araignées venimeuses, même les animaux ne s'y hasardent pas. Un vrai coin à Warden.

— À quoi ?

— Le peuple fantôme. Parmi les communautés de marginaux, ce terme désigne ceux qui ont totalement renié le monde et vivent terrés dans des endroits comme celui-ci.

Crawley s'appuie sur le capot brûlant de la Cadillac. Le Navajo pose le bout de ses doigts sur son front brûlant.

— Le mal a encore progressé. Il est partout à présent. Vous devriez vous reposer.

— Quand votre petite-fille sera auprès des siens.

Chino a sorti un petit sac de cuir dans lequel il pioche des peluches odorantes qu'il dispose sur trois feuilles collées l'une à l'autre. Il les roule entre ses doigts noueux jusqu'à obtenir un cône qu'il referme avec sa salive. Il adresse un clin d'œil à Crawley.

— De la locale. On la fait pousser à flanc de rocher et on la fait sécher à l'air libre sur des claies. Après, quand c'est bien sec, on fait tremper les peluches dans une résine de cactus et on refait sécher. C'est ça qui donne cette espèce de goût de réglisse.

Chino tire sur le joint. Une fumée âcre et épaisse s'échappe de ses lèvres. Il le tend à Crawley qui aspire une bouffée. Un mélange de résine d'arbre et de paille. C'est si fort qu'il a l'impression de fumer une prairie tout entière.

— Respirez doucement. Laissez le Grand Esprit entrer en vous.

Crawley sourit. Il se sent mieux. Chino récupère le joint et tire dessus à son tour. Les yeux brillants, il fixe le désert en fredonnant un chant de guerre.

— Vous allez bientôt mourir, vieil homme. Si vous souffrez trop, les herbes de Chino vous aideront à passer de l'autre côté. Je vous ferai fumer des trucs dont vous ne soupçonnez même pas l'existence.

— Vous êtes plus vieux que moi, espèce de corbeau boiteux.

Les yeux noirs de Chino sont revenus sur Crawley qui ricane en répétant « corbeau boiteux ». Il lui tend à nouveau le joint. Crawley tire dessus.

— Pourquoi vous faites tout cela ? Pourquoi risquez-vous votre vie pour la petite-fille de Chino ?

— Je suis flic. Je termine le job.

— Non. Ce n'est pas que cela.

Crawley sent la substance se répandre dans ses muscles. Il a fermé les yeux. Il ne ricane plus.

— Il n'y a pas grand-chose à dire. C'était il y a une quinzaine d'années. Une gosse renversée en pleine nuit par un chauffard. Elle était grièvement blessée. Elle avait peur. Elle voulait sa maman. Je lui ai dit que les secours allaient arriver et qu'elle n'avait rien à craindre. Elle s'accrochait à moi comme un chat effrayé. Au début, elle avait l'air d'aller plutôt bien malgré ses blessures, et puis elle est devenue très pâle et elle est morte dans mes bras. Juste avant, je me souviens d'avoir lu comme une sorte de déception horrifiée dans ses yeux. Je ne l'ai jamais oublié.

— Ce regard ?

— Non. Cet instant où ça s'éteint. Cet instant où la vie s'enfuit.

— Son esprit est avec le vôtre. Il est entré en vous ce soir-là. Depuis, vous cheminez ensemble.

— Ces histoires d'esprit, de souffle de vie ou d'âme, ce sont des conneries de feux de camp. Avant, la vie est là. Quel que soit le nom qu'on lui donne, elle est là tout entière. L'instant d'après, il ne reste rien.

Crawley renonce au joint que Chino lui tend. Il allume une cigarette qui semble n'avoir aucun goût. Les deux hommes fument en silence. Chino dit :

— Nous avons inspecté l'endroit où vous avez retrouvé la poupée de Kirsten. Nous avons découvert la trace d'un feu de camp où des gens avaient fait cuire du lard et du café. Il y avait beaucoup d'empreintes fraîches de pneus de tailles diverses. Sans doute des camping-cars. Quelques caravanes aussi. Près du feu, nous avons aussi ramassé des miettes d'un pain spécial que certains itinérants fabriquent eux-mêmes. Hormis le lard, ils ne mangent pas ou peu de viande et ils fument des cigarettes roulées. À mon avis, il s'agit d'une tribu de la communauté des Irish Travellers. On les appelle « le peuple qui marche » parce qu'ils sont toujours en mouvement. Tout le monde les méprise et les redoute à cause de leur réputation. Mais ce n'est qu'une réputation et, comme souvent les humains, les Travellers sont à la fois eux-mêmes et l'inverse d'eux-mêmes.

— Ou alors vous vous trompez et ce ne sont pas Travellers mais des Warden.

— Ne parlez pas de malheur. Mais ils peuvent aussi être Roms, ou de simples nomades américains. Des rêveurs, des utopistes, des snowbirds qui fuient le froid du nord pour le soleil du sud, des altermondialistes, des hippies, des adeptes des zones autonomes temporaires, des survivalistes anarchistes en rupture avec le gouvernement fédéral et qui occupent de vieux blockhaus dans les déserts reculés, mais aussi d'autres groupes indiens en rupture avec nous-mêmes, ou des poètes et des artistes en marge de la société de consommation. Ils sont actuellement des milliers à converger vers l'Utah pour le festival de Burning Man. Ils sont nombreux à se ressourcer dans la Vallée de la Mort avant de remonter vers ce gigantesque rassemblement. C'est pour cette raison que les recherches sont longues et difficiles.

Chino écrase le joint sous son talon et rejoint Crawley qui avance vers l'ombre du ranch. Tendu à quatre mètres de hauteur, le filet de camouflage redescend en étoile au-dessus de la construction. Il est arrimé à un mat en acier qui émerge du toit, et, dans la cour de devant et de derrière, à des piquets solidement enfoncés dans le sol. L'armature du filet est composée du filet en lui-même et de fausses feuilles en plastique couleur sol qui laissent passer un peu de lumière mais pas la chaleur. Crawley marche à présent sous son ombre. S'il y fait plus frais, l'air y est à ce point immobile que la différence de température est à peine perceptible.

Le ranch mesure à peu près six mètres sur huit. Une baraque de planches disjointes à un étage, ouverte à tous les vents, avec deux fenêtres par niveau et une porte à loquet au-dessus de laquelle un écriteau annonce sombrement : « Dead End – La Colonie ».

À l'intérieur, il règne une chaleur épouvantable. Une pièce unique, sommairement meublée avec une table et des chaises, un poêle à rondins, un coin cuisine rudimentaire, le tout recouvert d'une épaisse couche de cette poussière sablonneuse que le vent charrie à travers les interstices des cloisons.

Sur la table se trouvent encore deux verres contenant des sédiments de ce qui a dû être du vin, ainsi que deux assiettes où traînent des os de poulet rongés par les fourmis, et du gruau durci. Une bille de verre a laissé un sillon dans la poussière qui recouvre les plats. Crawley la ramasse, se tourne vers un de ces meubles munis de grillages où l'on entrepose les vivres pour les maintenir à l'abri des rats. Sur le rebord est posée une boîte en fer retenue par des élastiques. À l'intérieur, il découvre une gomme, un canif et des crayons de couleur usés, la plupart taillés en pointe si fine qu'elles se brisent sur les rebords de la boîte.

Crawley lève les yeux vers la partie haute du meuble. Une feuille racornie et brûlée par la lumière s'est enroulée autour de la punaise qui la retient fixée au bois. Il la déroule avec le plat de la main. Un dessin en couleurs signé Mila. Elle doit avoir 7 ou 8 ans mais son souci des détails s'exprime déjà.

Le dessin représente une famille debout devant le ranch. La bâtisse n'est pas encore recouverte par le filet de camouflage. Un homme, le visage dans l'ombre de son chapeau, porte une salopette trempée de sueur à même la peau. Il a posé sa main sur l'épaule de la petite fille qui se tient devant lui. À sa droite, il y a une jeune femme au ventre arrondi sous une robe sale. Elle porte un chapeau de paille. Elle se force à sourire. Elle a l'air terrifiée. Crawley sort sa loupe. À hauteur du sol, au milieu des buissons d'épineux, Mila a dessiné un fenestron à peine visible. Une main est plaquée sur la vitre sale. Le visage d'un autre enfant au-delà.

Le shérif libère le papier qui s'enroule dans un froissement. Il se tient à présent au pied du petit escalier qui dessert l'étage. Les marches sont tellement vermoulues qu'il n'ose pas s'y aventurer. Il lève les yeux vers les pièces minuscules et délabrées qu'il aperçoit sous le toit. La chaleur qui en émane est insupportable. La première marche grince et se fend sous son poids. Il a lâché la bille de verre qui roule sur le plancher et disparaît dans une fente entre deux lames. Il va s'intéresser à la deuxième marche lorsqu'il entend la bille rebondir quelques mètres plus bas avant de rouler à nouveau sur ce qui ressemble à un autre plancher. Il marche jusqu'à l'interstice, y braque sa lampe torche dont le pinceau lumineux révèle une pièce aveugle sous le plancher.

Crawley contourne l'escalier. Une trappe qu'il soulève. Une volée de marches en dessous. À l'abri de la lumière et du vent, elles semblent avoir mieux résisté que celles qui mènent à l'étage. Il adresse un coup d'œil à Chino qui se tient au centre de la pièce. Ce dernier lui répond par un hochement de tête. Disparaissant peu à peu à la vue du Navajo, le shérif descend les marches avec précaution.

58

Crawley se tient au centre de la pièce aveugle. Les semelles de Chino font grincer le plancher au-dessus de lui. Le Navajo marche lentement d'une fenêtre à l'autre afin de surveiller les environs. À chacun de ses pas, une fine pluie de sable rouge ruisselle. Peu à peu, les yeux du shérif s'habituent à l'obscurité. À droite, derrière un rideau crasseux, il distingue la lueur du jour à travers le fenestron donnant sur les buissons épineux. Il allume sa torche dont le pinceau lumineux transperce la poussière en suspension. À gauche, une armoire qu'il ouvre. Dépourvu de fond, le meuble est posé sur un trou assez vaste pour qu'un enfant s'y accroupisse. Un peu plus loin, un lit caisse agrandi avec des armatures en bois. Au-dessus, une photo du Jésus des mormons et un christ sculpté dans une pierre noire, grimaçant de souffrance. D'autres dessins d'enfants de part et d'autre de ce crucifix d'inspiration germanique, des croquis aux traits mal assurés, comme s'ils avaient été exécutés dans la pénombre.

La première partie de la pièce est rectangulaire et rehaussée de fragments de parquet jamais achevé. Au-delà, trois marches taillées dans le sol caillouteux conduisent à une autre salle aux parois irrégulières. De l'autre côté, la torche éclaire trois passages creusés à hauteur d'homme, chacun fermé par une lourde tenture.

La première donne sur une autre pièce aveugle d'une dizaine de mètres carrés, encombrée de rayonnages supportant des bocaux remplis de farine, de blé dur entier ou concassé, de légumes secs et de ce qui ressemble à des confitures de fruits noirs. Sur d'autres étagères se trouvent empilées des conserves de fruits, de lait et de viande, la plupart enflées par les gaz de fermentation. Des dizaines de mignonnettes de whisky aussi, ainsi que des centaines de sachets de crackers qui débordent des étagères et encombrent le sol.

Posée sur une table à tréteaux au fond de la pièce, une vieille chaîne hi-fi est reliée à une batterie de tracteur dont les cosses ont été soudées. Des buissons de fils disparaissent dans des trous pratiqués dans les murs. Placé en coupe-circuit entre la chaîne et la batterie, un minuteur à cadran, comme ceux qu'on utilise pour programmer les arrosages automatiques. Le bouton en acier est sur *Off*. Plus loin, le cran *On*. Au-delà, le cadran du minuteur contient vingt-quatre crans séparés de traits courts indiquant les quarts d'heure, et d'autres plus longs indiquant les demi-heures. Au-dessus du dixième cran, quelqu'un a écrit « Aube » avec un marker rouge, puis « Jour » au-dessus du douzième, puis « Crépuscule » au-dessus du vingt-deuxième, et « Nuit » au-dessus du dernier cran. Crawley constate que le minuteur est réglé pour diffuser le courant de la batterie depuis le cran « Aube » jusqu'au cran « Crépuscule ». Il tourne machinalement le curseur du minuteur sur *On*, déclenchant le claquement métallique des secondes qui s'égrainent. Se ravisant, il veut ramener le curseur sur *Off* mais le mécanisme à sens unique l'en empêche. Il tourne alors le curseur jusqu'au cran « Aube ». À cet instant, le minuteur marque un claquement plus sec et le circuit s'ouvre, allumant la chaîne stéréo dont la façade s'illumine. Crawley sursaute en entendant un torrent de musique classique se déverser des haut-parleurs fixés dans les autres salles. Ayant baissé le volume, il lit le nom de l'œuvre qui défile sur l'écran de la chaîne : *Idoménée, roi de Crète*. Il passe aux autres morceaux. *L'Enlèvement au sérail, Les Noces de Figaro, Don Giovanni, La Clemenza di Tito, Così van Tutte*, des dizaines d'heures d'enregistrement des opéras de Mozart. Il recule, referme la tenture et écarte la suivante, révélant une autre pièce, plus petite et obscure. Deux anneaux munis de lourdes chaînes avec des fers flanquent les murs. Des haut-parleurs dissimulés derrière des grillages diffusent la musique. Crawley frissonne en apercevant les traces de sang séché sur les bracelets des fers. Ils sont savamment fixés assez bas et courts pour empêcher le détenu de se lever ou de s'asseoir, le forçant à se tenir accroupi dans les ténèbres.

Crawley laisse retomber la tenture, reprend son souffle dans la grotte circulaire. La dernière pièce est plus vaste et plus haute que les autres. Emplie de la musique de Mozart, elle est équipée de deux pupitres et d'un bureau leur faisant face, ainsi que d'une écritoire sur laquelle un imposant recueil des partitions du maître est resté ouvert.

Ce qui ressemble à un autel est dressé contre le mur de droite. Il est drapé d'une nappe blanche à franges où se trouvent disposées quatre coupelles en cuivre remplies à ras bord de crackers desséchés. Vissée à même le mur au-dessus de ces offrandes, une croix sépare d'un côté une reproduction de la *Piéta*, de l'autre une photo de Marylin Manson, face luisante de sueur et de haine durant un de ses concerts.

Promenant le faisceau de sa lampe, Crawley s'avance dans la pièce. Un tableau noir occupe le mur du fond. Il distingue les derniers mots qui y ont été écrits. Incrustés dans l'ardoise comme s'ils ne devaient plus jamais s'effacer, ils sont repris d'un verset sanglant de la Bible :

Ainsi parlait Mozart à la fin des temps : « Maintenant, tuez tout mâle parmi les petits enfants, et tuez toute femme qui a connu un homme en couchant avec lui, mais laissez en vie pour vous toutes les filles qui n'ont point connu la couche d'un homme. »

Crawley frémit. Partout du sang séché sur les murs et les pupitres. Une flaque plus grande au pied du tableau. Une traînée le long de l'allée centrale, jusqu'à une alcôve creusée dans le mur. Il y distingue à présent la silhouette d'un cadavre. La lueur de sa torche remplissant le réduit, il s'accroupit. L'homme porte une toge blanche déchirée et couverte de sang. Il est assis dos contre le mur, jambes repliées, poignets et chevilles solidement attachés par le même lien. L'atmosphère immobile et sèche de la salle a stoppé la décomposition. La respiration de Crawley se remet à siffler tandis qu'il considère ce qui reste du cadavre dont le visage et le corps tout entier ont été décharnés, chaque membre raclé jusqu'aux tendons, fémurs, côtes, bassin et os des bras apparaissant en larges tronçons au milieu des amas de chairs filandreuses et momifiés que la lame encore malhabile a préservés. La plupart des coupes sont d'une violence inouïe, sans doute effectuées sous le coup d'une colère et d'une peur terribles. Des garrots de corde ceignent encore les membres, comme si le tueur avait fait durer le plaisir le plus longtemps possible. Crawley approche la torche. Le visage de l'homme a aussi été martelé, ainsi que son crâne et les os fragiles de ses mains, sans doute à l'aide du marteau posé contre le mur. Le shérif ramasse le scalpel rouillé et couvert de sang abandonné sur le sol. Il observe le rictus qui déforme le visage écorché. Un hurlement silencieux, interminable.

59

Les premières notes de *L'Enlèvement au sérail* retentissent au moment où Crawley quitte la salle d'étude. Il recule vers la première pièce aveugle sous la salle commune du ranch. Il inspecte rapidement les murs au-dessus du lit. Les dessins d'enfant d'abord. Des traits et des hachures. À force de les examiner, le shérif se rend compte que Mila a simplement voulu reproduire ce qu'elle apercevait depuis son lit caisse, c'est-à-dire les stries de lumière descendant à travers le plancher. Il déplace sa lampe torche. Le faisceau glisse sur une étagère double vissée au mur près de l'armoire. Deux planches retenues par des arceaux en métal. Les rayonnages sont couverts de livres pour enfants. Des *Lucky Rabbit* cornés et au papier rendu râpeux par les multiples lectures, des *Junie B. Jones*, des *Pinkalicious*, ainsi que plusieurs exemplaires de *Docteur Seuss* et de *Martyne* en français. Crawley en feuillette quelques-uns dont il compare les scènes aux dessins que la psychiatre du Maine lui a confiés. Un frisson parcourt son échine. Des souvenirs artificiels recomposés par Mila, à partir d'aventures piochées dans ces livres pour la jeunesse. Mila B. Jones fait du vélo sur une route de campagne en compagnie de son chien, Mila-Martyne à la pêche avec son grand-père s'allonge sur un rocher au bord d'un ruisseau et tente d'attraper un poisson. Plus loin, la même petite fille prépare un gâteau avec sa grand-mère, retrouve un trésor perdu au fond d'une grotte, sauve un cheval de l'abattoir. Partout sur les pages en papier glacé de ces livres pour gamines, Mila a gribouillé des nids de frelons, des cadavres d'animaux au creux des sentiers, des dépouilles humaines au bord de routes forestières, des monstres peuplant les forêts.

Derrière les livres qu'il vient de reposer, Crawley découvre une liasse de cahiers d'écolier, numérotés et rangés dans l'ordre. Il s'assied sur le bord du lit caisse dont l'armature grince sous son poids. Les cahiers sont minces et bleus, avec des lignes à l'intérieur. La plupart des pages du premier sont couvertes de lignes de lettres, de dictées très courtes et visiblement autocorrigées pour le suivant, de rédactions très courtes elles aussi pour le troisième, le calcul et l'histoire n'apparaissant que sur le quatrième, en même temps que l'instruction religieuse qui semble effrayer la jeune fille. Quatre années de l'enfance de Mila. Il y a aussi beaucoup de dessins et de croquis dans les marges ou en arrière-plan des textes, souvent sommaires, rarement achevés, mais là aussi d'une précision de plus en plus affûtée à mesure que Mila grandit. La plupart représentent de lointains champignons atomiques déployés à l'horizon, des terres dévastées, des villes en ruines, d'immenses étendues empoisonnées et fumantes où errent des hordes d'aveugles défigurés par les brûlures. Et au centre de ce maelström apocalyptique, préservé du reste du monde par une palissade électrifiée, le ranch où vit la jeune fille, perdu au milieu d'un désert intact.

Le dernier cahier, froissé et abîmé, est celui d'un autre enfant, un garçon. Son écriture est plus irrégulière. Il fait beaucoup de fautes et ne parvient pas à saisir les concepts. À le lire, Crawley finit par comprendre qu'il devait être dyslexique et qu'il bégayait sans doute énormément. Un échange entre l'écriture des deux enfants attire son attention. La scène a lieu un matin peu après l'aube. Mila dit que maman a hurlé toute la nuit dans le cachot. La nuit où l'autre enfant s'est levé. La nuit où il a tout vu. Il se serre contre elle et il pleure. Mila lui caresse les cheveux. Il lit sans doute par-dessus son épaule ce qu'elle vient d'écrire. Il chuchote quelque chose à son oreille. Mila sursaute, lui demande de répéter. Elle a dû reprendre le crayon. Elle écrit. On dirait un dialogue silencieux, des chuchotements échangés dans une salle d'étude, chacun écrivant à son tour sur le cahier qui change de main.

— *Qu'est-ce que tu as dit ? Papa et le monstre, c'est ça ?*

— *Non.*

— *Quoi alors ? Papa hait le monstre ?*

— *Non plus.*

— *Quoi alors ?*

— *Papa est le monstre.*

Crawley a posé le cahier sur ses genoux. Il pianote fébrilement sur le clavier de son téléphone portable.

60

— Mila ? Vous m'entendez ?

Searl est assis au bord du lit, dans le caisson d'isolement sensoriel que la jeune femme occupe au service des endormis de stade 2. Depuis que l'équipe l'a arrachée du coma à coups d'électrochocs, la jeune femme est aréactive et garde les yeux fixés au plafond. Elle respire, réagit aux stimulations, ses réflexes sont présents, mais on dirait qu'elle s'est réfugiée quelque part où personne ne peut l'atteindre. Quelque part où elle se sent à l'abri. Ou plutôt quelque part où elle est enfermée et d'où elle ne parvient plus à s'enfuir.

— C'est ma faute, Mila. Je n'aurais jamais dû vous soumettre à de telles stimulations en continu. Votre esprit a failli se briser. Je suis désolé.

Searl passe la main devant les yeux ouverts. On dirait que les récepteurs cérébraux de la jeune femme ne repèrent plus cet ovni dans son champ de vision. Depuis qu'elle se trouve dans cet état, l'équipe alterne les programmes simples pour tenter de rétablir le contact mais, chaque fois, les tracés démontrent que ces visions imposées déclenchent de grands accès de terreur dans son esprit.

Searl sort de sa poche le portable jetable que lui avait remis Crawley. Le dernier message du shérif clignote sur l'écran :

« J'ai retrouvé le ranch. J'y suis avec les Navajos. Il y avait un autre enfant. Il s'est passé des choses terribles ici. Une sorte de secte survivaliste. J'ai retrouvé un cadavre décharné et mutilé dans les sous-sols. Fouillez dans cette direction avec Mila. De mon côté, j'avais contacté il y a plusieurs jours un ami du FBI pour lui demander d'essayer de se renseigner sur l'enquête menée par le SK. Il vient de m'annoncer qu'il ne va pas tarder à m'envoyer deux fichiers vidéo dont le contenu a visiblement déclenché une enquête interne d'envergure contre cette unité fantôme. Je vous fais signe dès que j'en sais plus. »

Les yeux de Searl reviennent sur Mila, sur son regard vide, perdu au plafond. Il ressent une immense pitié l'envahir pour cette gosse dont l'enfance recluse dans ce ranch a dû être un enfer.

— Mila, je me suis trompé depuis le début. Le ranch n'est pas un lieu mort. C'est bien un souvenir. Je sais que cela va vous faire atrocement souffrir, mais je dois vous renvoyer là-bas. Je pense que vous y êtes déjà et que c'est dans ce lieu maudit que vous avez trouvé refuge. Je dois vous en faire sortir au plus vite, sinon votre cerveau va se déconnecter entièrement de la réalité et vous sombrerez dans la folie sans espoir de retour.

La respiration de Mila s'accélère. Ses tracés cérébraux dessinent des sinusoïdes dentelées sur l'écran. Searl pianote sur son clavier. Il a préparé un nouveau programme sensoriel : du sable blanc et brûlant, un ciel bleu sombre par contraste, beaucoup de chaleur, quelques cactus, le souffle du vent. Il commande à l'ordinateur de vaporiser une première bouffée de ces odeurs mêlées pour installer progressivement la vision. Il consulte les écrans. Le rythme cérébral de la jeune femme s'emballe quelques secondes, le temps que les molécules olfactives se diffusent dans son cerveau, se transformant en influx électriques, en images, en sons et en sensations. Searl augmente le débit. La respiration de Mila redevient profonde, régulière. Elle ferme les yeux. La vision a commencé. Lui-même enfile un casque olfactif relié au même programme et la rejoint.

61

À nouveau un voyage, une onde qui se déplace à la surface de la conscience de Mila. Elle sent la brûlure du vent sur son visage, la chaleur tout autour, comme la gueule ouverte d'un four. Et les odeurs minérales, sauvages, primitives, intactes. Elle prend conscience du balancement régulier qui anime son corps tout entier. Ce même mouvement qui l'a tirée des profondeurs où elle s'était réfugiée. Elle sourit. Elle aime cette sensation apaisante et le grincement du portique qui l'accompagne. La planche de hêtre, fendue et pleine d'échardes sous ses fesses ; la corde de chanvre, râpeuse au creux de ses paumes. Le portique est installé à l'arrière du ranch, sous le filet de camouflage qui forme une flaque d'ombre au milieu de la fournaise. Un océan de lumière et de chaleur au-delà. Mila a toujours les yeux fermés. Elle se balance. Peu à peu, comme si ce seul mouvement suffisait à remplir à nouveau sa mémoire, elle se souvient de chaque détail de cet endroit. Le puits en face du portique, la margelle éboulée, les rondins empilés sous leur bâche contre le flanc de la maison, les branches du vieil arbre abattu, sa souche émergeant du sol sablonneux. La chaleur et la sécheresse l'ont sédimentée et elle est devenue si dure que papa Harry a renoncé à l'extraire du sol. Au pied du tas de branches, la terre rougeâtre exhale une odeur cuivrée. On dirait une flaque de sang séché au milieu d'un désert d'un blanc immaculé.

Mila a cessé de lancer ses jambes en avant pour maintenir le va-et-vient. La balançoire ralentit, les craquements de la corde et les grincements du portique s'espacent, s'arrêtent. La brise chaude sur son visage et ses cheveux. Elle a détecté une présence. Le bruit que font des petits cailloux crissant sous une semelle. Elle ouvre les yeux. Un vieil homme, mince, aux cheveux très blancs et au teint bronzé, est assis sur la margelle du puits. De fines lunettes rondes à monture argentée encerclent ses yeux bleu lavande. Les mains de la fillette se cramponnent aux cordes de la balançoire. Radieuse, elle désigne le désert brûlant au-delà du filet de camouflage.

— Vous êtes Mozart, n'est-ce pas ?

— Mozart ?

— Oui. Le Recréateur de toutes choses. Celui qui répare le monde par la musique.

Le vieil homme secoue la tête.

— Un de ses anges, alors ? Vous venez d'au-delà des Terres Mortes, c'est ça ? Vous venez pour me sauver.

Le vieil homme ne répond toujours pas. La fillette renifle.

— Vous ne devriez pas vous asseoir sur la margelle. Papa Harry ne veut pas qu'on fasse ça. C'est dangereux.

— Pourquoi ?

— Ça grouille d'araignées en bas. Leur morsure sécrète un venin qui putréfie les chairs. Rien ne peut arrêter cette putréfaction, ces chairs qui se décollent et qui pourrissent.

— Des araignées violonistes ?

— Oui. Elles grouillent en bas. Elles sortent la nuit, se glissent le long des parois et rampent hors du puits. Ensuite, elles franchissent l'éboulis de la margelle et galopent au-dehors, jusqu'à la bâche sous laquelle elles se faufilent pour infester les rondins. En chemin, elles tuent et dévorent de grosses sauterelles et des mulots, mais leur véritable but, c'est cette bâche. C'est pour ça que papa Harry nous interdit de sortir la nuit.

— Ce n'est donc pas dangereux quand il fait jour.

La fillette sourit. Elle aime la voix du vieil homme. Elle fait mine de s'intéresser à la corde de la balançoire dans sa paume.

— Si vous n'êtes pas le Recréateur ou un de ses anges, cela veut dire que vous ne venez pas d'au-delà des Terres Mortes mais des Terres Mortes elles-mêmes. Vous devriez partir, sinon papa Harry va vous tuer.

— Tu veux bien me parler des Terres Mortes, Mila ?

La fillette sursaute. Elle fixe intensément le vieil homme avec un mélange d'amour et de stupéfaction.

— Vous connaissez mon prénom ? Seul papa Harry et Mozart le connaissent. Vous êtes bien le Recréateur de toutes choses, n'est-ce pas ? Il avait de très beaux yeux comme les vôtres. C'est écrit dans son Livre.

— Quel livre ?

— Mais... Le Livre de Mozart bien sûr ! Celui qui contient le secret de sa musique. Papa Harry nous le lit tous les soirs à la veillée. Mozart est le seul dieu. On dit de lui qu'il est cruel car il n'a pas hésité à décimer l'humanité qui avait tant abîmé la planète. Papa Harry dit que « cruel » n'est pas un mot aussi méchant qu'il n'y paraît. Par exemple, si un homme vient à voler de la nourriture et qu'on lui plonge le visage et les mains dans de l'huile bouillante, on dira que c'est « cruel », mais en fait ça veut dire « juste », parce qu'il reste très peu de nourriture dans les Terres Mortes.

Le vieil homme ne répond pas. La fillette fronce les sourcils.

— Vous voulez me tester, c'est ça ? Si je réponds correctement à vos questions, si je montre que je connais les réponses du Livre, alors vous me prendrez par la main et vous m'emmènerez loin de cet enfer ?

— Parle-moi d'abord des Terres Mortes.

La fillette essuie les larmes qui ont commencé à couler sur ses joues.

— C'est que je ne sais pas quoi en dire sinon qu'elles sont mortes et que tous ceux qui en viennent le sont aussi. Mozart en parle peu dans sa musique. Il dit qu'on ne doit pas s'y aventurer ni même y songer.

— Tu les vois d'ici ?

— Non. Elles sont tout ce qui se tient au-delà de ce que nous apercevons depuis Dead End.

— Dead End ?

— Notre colonie. Celle qui abrite les survivants.

Mila désigne le ranch et ses alentours. Haussant les épaules, elle ajoute :

— Je ne sais pas quoi vous dire d'autre. Pourtant, je connais toutes les réponses du Livre. Mais pour que je les dise, il faut me poser des questions comme dans la salle de classe où papa Harry nous enseigne le monde d'avant. Est-ce que vous voulez bien me poser des questions pour que je puisse dire les réponses ? Sinon, je sais que vous serez en colère et que vous me laisserez ici à jamais.

— Parle-moi du Livre.

Les yeux de la fillette se remplissent de larmes.

— Ce n'est pas une question ! S'il vous plaît, posez-moi une question ! Je sais que je n'ai pas toujours été sage et que, souvent, je rêvassais quand papa Harry nous faisait la leçon dans la salle de classe, mais je vous jure que je ne recommencerai pas !

— Qui a écrit le livre de Mozart ?

Le visage de la fillette s'illumine. Elle lève le doigt en répétant :

— Moi, je sais !

— Je t'écoute.

Mila bredouille un merci. Elle a posé ses mains jointes devant ses lèvres et fermé les yeux. Elle se concentre de toutes ses forces.

— Le Livre de Mozart a été écrit par des anges, sous la dictée de Mozart lui-même. Les anges l'ont rédigé dans la langue des Éons du Plérôme, qui est composée de traits horizontaux et de signes étranges qu'on appelle des croches et que seul papa Harry parvient à lire. Il dit que ces lignes s'appellent des partitions et qu'elles contiennent les secrets de la musique de Dieu. C'est un volume en cuir presque toujours posé sur l'écritoire ou sur l'autel de la salle d'étude. Nul autre que papa Harry n'a le droit d'y poser les yeux ni d'en tourner les pages. Un jour, j'en ai aperçu la tranche où il y avait écrit *Œuvres complètes de Mozart*. C'est comme ça que j'ai compris que ce livre avait effectivement été écrit par vous.

Mila a plaqué ses mains sur ses lèvres.

— Oups, pardon. Je voulais dire : par Mozart.

— Ce n'est pas grave. Continue.

— Le Livre de Mozart dit qu'au commencement, il y a eu un cataclysme, et tout ce qui faisait que le monde était le monde disparut dans une gigantesque boule de feu. Avant que ça n'arrive, Mozart avait parlé à papa Harry dans ses rêves. Il lui avait dit que le monde allait disparaître sous un déluge de musique et de feu. Alors papa Harry a passé le reste de son temps à rechercher un endroit assez à l'écart pour échapper à la destruction, et c'est comme ça qu'il a trouvé ce lieu qu'il a appelé Dead End.

— Papa Harry vous a expliqué ce qu'était ce cataclysme ?

— Il nous a juste enseigné qu'avant il y avait des routes, des voitures, des villes, des milliards de gens. Et puis des boules de feu gigantesques comme des soleils se sont écrasées sur le monde, et le monde a cessé d'être. Nous appelons ce jour celui de la Révélation.

— Vous n'êtes jamais allés dans les Terres Mortes ?

— Papa Harry le fait mais pas nous. Pourquoi aurions-nous fait une chose pareille ? Nous sommes en sécurité ici.

Mila est très pâle. Elle renifle et demande :

— Est-ce que j'ai bien répondu, monsieur ?

— Oui.

— Tant mieux parce que je ne sais pas quoi ajouter d'autre.

Le vieil homme regarde les bosses mouvantes que forment les araignées violonistes sous la bâche. Il a l'impression qu'elles sont plus nombreuses, plus grosses aussi.

— Mila ?

— Oui ?

— Tu as dit : « Nous sommes en sécurité. » Qui est « nous » ? Tu n'es pas la seule enfant ici ?

— Bien sûr que non. Il y a Liam aussi.

— Qui est Liam ?

— Mon frère jumeau.

— Est-ce que Liam est là ?

— Ces lieux sont morts. Il n'y a plus personne.

62

La balançoire grince. Les orteils de Mila touchent à peine le sol. Elle s'essuie les yeux avec la manche de sa robe.

— Mila ?

— Oui ?

— Tu te rappelles ce qui s'est passé ici ?

— Non.

— Tu voudrais que je t'aide à t'en souvenir ?

Mila a cessé de se balancer. Elle hoche la tête. Ses yeux sont revenus sur ceux du vieil homme. Il allume une cigarette.

— Vous ne devriez pas fumer. C'est mauvais pour vous.

— C'est pour essayer d'arrêter les bonbons. Je n'en fume que quatre par jour.

— C'est comme si vous disiez que vous ne vous donnez que quatre coups de marteau par jour sur la tête. C'est stupide.

— Tu as raison. Si j'écrase ma cigarette, est-ce que tu veux bien me parler de Liam ?

— Je ne sais pas.

— Tu sais où il est actuellement ?

— Quelque part dans les Terres Mortes, je suppose. Il erre.

Mila a chuchoté ces derniers mots. Searl considère le bout incandescent de sa cigarette. Il la laisse tomber et pose sa semelle dessus.

— J'ai encore une question à te poser.

— Vous êtes le Recréateur. Vous avez le droit de me poser toutes les questions que vous souhaitez. Vous êtes bien Lui, n'est-ce pas ? Je vous demande cela parce que, si vous n'étiez pas le Recrétateur, ce ne serait pas prudent pour vous de parler de toutes les choses affreuses qui se sont passées ici.

Searl lève les yeux vers la fillette qui le fixe intensément. L'espace d'une seconde, sa voix est devenue plus grave, menaçante, avec une pointe de bégaiement sur certaines syllabes.

— Est-ce que papa Harry est votre vrai père ?

— Non. Il nous a trouvés dans les décombres du monde, dans un endroit que les gens d'avant appelaient « Montana ». Papa Harry dit que c'est important que les gens sachent d'où ils viennent, sinon ils deviennent fous et font exploser le monde. Après nous avoir trouvés, papa Harry nous a emmenés avec lui et c'est ainsi que nous sommes devenus les premiers enfants de Dead End. Comme nous étions encore bébé, papa Harry m'a baptisée Mila et mon frère Liam. Pour que l'on s'en souvienne, il a gravé ces prénoms sur une médaille en étain qu'il a passée autour de notre cou en nous interdisant de nous les échanger.

— Et vous avez vécu seuls ici toutes ces années. Personne d'autre n'est venu de l'extérieur ?

— Si.

Mila lève les yeux vers le ciel immobile qu'elle scrute à travers les mailles du filet de camouflage.

— L'hiver dernier, Liam et moi avons eu 10 ans et maman Jenny nous a préparé un gâteau de riz et du lait. J'aimais bien maman Jenny même si elle n'était pas très douée pour les gâteaux. Elle était très jeune, très maigre et souvent triste à cause de son bébé qui allait arriver ; mais elle avait toujours un sourire et un mot tendre pour nous.

— Où est maman Jenny ?

— Je ne sais pas. Papa Harry les fait toutes venir d'au-delà des terres dévastées. La première s'appelait maman Anna. Papa Harry l'aimait beaucoup. Un jour, elle est morte. Papa Harry dit qu'elle s'est étranglée en pleine nuit avec ses propres mains pendant que lui dormait, et j'ai bien vu à ses yeux brillants de larmes que c'était vrai. Quand il parle d'elle, il dit qu'il n'a jamais réussi à lui faire un enfant. Parfois, il ajoute sombrement que c'est sans doute mieux ainsi.

Mila fredonne un air de son enfance. Elle sourit.

— Après la mort de maman Anna, papa Harry est reparti dans les Terres Mortes. Quand il est revenu avec sa carriole, il avait ramené une autre maman, mais il fallait d'abord qu'il la dresse car c'était une femme sauvage d'au-delà des décombres du monde. Elle a hurlé des nuits entières dans le cachot. Tantôt elle suppliait, tantôt elle poussait des cris de bête furieuse, le plus souvent elle pleurait. Quand le dressage a été terminé, papa Harry l'a habillée d'une belle robe de mousseline blanche récupérée dans les Terres Mortes, puis il lui a donné le nom de maman Stella.

— Qu'est-elle devenue ?

— Je ne sais pas. Elle avait beaucoup de mal à sourire, sans doute à cause du cataclysme. Son ventre était déjà rond quand elle est arrivée. Papa Harry a dit qu'elle aurait bientôt un enfant à offrir à ceux de Dead End et nous avons été enchantés à l'idée d'avoir une petite sœur ou un petit frère rescapé du cataclysme. À plusieurs reprises dans les jours qui ont suivi, maman Stella a essayé d'entrer en contact avec nous. Au début, c'était seulement avec les yeux. Puis elle attendait que papa Harry soit occupé pour nous chuchoter : « Mes pauvres enfants, est-ce que vous allez bien ? » ou « Avez-vous essayé de vous échapper ? » ou « Je vais vous aider. Nous allons bientôt nous enfuir. » Quand elle a dit cela, Liam a levé le doigt et l'a répété à papa Harry. Alors le dressage a dû reprendre mais ensuite, ça allait mieux, et nous avons formé une famille heureuse jusqu'à la chose terrible qui est arrivée à Liam.

Mila a recommencé à se balancer doucement d'avant en arrière. De grosses larmes roulent le long de ses joues.

— Tu veux bien m'en parler ?

— La semaine dernière, Liam et moi on jouait près du puits. On avait passé beaucoup de temps à regarder les sillages qui se croisaient dans le ciel. Et puis on s'est disputés parce qu'il avait renversé mon verre de lait. On l'a fait en chuchotant parce que papa Harry nous aurait donné le fouet s'il nous avait entendus. À un moment, j'ai dû lui faire très mal parce que Liam était furieux et il m'a poussée. Après je l'ai poussé aussi alors qu'il était assis sur la margelle du puits et il est tombé et je n'ai pas pu le retenir.

Les sanglots de la fillette redoublent. Elle se pelotonne contre Searl qui vient de s'accroupir au pied de la balançoire.

— Chut, Mila. Ce n'était pas ta faute. C'était un accident.

— Il a hurlé en tombant. Il s'est cogné partout. Il avait horriblement mal. Sa voix résonnait dans les profondeurs. Je savais qu'il aurait fallu que j'appelle au secours mais j'avais peur que papa Harry nous gronde. Et puis Liam s'est mis à hurler de plus belle. Il disait que les araignées étaient sur lui et qu'elles le mordaient. Il répétait : « Mila ! Je t'en supplie, Mila ! Les araignées ! Il y en a partout ! » Il a hurlé encore. Il disait qu'il avait trouvé une sortie au fond du puits et qu'il allait ramper par là. Après cela, il n'a plus hurlé et la nuit est venue. Papa Harry a bien vu qu'il manquait à l'appel alors il m'a fouettée jusqu'à ce que je lui dise que Liam était parti vers les Terres Mortes. Il a alors pris sa carriole et je suis allée me coucher.

Searl caresse les cheveux de la fillette qui se serre dans ses bras. Elle est exténuée et ses sanglots semblent ne jamais devoir s'arrêter. Il redoute que l'esprit de Mila se fracture sur le souvenir de ce traumatisme. Il l'enveloppe de ses bras, la rassure comme il peut.

— Que s'est-il passé ensuite ?

— Quand je me suis réveillée quelques heures plus tard, Liam était allongé à côté de moi. Son corps était sale et couvert de morsures d'araignées mais c'était bien lui. Il a ouvert les yeux et j'ai vu qu'il était terrifié. J'ai su plus tard qu'il avait continué à avancer dans le passage au fond du puits et que, après avoir erré durant des heures dans les anciennes mines, il avait finalement trouvé une galerie qui conduisait sous le ranch. C'est ce soir-là qu'il a commencé à bégayer, sans doute à cause de la peur terrible qu'il avait ressentie au fond du puits. Alors j'ai pris son visage dans mes mains et je l'ai rassuré. Quand il s'est senti prêt, il a juste dit : « Voilà, je suis revenu. » J'ai répondu : « C'est bon que tu sois là, Liam » et on s'est rendormis l'un contre l'autre en se tenant chaud.

Le souffle brûlant du désert agite le filet de camouflage au-dessus de la balançoire. Searl serre toujours Mila contre lui. Peu à peu, ses sanglots s'espacent et elle retrouve un peu de souffle.

— Dans les jours qui ont suivi, papa Harry était tellement furieux contre Liam qu'il refusait de lui adresser la parole et que maman Stella faisait comme s'il était toujours perdu dans les Terres Mortes. Ça a été comme ça chaque jour, et, quand il demandait un verre d'eau ou simplement pardon, on le lui donnait mais on ne répondait jamais à ce qu'il disait. Le châtiment du silence. La pire des punitions que l'on pouvait recevoir à Dead End. Ça m'était arrivé une seule fois quand j'avais déchiré ma robe : j'avais reçu la fessée de maman Anna et on ne m'avait pas parlé pendant une semaine. Liam avait l'habitude parce que c'était un dur et qu'il faisait souvent l'andouille, mais là, j'ai vu que c'était rudement difficile à avaler pour lui, parce qu'il avait été blessé et que c'était déjà une punition suffisante. Alors, un matin au petit déjeuner, j'ai hurlé que c'était moi qui avais poussé Liam dans le puits, que ce n'était pas sa faute et qu'à présent il se sentait très seul. Papa Harry ne m'a pas répondu et maman Stella m'a juste serrée rapidement dans ses bras avant de vaquer à ses occupations. Enfin, voilà, c'était comme ça dans les jours qui ont suivi la chute de Liam et, lui et moi, on attendait surtout le soir pour chuchoter en cachette dans notre lit.

Mila respire mieux. Elle savoure le souvenir de ces nuits à bavarder avec son frère dans le creux de l'oreille. Ce sont ses meilleurs moments dans l'enfer de Dead End. Elle se crispe à mesure que d'autres images refont surface.

— Il y a trois jours, maman Stella a eu de grosses douleurs au ventre. Elle s'est mise à gémir et à sangloter et on était tous rudement contents parce qu'elle allait avoir son bébé. Alors papa Harry nous a ordonné d'aller nous coucher et il l'a enfermée dans le cachot. Elle a hurlé longtemps, presque toute la nuit. Liam et moi, on est restés comme ça dans notre lit, serrés l'un contre l'autre. Un peu avant l'aube, on a entendu des cris de bébé, et puis presque aussitôt des hurlements, et puis les cris ont cessé et il n'y avait plus que le silence. Liam s'est levé. J'ai essayé de le retenir mais je n'ai pas pu. Quand il est revenu, il grelottait et il était très pâle. Il s'est de nouveau glissé dans notre lit et, après un moment, il a fondu en larmes en essayant de chuchoter quelque chose à mon oreille. Je n'ai pas compris tout de suite à cause de ses sanglots et de son bégaiement. Alors, comme je le faisais d'habitude quand il avait du mal à parler, j'ai sorti un cahier d'écolier et il s'est mis à écrire. Au matin, maman Stella avait disparu avec son bébé.

63

Les sanglots de Mila ont repris tandis qu'elle essaie de disparaître entre les bras de Searl.

— Mila ? Est-ce que tu sais pourquoi papa Harry faisait ça à ces jeunes femmes ?

— Il disait qu'il les renvoyait toutes parce que leur bébé ne portait pas la marque des élus et que la colonie ne pouvait accueillir que des enfants choisis pour repeupler le monde.

— Quelle marque ?

— Papa Harry disait qu'il s'agissait plutôt d'une absence de marque. Il nous montrait ses mains. Comme les nôtres, comme ceux de Mozart, ses doigts n'avaient pas de striures au bout.

— Tu veux dire pas d'empreintes digitales ?

— Oui. Il disait que tous ceux qui errent dans les Terres Mortes ont des stries au bout des doigts, sauf les élus, et que ce sont ces enfants que la colonie devait accueillir. Alors, quand le bébé de nos mamans naissait, papa Harry se rendait facilement compte que ce n'était pas un élu, et il chassait la mère et l'enfant en les forçant à retourner dans les Terres Mortes.

— Ce n'est pas cela qu'il leur faisait, Mila. Tu le sais, n'est-ce pas ?

— La ferme ! Je ne veux plus parler avec toi !

Mila a hurlé ça de toutes ses forces en plaquant ses mains sur ses oreilles. Elle essaie de se balancer mais Searl la retient. Elle fredonne sa comptine pour essayer de se rassurer. Searl lève les yeux. Le soleil a disparu sous une épaisse couche de nuages qui se referment sur les derniers pans de ciel bleu. Le vent est froid, agité. Des tourbillons se forment sur le sable autour du ranch. Searl tourne la tête vers le puits. Des centaines d'araignées venimeuses en émergent et se répandent sur le sable comme si la terre les vomissait. Il serre fébrilement Mila contre lui, caresse et embrasse ses cheveux, reprend avec elle cet air qu'elle fredonnait la nuit avec Liam pour ne pas entendre les hurlements des mamans. Il se cramponne à elle pour empêcher son esprit de se briser. Peu à peu, les muscles de la fillette se détendent. Elle garde les mains collées sur ses oreilles mais, déjà, appuyant sa tête contre la poitrine de Searl, elle se rend. Le vent se calme. Les araignées refluent dans le puits, mais le ciel reste chargé de lourds nuages menaçants. Searl décrispe délicatement les doigts de Mila, les décolle de ses oreilles. Il fredonne toujours. Il l'apaise. Elle sanglote.

— Je ne veux plus en parler. Je ne veux pas me souvenir de ça.

— Il le faut, Mila. Si tu veux que je t'aide à quitter cet enfer, il faut que tu répondes à mes questions.

— Et si je n'y parviens pas ?

— Ces lieux sont en train de mourir. Tu ne peux pas rester ici.

Mila écrase ses larmes avec ses paumes. Elle est brûlante. Sa respiration est saccadée. Son menton tremble. Sa gorge est secouée de sanglots.

— Vous n'êtes pas le Recréateur de toutes choses, n'est-ce pas ?

— Non.

— Vous n'êtes pas non plus Salieri le Résurrecteur, celui qui arrache les malheureux aux ténèbres des puits ?

— Non plus. Moi, je ne suis que le Réveilleur. Celui qui arrache les malheureux au sommeil sans fin.

— Alors vous êtes tout de même un Résurrecteur, n'est-ce pas ?

— Un peu.

Les larmes de la fillette se tarissent. Elle a collé son pouce dans sa bouche.

— Mila ?

— Oui ?

— Il y a eu combien de mamans en tout ?

Mila compte sur ses doigts. Déjà cinq. Elle change de main. Une sixième. Elle hésite sur la septième, se trompe, reprend à zéro en reniflant. Searl frissonne. Il imagine toutes ces malheureuses que papa Harry a ramenées des Terres Mortes. Sans doute des autostoppeuses, des campeuses, des conductrices en panne. Il devait les kidnapper très loin de la colonie pour ne pas risquer d'éveiller l'attention. Maman Sandy, maman Caroline, maman Naomi, d'autres encore. Mila a recommencé une troisième fois à compter. De nouvelles larmes roulent sur ses joues. Elle pleure à présent si fort que chaque sanglot brise sa voix.

— Je n'arrive pas à me souvenir de toutes. Oh mon Dieu, je n'ai pas assez de doigts pour me souvenir de toutes.

— Chut, Mila. Tu as le droit d'oublier.

64

Crawley et Chino se tiennent à l'arrière du ranch, sous le filet de camouflage craquelé et poussiéreux. Face à eux, le puits à la margelle éboulée, comme une crevasse ouverte dans la terre. Immédiatement à gauche de l'avant-toit, un empilement de bois sous une bâche. Crevée par endroits, celle-ci laisse s'échapper de temps à autre une araignée violoniste de belle taille. Des araignées de l'ombre.

Crawley lève les yeux vers le portique rouillé où une balançoire effilochée s'agite mollement dans le vent. Au-delà, à équidistance du puits, l'imposante souche de l'arbre abattu dont les branchages blanchis par la chaleur sont encore empilés sur le sable. Le claquement d'un briquet. Le grésillement du joint que Chino vient d'allumer. Cette odeur de paille et de fleurs sauvages qu'il expire.

— Il n'y a plus rien ici, vieil homme. Que du sable et des souvenirs.

— Il reste toujours quelque chose.

Debout dans le vent brûlant, Crawley affronte la chaleur et l'épuisement. La douleur irradie comme un feu d'artifice sur tous les trajets nerveux de son corps. Le sifflement qui accompagne sa respiration s'est amplifié et, depuis quelques minutes, il crache du sang. Chino l'aide à avancer vers le tas de branches. L'air se charge d'une odeur de bois sec et de sable. Le sol se cuivre sous leurs pieds. Ils atteignent l'arbre mort et le sol mou et rougeâtre où Chino plante négligemment le fer de sa pelle avant de retenir Crawley par le bras. Il désigne une masse irrégulière dont la base est encore accrochée à une branche maîtresse. Une sorte de sphère cabossée, irrégulière comme si elle était faite de carton bouilli, si grosse et lourde qu'un adolescent aurait du mal à la soulever. Crawley sent ses cheveux se dresser sur sa tête en reconnaissant un nid de frelons aux larges alvéoles. Il cherche à se souvenir s'il en a vu un jour un aussi gros. Sans doute une colonie qui a dû prospérer ici durant des années.

Crawley s'appuie au manche de la pelle tandis que Chino s'avance vers le nid. Le Navajo écarte plusieurs branchages qui craquent sèchement dans ses mains. Il exhume des centaines d'insectes desséchés dont certains atteignent la taille d'un pouce. De la carapace oblongue et brillante des frelons, il ne reste que des coquilles vides et racornies. Fouillant le sable, Chino découvre des ossements de petits animaux, probablement d'anciens morceaux de poulets et de chats que quelqu'un devait jeter là pour nourrir les gardiens des lieux. Chino éventre la frelonnière d'un coup de bêche. Le bloc filandreux craque et se fend, libérant des spirales d'autres cadavres rabougris par la chaleur. Un fin nuage de poussière retombe avec les particules végétales que les frelons avaient patiemment assemblées et compactées avec leur salive. Le Navajo dévisse une bouteille d'alcool à brûler qu'il déverse sur le nid jusqu'à en imbiber les alvéoles et le cœur. Puis il recule et jette son briquet. Un grondement étouffé. Le souffle odorant de l'alcool qui s'enflamme. La carcasse n'est bientôt plus qu'un brasier d'où s'échappent des craquements et des sifflements. Le Navajo s'éloigne encore pour échapper à la chaleur des flammes. Il se tourne vers Crawley qui fixe intensément le sol rouge au bord du tas de branchages.

— C'est là ?

Crawley a lu les derniers cahiers de Mila. Il hoche la tête. Chino commence à creuser. Bientôt, sa bêche cogne sur de la caillasse qu'il extrait du sol sablonneux, et puis encore du dur et, cette fois-ci, ce sont des ossements humains enveloppés dans une bâche. D'autres Navajos viennent en renfort avec des outils. Ils creusent ensemble jusqu'à la tombée du jour. Quand Crawley leur dit d'arrêter, il compte les bâches accolées qu'ils n'ont fait qu'exhumer et qui débordent à présent de leur gangue de sable. Il y en a déjà une dizaine.

Le shérif s'est agenouillé aux côtés de Chino pour ne pas risquer d'offenser les sépultures. Il en ouvre une au hasard. Ses traits se durcissent en découvrant les cadavres desséchés d'une femme et d'un bébé. La femme semble jeune. Le bébé est minuscule. Leur cou a été brisé et le cadavre de la jeune femme semble étreindre celui de son enfant. Les Navajos ouvrent d'autres bâches. Toujours la même vision de dépouilles enlacés.

Des sirènes au loin. Crawley lève les yeux vers les renforts de la police tribale qui déboulent pied au plancher, illuminant de leurs gyrophares le brouillard de poussière qu'ils soulèvent. Le shérif regarde les morts. Cela fait plusieurs secondes qu'il sent grandir la douleur. Elle a rassemblé ses armées de haine et de feu tout au fond de son âme. Elle monte à l'assaut de ses derniers remparts. Un magma de souffrance. Il essaie de relever les yeux vers l'horizon et le ciel. Il sent les mains de Chino le rattraper et le poser délicatement sur le sol. Les armées de la douleur saccagent à présent son cœur, en font éclater les murailles et les canaux d'approvisionnement. Il a encore le temps de gémir : « Kirsten. » Et puis il ferme les yeux et se laisse aller dans les bras de l'Indien.

65

Le soleil, le ciel bleu et la chaleur. Le vent s'est calmé. Searl serre toujours la fillette dans ses bras.

— Mila, est-ce que tu te souviens de ce qui s'est passé ensuite ?

— Nous avons attendu trois jours et deux nuits que papa Harry rentre des Terres Mortes. Nous n'avions rien à manger et très peu à boire. Quand il est entré dans la salle d'étude, nous avons tout de suite vu que quelque chose n'allait pas. Il nous a à peine regardés. Il a ouvert le livre des partitions et lu en silence. À un moment, Liam a murmuré : « Qu'est-ce que tu as fait à maman Stella, espèce de salaud ? » mais la musique a couvert son chuchotement et je me suis mordu les lèvres en suppliant Mozart qu'il ne répète jamais ce qu'il venait de dire. Et puis papa Harry a marché jusqu'à l'autel et a ouvert un placard secret d'où il a sorti des verres en plastique et un broc rempli d'une potion épaisse et noire qu'il utilisait pour empoisonner les taupes et les rats. Il a rempli les verres à ras bord avant de les disposer sur une table à côté de l'écritoire.

Mila essuie une larme qui brille entre ses cils. Elle lutte contre le sommeil qui la gagne.

— Après ça, papa Harry nous a dit qu'il était fatigué de parcourir les Terres Mortes à la recherche de la race des élus et que, après l'étude, nous allions boire le poison pour rejoindre le Recréateur de toutes choses. Puis il a écrit au tableau une phrase assez sombre où il était question de tuer les femmes ainsi que leur progéniture mâle, mais pas les filles. Je me suis mise à sangloter et j'ai dit : « Alors moi, je ne vais pas pouvoir voir Mozart, c'est bien ça ? » Il s'est retourné et il a dit : « Si, petite, toi aussi tu verras Mozart » et je me souviens de l'avoir aimé de toutes mes forces à cet instant.

D'autres larmes coulent mais elle ne cherche plus à les essuyer.

— Juste après, quelque chose s'est mis à scintiller entre les doigts de Liam. Il s'est levé pendant que papa Harry terminait d'écrire sa phrase au tableau, et j'ai vu qu'il brandissait une lame très coupante qu'il avait dû prendre dans l'armoire à pharmacie. J'ai essayé de le retenir mais il a tiré de toutes ses forces et je me suis souvenue du puits et je l'ai lâché. La musique de Mozart m'a semblé plus forte quand il s'est mis à marcher très doucement dans le dos de papa Harry. Il a levé la lame et l'a frappé dans le dos, et papa Harry a sursauté et lâché sa craie comme s'il avait été piqué par un frelon. Je me rappelle qu'il a essayé d'attraper sa douleur en se tordant les bras. Et puis il s'est retourné, et, cette fois-ci, Liam l'a frappé au haut de la cuisse, mais en le découpant aussi de telle sorte que sa jambe s'est dérobée sous lui et qu'il a été obligé de s'asseoir. Alors il a attrapé Liam à la gorge, mais Liam a continué à le frapper avec sa lame, lui perçant les joues, les lèvres et les yeux. Papa Harry hurlait comme un diable. Liam aussi. Après cela, Liam a continué à lui poignarder les mains et les poignets jusqu'à ce qu'il relâche son étreinte. Je me suis levée. Je sanglotais de toutes mes forces. J'ai hurlé : « Liam ! Non ! » mais il ne m'écoutait plus. Papa Harry était vivant et il se battait encore avec Liam. Il avait l'air si minuscule et papa Harry tellement immense. Alors j'ai plaqué mes mains sur les oreilles et je me suis enfuie. J'ai couru jusqu'à la balançoire, puis au-delà des branchages. J'entendais encore au loin la musique et les hurlements. Et puis, après, il n'y a plus eu que la musique. J'ai attendu longtemps que Liam ressorte, mais il n'est jamais ressorti et j'ai pensé que papa Harry avait réussi à le tuer lui aussi. Alors je suis partie pieds nus en direction des Terres Mortes. Je ne sais plus combien de temps j'ai marché. Je sais qu'il y a eu au moins une autre nuit et un autre jour. Je me suis évanouie plusieurs fois. La dernière fois, c'était à l'aube et j'ai compris que j'allais mourir. J'avais laissé des traces derrière moi pour que Liam puisse me rattraper, mais il n'est jamais venu. Au loin, sur ce qui ressemblait à une piste, j'ai vu des véhicules approcher. Des caravanes de forains de toutes les couleurs. Sur l'une d'elles, il y avait marqué « Loterie ». Sur une autre, il y avait « Voyance et Tarots ». C'est à ce moment-là que je me suis évanouie encore une fois.

— C'est à eux que tu as confié Kirsten dans la Vallée de la Mort ?

— Oui.

— Est-ce que tu sais qui je suis ?

La fillette a fermé les yeux. Elle les rouvre et fixe intensément Searl.

— Vous êtes le docteur Eric Searl. Vous êtes le Réveilleur.

66

Searl se réveille en sursaut sur son fauteuil de relaxation, arrache son casque et sa canule olfactive. Un goût de sable au fond de la gorge. Il essuie le filet de sang qui s'écoule de sa narine. Mila est assise sur son lit. Elle le regarde. Les yeux brouillés de larmes, elle demande :

— Liam est le maître des frelons, n'est-ce pas ?

Searl hoche la tête.

— C'est impossible. Liam est mort ce jour-là. Papa Harry l'a tué.

— Non, Mila. Il n'est pas mort. Le FBI va diffuser son signalement à grande échelle. Ils ne tarderont pas à l'arrêter.

Searl capte l'éclat métallique qui brille dans les yeux de la jeune femme.

— Les forains n'ont sans doute déjà plus votre fille.

— Qui l'a ?

— Moi-même, je n'en sais rien. Quand je leur ai confié Kirsten, je leur ai dit qu'elle devait disparaître.

Searl ferme les yeux. Une giclée de haine pure. Si forte qu'il a envie de marteler le visage de Mila.

— Ils l'ont tuée ?

— Vous ne comprenez pas. J'étais sûre qu'elle était encore en danger. Je leur ai demandé d'en faire une Warden. Le peuple fantôme. Dans la hiérarchie des exclus, il y a les Outland, les Farland, et eux. Ils vivent dans l'obscurité du monde, à l'écart de tout.

— Des clochards ?

— Le plus exclu des clochards ne sera jamais plus qu'un Farland, au moins parce que, à sa manière, il appartient toujours au monde dans lequel il erre. Cependant, certains sans-abri assis sur leurs cartons dans les rues froides, certains de ceux qui poussent leurs chariots à l'écart des artères de Vegas, certains de ceux qui hantent les parcs et les souterrains des villes sont des éclaireurs warden. Ils surveillent notre monde. Mais eux ne mendient pas, ne se droguent pas ni ne s'alcoolisent. Les Warden forment une communauté très hiérarchisée. Ils regroupent des survivalistes extrêmes, des militants du retour à la terre, des éco-terroristes, des théoriciens du complot, des sectes créationnistes, des groupuscules fanatiques de la protection des animaux. Être prêt à tout pour préserver la vie, même à tuer. Si les Outland et les Farland se méfient de notre monde, les Warden s'y opposent, y résistent par la lutte organisée, les attentats et les actions de force, prêts au sacrifice suprême pour faire aboutir la cause. Ils sont comme les conspirateurs d'Uqbar dans l'œuvre de Borges : ils attendent car le temps joue pour eux.

— De quelle cause se revendiquent-ils ?

— Aucune. Toutes. Tant qu'elles contiennent en leur sein l'anéantissement de notre société de consommation et l'avènement d'un autre monde où les villes auront disparu au profit des forêts. Le retour à la matrice essentielle, la Terre mère. C'est pour cela que nul ne voit jamais les Warden. Ils sont comme les Morlochs et les Élois de Wells. Les Élois sont beaux, gras et riches. Ils vivent à la surface de la terre dans de belles maisons avec de beaux jardins. Les Morlochs, eux, sont laids, difformes, miséreux. Ils survivent en crevant de faim dans les souterrains du monde. De temps en temps, l'un d'eux remonte à la surface et attrape un Éloi. Il l'entraîne dans les profondeurs et le dévore.

— Papa Harry était un Warden, n'est-ce pas ?

— Oui.

— Vous aussi ?

— J'ai vécu parmi eux après avoir été recueillie par les forains.

Mila remonte sa manche. Searl avait déjà aperçu ce minuscule tatouage en forme d'étoile bleue au creux de son poignet, mais il n'y avait pas prêté attention.

— Où sont-ils, Mila ? Où est cette troupe ?

— Je ne sais pas. Ils ne sont qu'une porte d'entrée sur le monde des Warden, mais ils ne sont pas warden eux-mêmes. Ils savent que Liam est vivant et qu'il poursuivra toujours Kirsten. Seuls les Warden peuvent la protéger en la faisant disparaître de la surface du monde. C'est une des leurs à présent. Ils ne vous la rendront pas.

Searl sursaute, lève les yeux, regarde au-delà des parois de verre du caisson. Il a capté le fracas lointain d'une détonation. Mila dit :

— Ils arrivent.

— Qui ?

— Eux.

Les flashs rouges de l'alerte silencieuse viennent de s'allumer dans les couloirs. Searl a franchi le sas qui isole la chambre du reste du monde. Il court au milieu des autres caissons où sommeillent les endormis, passe devant ceux qui abritent les siens. Il bouscule le personnel de son univers silencieux. Les infirmières se retournent sur son passage. Entendant ses pas dans le dernier bloc avant la sortie, certains réveillés assis sur leur lit le suivent de leur regard mort.

Searl court. À travers les fenêtres donnant sur l'extérieur, il vient de repérer une forêt de gyrophares illuminant la rue devant l'hôpital. Des hommes des unités de choc du FBI en armure et casque lourd galopent sur les trottoirs, isolent le périmètre, prennent position autour des bâtiments. Searl longe d'autres fenêtres. Il ne voit pas les unités du SK. Il ne voit pas Garraty. Il va atteindre le sas principal débouchant sur le hall de l'hôpital lorsqu'il aperçoit enfin son ex-garde du corps encadré par ses hommes en gilet pare-balles violet. Ils se tiennent de l'autre côté du sas qu'ils sont en train d'enfoncer. Servant de boucliers à ceux qui forcent la serrure, d'autres agents de Garraty ouvrent le feu vers les portes principales. Searl comprend que c'est sur les unités régulières du FBI qu'ils tirent. C'est comme une scène au ralenti, sans le son, tout au plus avec les rumeurs des détonations assourdies par les vitres blindées. Et puis, d'un seul coup, le sas vole en éclats et, avec les morceaux de fer et les débris de verre feuilleté, le bruit et la fureur entrent comme un ouragan dans le monde insonorisé des endormis.

Dans le hall, les derniers agents de Garraty s'écroulent sous les rafales nourries des unités conventionnelles. Ils ne sont plus que deux. Garraty et un autre. L'autre tente de refermer le sas à coups d'épaule tandis que Garraty s'avance dans le couloir à la rencontre de Searl. Il est blessé à la gorge et au torse. Du sang coule le long de ses flancs. Le visage déformé par la haine, il avance en braquant son Glock. Il râle :

— Fils de pute ! Vous m'avez bien eu ! Vous n'avez aucune idée de ce que vous avez fait ! Nous étions les seuls à pouvoir l'arrêter !

Garraty a posé le canon de son arme sur le front de Searl.

— Où est Mila Banks ?

Searl ne répond pas. Il n'a d'yeux que pour la minuscule étoile bleue tatouée au creux du poignet de l'agent. À nouveau le vertige. À nouveau la migraine.

— Espèce de fumier ! Vous êtes un Warden infiltré au sein du SK ! Vous saviez depuis le début pour Kirsten !

Garraty a relevé d'un geste sec le chien de son arme.

— Je vais compter jusqu'à trois, doc.

Des hurlements dans le hall. D'autres détonations à travers le sas. Le dernier agent de Garraty s'effondre, son gilet pare-balles lacéré par les rafales de projectiles en titane. Un bruit métallique, comme le claquement d'une goupille. Un fumigène gros comme une cannette roule sur le sol en libérant un brouillard orange. Le doigt de Garraty blanchit sur la détente du Glock. Son regard n'exprime rien.

— Un...

— Je vous en supplie, dites-moi où est ma fille.

— Deux...

Le fracas du sas qui se rompt. Les unités conventionnelles du FBI entrent dans le service des endormis. On dirait des soldats montant à l'assaut d'une tranchée à travers l'écran vaporeux des fumigènes. Des lasers rouges. Le fracas des détonations. Les lèvres de Garraty s'arrondissent sur le trois qu'il allait prononcer. Percuté par les impacts, il avance d'un pas, essaie de remettre Searl en joue. D'autres claquements secs le font tressaillir. Il s'effondre dans les bras du médecin qui le dépose sur le sol.

— FBI ! Écartez-vous !

Les agents conventionnels restent en place. Gênés par les fumigènes, ils ne sont pas encore sûrs que leur cible est neutralisée. Bientôt, ils se rueront dans le couloir. Searl secoue Garraty.

— Où est ma fille ?

Garraty râle. Sa bouche se remplit de sang. Ses muscles se tendent. Il s'étouffe. Ses lèvres tentent de former un mot, puis un autre. Péniblement, à bout de forces, un éclair d'humanité dans les yeux, il parvient à émettre les sons qui vont avec ces mouvements.

— Black Rock.

— Est-ce qu'elle est vivante ?

Claquements des semelles des agents conventionnels. Garraty trouve la force d'ajouter :

— Ce n'est pas fini. Ça ne fait que commencer.

Et puis, tandis que des mains agrippent Searl et le tirent en arrière dans la brume orangée qui envahit les couloirs, les muscles de Garraty se relâchent une dernière fois et il meurt.

67

Encore une fois le désert et l'horizon brouillé de chaleur sous le couvercle bleu sombre du ciel. Une route, rectiligne, à perte de vue, argentée au milieu de tout ce blanc. Black Rock. Ses terres arides, craquelées comme du cuir. L'immense étendue de sel du lac de Bonneville au loin. Et la poussière en suspension, partout, comme un voile de brume. Ici se tiennent les courses de vitesse pure, bolides prophétiques propulsés par des réacteurs sur la croûte du grand bassin. Ici on peut tout, le meilleur comme le pire, face aux immensités.

Searl conduit à plein régime la Bugatti Veyron qu'il a louée à un concessionnaire de luxe à Los Angeles. Quatre cents kilomètres d'autoroute à laisser derrière lui les intercepteurs de la police lancés à plein régime avant que ceux-ci ne reçoivent l'appel du FBI de le laisser passer. Après cela, deux cents kilomètres de pure vitesse, au milieu de tout ce blanc. Searl passe ses paumes dans le jet d'air climatisé qui équipe le bolide. Le W16 quadri-turbo, deux V8 couplés sur le même vilebrequin, bourdonne comme un essaim de frelons. 1 200 chevaux pour un peu moins de deux tonnes de métal et de fibre de carbone. Searl interroge le compteur électronique du coin de l'œil. 385 kilomètres heure. Cela fait plus de cent kilomètres qu'il n'a pas freiné une seule fois, ni relâché l'accélérateur. La piste, lisse comme un tapis de billard face à lui. La silhouette de Old Razorback Mountain dans le lointain, posée sur le sel même du lac asséché. Searl pense à Kirsten, à son sourire, à ses yeux en amande, si bleus comme le ciel au-dessus du bolide, si tristes. Avant de quitter Los Angeles, il a pris le temps d'annoncer la nouvelle à Rebecca et aux enfants dans leur sommeil sans fin. Leurs tracés avaient varié imperceptiblement à mesure que les pulsations profondes de leur cerveau se modifiaient. Il était même presque sûr que Megan avait serré ses doigts autour des siens. Un peu. Si peu. Searl essuie ses paupières. Ne pas se laisser déconcentrer. Il accélère encore, se servant de l'auto-aspiration de la Bugatti pour gagner encore quelques secondes supplémentaires. L'aiguille du compteur vient de passer le cap des 400 kilomètres heure. Depuis qu'il a quitté les tranches de vitesses rationnelles, la structure même du bolide se transforme. Il n'est plus qu'un assemblage compact d'atomes en synergie, il est la piste, le vent qui le plaque à la route, un morceau du désert en mouvement.

Et puis, soudain, émergeant au loin de la brume électrique qu'elle génère en permanence, Black Rock City, la ville mirage en arc de cercle, comme un de ces gigantesques agroglyphes extraterrestres au milieu des champs. Mad City, la cité nomade faite de toiles de tente, de constructions ésotériques, de temples, de rues, de stands, de milliers de véhicules arrêtés autour du plus grand rassemblement artistique des États-Unis, avec, au centre, un gigantesque mannequin attendant de s'embraser pour la grand-messe hippie. Burning Man, sanctuaire des Outland et des Farland. La Babylone éphémère dont les dix commandements ressemblent à une antithèse de ceux de la Bible : chacun est le bienvenu, l'Américain comme l'étranger, pas d'argent ni de commerce, chacun est autosuffisant, chacun peut s'exprimer comme il le souhaite, chacun participe au bien commun, chacun se soucie de l'environnement, chacun est sacré, chacun est appelé à l'expérience immédiate, sans intermédiaire, l'harmonie « soi-monde » tout de suite, sans jugement de valeur, sans aucun jugement moral. La Jérusalem de l'utopie. C'est dans cette direction que la Bugatti fonce dans un chuintement ininterrompu de turbo, comme un virus mortel s'apprêtant à infecter un organisme.

Searl décélère. Le bolide répond à sa sollicitation. L'aiguille descend, lentement, à regret. Elle repasse sous 300, sous 200. Les premiers panneaux d'entrée du Burning Man. Le crépuscule rosit le ciel dont le bleu s'assombrit. De saphir, il devient charron, puis cobalt. Les étoiles s'allument. À mesure que la vitesse décroît, Searl sent l'habitacle vibrer sous les pulsations des enceintes géantes empilées près du mannequin sacrificiel. Cela fait une semaine qu'elles crachent en continu les musiques tribales, sacrées, électro, épileptiques, qui scandent le festival. La messe s'achève ce soir par le grand brasier. Déjà les colonnes de porteurs de torches s'approchent du Burning Man, qui, comme le Christ au Corcovado, domine la ville offrande de ces gigantesques bras de paille et de bois.

Searl se range au milieu d'un groupe de camping-cars dont les propriétaires le regardent, ahuris. La main sur la crosse de son Glock, il galope déjà vers le centre du mirage. Partout des feux, des danses, des prières, des groupes de musiciens, des artistes hippies roulant nus et peints de mille couleurs sur des véhicules à pédales aussi déjantés qu'eux. La grande messe de l'inutile, du dérisoire, de l'essentiel. Peu de gens se soucient de cet intrus qui se précipite vers la place où l'on immole le mannequin géant. Déjà, les premières flammes en grignotent la base. Le brasier va durer des heures, attirant à lui les phalènes humaines qui convergent déjà, chacun de ces milliers d'yeux exorbités de joie emprisonnant un peu de la lumière apocalyptique qui grandit. Partout des brumes d'encens et de shit, partout de la poussière lumineuse et sonore, partout cette musique explosive qui fait éclater les esprits, partout des corps nus, des hurlements de joie, des danses et des cris. Le carnaval préhistorique des Outland, les cannibales du tout-bio, du rejet radical de la consommation, du monde-mort et de son obsolescence programmée, mélange de visages en sueur sous les maquillages, de sexes peints et de seins qui gigotent au rythme des danses endiablées, de bouches tordues par cette exacerbation des instincts fondateurs de l'humanité, par la drogue et ce sentiment à jamais esclavagiste d'être presque libre et enfin heureux.

Guidé par les agents du FBI dont les hélicos croisent tous feux éteints dans le ciel noir en braquant leurs caméras thermiques vers la chaleur aveuglante des brasiers, Searl repère du coin de l'œil les véhicules des forains. Eux-mêmes ont allumé de grands feux qui répondent au Burning Man. Searl cherche Kirsten des yeux. Il s'était dit qu'il lui faudrait fouiller la foule durant des heures, mais non, elle est là, à cinquante mètres de lui, immobile dans la lumière des incendies tandis que tant d'autres succombent à la farandole qui monte à l'assaut du feu primaire.

Les armatures qui retiennent Burning Man craquent tandis qu'il s'embrase et que seuls ses bras émergent encore du magma qui le consume. Les visages sont écarlates dans cet incendie purificateur. Les bouches hurlent. Les enceintes couvrent le tout de leurs monstrueuses pulsations qui font vibrer l'air et reculer la poussière. Les éclats du feu d'artifice à présent, le soufre et la poudre achevant d'empoisonner l'air.

Searl s'est immobilisé, son Glock à bout de bras. Le visage de Kirsten est pâle dans les lueurs rouges de cette apocalypse consentie. Elle a beaucoup maigri et ses cheveux sont courts. On dirait qu'elle a grandi. Elle est vêtue d'une robe blanche à liseré bleu. À ses côtés, un nain encadré de ses forains et quatre autres individus, trois hommes et une femme âgée et aux longs cheveux blancs. Quatre Warden dont les visages émaciés recherchent la pénombre. Ils sont vêtus de toges sans manches et se sont peint les traits pour faire couleur locale, mais eux ne sourient pas ni ne dansent.

La main de la vieille se referme sur celle de Kirsten. La fillette s'est levée. Oui, elle a grandi. Searl hurle son prénom. Il ne sait pas comment mais tous l'entendent alors que les fondations de bois du mannequin se fendent sous l'incendie qui le contient à présent tout entier.

Les Warden ont dégainé des automatiques. Ils encadrent la vieille femme qui serre la main de Kirsten. Le nain brandit un gourdin clouté, les autres forains des masses de ferrailleurs. Ils éclatent de rire en faisant siffler leurs armes. De cette façon, si la foule assoiffée de son et de lumière les aperçoit, elle pensera que, comme eux, ils dansent. Mais ils ne dansent pas. Ils courent vers Searl, le nain en tête. C'est lui que le psychiatre vise en premier malgré les hurlements des agents du FBI dans son oreillette. Ils avaient expédié Searl en première ligne pour qu'il repère Kirsten au milieu de la foule. Ils ne s'attendaient pas à ce qu'il intervienne.

Les hélicos convergent vers ce point de l'incendie universel qui embrase le désert. Déjà Searl sent la vibration des pales écraser celles des enceintes. Une joie sauvage explosant au fond de son ventre, il presse la détente et ne ressent des coups qu'il tire que la crosse de l'arme qui claque dans ses paumes.

Le visage emporté par les premières balles qui semblent se noyer dans ses chairs en fusion, le nain s'effondre. Les autres à présent. Searl tire pour tuer, arrachant à chaque impact une bruine de sang qui flotte dans la brume de poussière, qui trépide avec elle au rythme monstrueux des enceintes.

Searl s'approche. D'une main il braque son Glock vers la vieille Warden. De l'autre, il tend à bout de bras, la poupée de chiffon de Kirsten. Kirsten reconnaît Miss Granger, fond en larmes en portant sa main libre à ses lèvres. Elle a dû beaucoup pleurer car les forains lui ont confectionné une autre poupée de chiffon, dérisoire copie de la première qu'elle laisse tomber dans la poussière avant de courir vers Searl. Mais la vieille la retient, la force à rester tandis que les autres Warden mettent Searl en joue. Cette fois-ci, les tirs viennent des hélicos qui les survolent et dont le vacarme arrache des hurlements haineux à la foule. Les rafales courtes, précises, meurtrières semblent se noyer dans les toges qui se couvrent de sang.

Kirsten a réussi à échapper à l'étreinte de la vieille. Elle court vers son père qui s'est agenouillé pour la recevoir dans ses bras. La musique apocalyptique au-delà, tous ces sons et ces visages en mouvement dans la lueur éruptive des brasiers. Burning Man craque et s'effondre. Searl ferme les yeux, respire tel un noyé les cheveux et le visage retrouvé de sa fille.

68

Los Angeles. Les rumeurs de l'aéroport. La foule. Les odeurs et les bruits. Searl est entré dans une librairie où il choisit un journal, un roman à l'eau de rose et des magazines féminins. Deux semaines se sont écoulées depuis qu'il a récupéré Kirsten. Au début, la fillette parlait peu et refusait de s'alimenter. Parfois même, sa respiration s'interrompait dans son sommeil et elle se mettait à étouffer.

En lui donnant son bain, Searl avait remarqué la minuscule étoile bleue que les Warden avaient tatouée à la base de son poignet. Le lendemain, tandis qu'ils faisaient les courses au supermarché, elle lui avait demandé un peu d'argent pour le clochard qu'elle avait vu en arrivant. L'homme était assis sur un carton près de l'entrée. Sans y réfléchir, Searl lui avait donné une pièce qu'elle était allée déposer dans le gobelet du sans-abri tandis que lui allait chercher un chariot sur le parking. Quand il était revenu, Kirsten était accroupie près du clochard et lui parlait. Il avait tressailli en se souvenant de ce que Mila lui avait dit des éclaireurs warden. Il l'avait appelée, un peu trop fort. Kirsten avait salué le vieil homme et l'avait rejoint. Elle avait refusé de lui reprendre la main.

Depuis, Searl faisait les courses seul et avait fait changer le système d'alarme de sa villa.

Dans le même temps, Mila avait continué à réapprendre à vivre et à se réhabituer à son visage. Elle parvenait à présent à dormir, ne faisait presque plus de cauchemar, ne criait presque plus dans son sommeil. Searl et elle avaient essayé de retravailler sur sa mémoire, mais, depuis l'effort terrible qu'elle avait dû fournir pour se souvenir des horreurs de Dead End, son esprit refusait de coopérer. Les blocages subsistaient. Ils passeraient.

Après l'enterrement du shérif Crawley – ce jour-là, Kirsten avait demandé à rester dormir avec Mila à l'hôpital et Searl avait accepté –, il y avait eu une dernière audience avec la vénérable juge Randy Selma Sanchez. Auditionnée en sa présence par les unités conventionnelles du FBI après l'élimination de Garraty et de ses hommes, Mila s'était vue signifier sa libération du statut de témoin après que la juge se fut assurée que l'essentiel de son témoignage existait dans les enregistrements effectués par Searl lors de leurs entretiens. À titre purement formel, ce dernier avait été condamné à une peine d'un mois de prison avec sursis pour avoir désobéi au tribunal et interrogé Mila dans son service sans avoir alerté la juge du réveil de sa patiente. Puis le FBI avait annoncé que le signalement de Liam avait été diffusé dans tout le pays ainsi qu'à Interpol et qu'on n'attendait plus qu'il se manifeste pour l'arrêter. La juge avait demandé à Mila si elle souhaitait bénéficier du protocole de protection des témoins. Nouvelle vie, nouvelle identité, sans espoir de retour. Amaigrie, épuisée, la jeune femme avait répondu qu'elle préférait vivre libre et reprendre la route. Elle voulait aller en Australie. Un vieux rêve. Elle avait eu une hésitation avant d'ajouter :

— Quoi qu'il ait pu devenir, Liam reste mon frère. Il ne l'a pas oublié.

Searl a fini de choisir les magazines. Il hésite encore entre un roman de Nora Roberts et un d'Ida Pollock. Il prend finalement les deux que la vendeuse glisse avec le reste dans un sac.

Il avance le long du terminal. À travers la cohue des voyageurs, il aperçoit Mila et Kirsten assises à la terrasse d'un café. Surveillées de près par des agents du FBI fondus dans la foule, elles dégustent un sandwich méditerranéen et un jus d'orange. Kirsten est triste. Elle refuse l'idée de se séparer de celle qui l'a sauvée des mines de Tindell. Elle ne sait pas pour Liam. Searl le lui dira un jour.

Quand elle l'aperçoit fendre la foule dans sa direction, la fillette se lève et se jette dans ses bras. Il la soulève, la serre contre elle. Mila les regarde. Elle a dû lui dire qu'elles se reverraient. Kirsten y croit.

Les haut-parleurs annoncent l'embarquement du vol Quantas 1021 pour Melbourne. Mila se lève et prend le sac plastique que Searl lui tend. Il sort de sa poche un Samsung S4 encore dans son emballage. Pelotonnée dans les bras de son père, Kirsten dit :

— Purée, Mila, t'as de la chance !

— Je vous ai pris un abonnement international. N'hésitez pas à m'appeler en cas de besoin. Je serai toujours joignable.

— Doc, vous m'avez déjà acheté un billet business pour l'Australie. Je ne peux pas accepter.

— Bien sûr que si. Vous me rembourserez quand vous pourrez.

Mila regarde Searl. Elle est encore maigre mais elle va mieux. Elle caresse les cheveux de Kirsten qui a fermé les yeux dans les bras de son père.

— J'ai aussi mis en mémoire le numéro d'une consœur en Australie. Elle exerce à Brisbane. Elle aussi est une spécialiste des réveillés. Appelez-la quand vous atterrirez à Melbourne.

Mila continue à caresser les cheveux de Kirsten qui vient de s'endormir. Depuis quelques secondes, les yeux de la jeune femme se brouillent de larmes.

— Ça va aller, Mila. Vous êtes forte. Vous allez vous en sortir.

— Ça me terrorise. Le monde. Les gens. Liam. Ce que papa Harry a laissé au fond de moi. Ce qui est arrivé à votre famille.

— Ma famille va mieux. Rebecca et les enfants commencent à montrer des signes de réveil. Ça va prendre du temps mais c'est encourageant. Quant aux traumatismes que vous avez subis dans le passé, que vous le vouliez ou non, ils font partie de vous, de votre histoire, de ce que vous êtes devenue. N'ayez pas peur de ce que vous ressentez. Un jour ou l'autre, toutes les blessures guérissent.

Mila s'essuie les yeux. Elle fronce les sourcils.

— Quoi ?

— Pendant mes dernières visions, je m'étais rappelé une chose très importante que je devais vous dire ainsi qu'au FBI. Il s'est passé autre chose de grave le jour où Liam est tombé dans le puits. Ça remonte à la surface quand je dors mais, au matin, je ne m'en souviens jamais.

— Ça va revenir, Mila. N'y pensez pas trop et soyez patiente. Après une période de coma, la récupération de tous vos souvenirs peut prendre plusieurs mois. C'est pour cela que j'insiste pour que vous appeliez ma consœur à Brisbane. C'est important.

— Je le ferai.

Les haut-parleurs annoncent la fin imminente de l'embarquement pour Melbourne. Mila embrasse délicatement les cheveux de Kirsten et la tête de Miss Granger. Puis elle tend son billet à une hôtesse et franchit les premiers portiques. De l'autre côté de la vitre qui donne sur la salle d'embarquement, elle adresse un signe de la main à Searl qui le lui rend en agitant doucement celle de Kirsten endormie. Mila passe les autres portiques. Searl aperçoit encore un reflet de son visage entre les mouvements de la foule, et puis elle disparaît et il reste un moment à regarder à travers la vitre avant de s'éloigner et de se perdre à son tour dans le flot des voyageurs.

69

Searl a emmené Kirsten manger une pizza à la terrasse d'un restaurant de Santa Barbara. Ils n'ont pas beaucoup parlé. De temps à autre, la fillette levait les yeux au ciel comme si elle cherchait le sillage de l'avion de Mila. Et puis, d'un seul coup, elle avait fondu en sanglots. La prenant dans ses bras, Searl l'avait bercée en lui chuchotant que papa était là, que tout irait bien maintenant.

Sanglée à l'arrière de la voiture, la fillette s'est endormie en serrant Miss Granger dans ses bras. Elle est épuisée. Son esprit rattrape le temps perdu, digère les traumatismes de ces derniers mois. Searl la regarde dans le rétroviseur intérieur. Il surveille qu'elle respire. Une habitude qu'il a prise depuis qu'il l'a arrachée des mains des Warden.

Sans perdre la route de vue, il rallume son téléphone qu'il avait coupé pour être au calme avec sa fille. Un signal sonore. Le numéro de Mila clignote sur l'écran. Un appel en absence, un message sur sa boîte vocale. La jeune femme a dû se mettre à paniquer au moment de monter dans l'avion. Searl aurait dû être joignable pour la rassurer. Il s'en veut. Il interroge sa messagerie. Le brouhaha de la salle d'embarquement. La voix de Mila, douce, triste, hésitante :

— *Voilà, je vais décoller très bientôt. Mes anges gardiens du FBI ne vont pas tarder à lever leur protection. Je voulais juste embrasser Kirsten et vous remercier à nouveau pour tout. Je vous appellerai d'Australie pour vous dire que tout va bien. Et oui, c'est promis, je n'oublie pas de téléphoner à votre consœur à Melbourne.*

Mila renifle. On dirait qu'elle lutte contre les larmes.

— *C'est drôle d'ailleurs. J'ai vu dans les contacts qu'elle s'appelait Ashton Miller. C'est très répandu comme nom dans la profession ? Je vous demande ça parce que j'ai déjà eu une psychiatre qui s'appelait Miller. Deborah, je crois. Ou Jessica. Elle exerçait à Minor Harding, un centre fermé pour mineurs délinquants dans la banlieue de New York. Enfin bref, j'irais la voir de votre part.*

Un grésillement sur la ligne. Mila a raccroché. Searl ralentit. Il regarde à nouveau Kirsten dans le rétroviseur. La fillette s'est réveillée. Elle remue. Quelque chose scintille sous son menton.

— Tu as quoi autour de ton cou, puce ?

— Un pendentif. C'est Mila qui me l'a donné.

— Tu me le passes une seconde ?

Kirsten tire sur la chaîne, libérant de l'échancrure de sa chemise le pendentif gravé au prénom de Mila. Sans perdre la route des yeux, Searl tend le bras en arrière. Il sent le médaillon et sa chaîne peser dans sa paume. Il se rend compte qu'il l'a souvent vu au cou de la jeune femme mais qu'il ne l'a jamais examiné de près. Il le soulève devant ses yeux au bout de la chaîne. Un simple rond épais en étain, avec « Mila » gravé sur une face. Emporté par son poids, le médaillon pivote sur lui-même, lentement au début, puis de plus en plus vite. À mesure qu'il tourne, l'effet d'optique s'accentue et Searl a l'impression de lire « Liam » sur l'autre face. Et puis le mouvement ralentit et le prénom de la jeune femme se détache à nouveau.

— Papa ? Tu me le rends s'il te plaît ?

— Bien sûr, ma chérie.

Searl tend à nouveau son bras vers l'arrière. Le poids du médaillon disparaît de sa paume. Il repense à Mila, à ce qu'elle lui a dit au moment d'embarquer.

— *Il s'est passé autre chose de grave le jour où Liam est tombé dans le puits.*

Searl soupire. Depuis que les flics ont exhumé les cadavres du charnier de papa Harry, ils risquent de fouiller le reste de la propriété et de faire disparaître à jamais les dernières traces du passé de Mila. C'est cette envie que Searl ressent de plus en plus fort depuis quelques minutes : aller là-bas, faire enfin la rencontre avec ces lieux désormais morts, peut-être y retrouver d'ultimes indices qui pourraient s'avérer utiles pour Mila dans sa lente reconstruction. Searl interroge son rétroviseur. Kirsten vient de refermer les yeux. Il compose un numéro à Boston. Ça sonne. À nouveau ce fichu répondeur. Il soupire :

— C'est encore moi. Désolé de saturer ton répondeur. J'essaie de te joindre depuis plusieurs jours sans résultat. Tu dois être en train de cuver quelque part. Si tu as ce message, est-ce que tu peux te renseigner auprès de tes collègues sur une enquête en cours de conclusion chez tes collègues du FBI. Un tueur qui s'appelle Liam. Sa sœur jumelle s'appelle Mila Banks. J'avais un ami shérif qui m'aidait sur ce coup mais il est mort. Dans un de ses derniers messages, il me disait qu'un de ses contacts au Bureau devait lui transmettre des fichiers vidéo de première importance. Est-ce que tu pourrais essayer de les récupérer et me les envoyer ? Le shérif en question s'appelait Ed Crawley. Je compte sur toi. Je t'embrasse.

Searl coupe la communication. Il approche de Beverly Hills. La voix ensommeillée de Kirsten à l'arrière :

— C'était qui ?

— Rien, chérie. Une amie que je n'ai pas vue depuis longtemps.

— Une amoureuse ?

— Non, une amie.

Kirsten grommelle que c'est pareil. Elle se rendort. La voiture freine à l'embranchement de Woodley Park. Beverly Hills à droite. L'hôpital tout droit. Searl ferme les yeux et laisse aller sa nuque contre l'appuie-tête en attendant le feu vert. Il pense au shérif Crawley, à cette discussion qu'ils avaient eue dans son bureau de Bender.

— *La vraie question que je me pose, c'est pourquoi ce criminel n'a pas tué votre femme et les enfants. Pourquoi aussi a-t-il enlevé Kirsten en perdant son temps à l'enregistrer pour vous faire entendre sa voix. Ça ne correspond pas à son mode opératoire.*

— *Qu'est-ce que vous en déduisez ?*

— *La même chose que le FBI. Que vous le connaissez forcément. Ou qu'en tout cas lui vous connaît.*

— *Je ne fréquente aucun tueur en série.*

— *Ou alors votre femme. Qu'est-ce qu'elle fait comme métier, déjà ?*

Les mains de Searl se crispent sur son volant. La voix de Mila à présent :

— *Je vous dis ça parce que j'ai déjà eu une psychiatre qui s'appelait Miller. Deborah, je crois. Ou Jessica. Elle exerçait à Minor Harding, un centre fermé près de New York spécialisé pour les mineurs délinquants. Enfin bref, j'irais la voir de votre part. C'est juré.*

Searl rouvre les yeux. Depuis quelques secondes, il a la gorge sèche. Le centre fermé de Minor Harding.

Il se rappelle à présent avoir entendu Rebecca en parler à un dîner. Le feu vient de passer au vert. Il coupe le clignotant qu'il avait affiché à droite et accélère en direction du centre-ville.

70

Searl s'est garé devant les portes du Good Sam. Serrant Kirsten dans ses bras, il traverse le hall désert et franchit le sas blindé donnant sur son service. La première salle de garde. Il traverse le service des réveillés. La plupart sont sur le pas de leur porte ou debout devant les fenêtres à regarder un monde qu'ils ne comprennent plus. L'un d'eux, un psychotique qui s'appelle Harvey, le regarde passer en faisant le geste du couteau qui tranche une gorge.

La seconde salle de garde. Searl dépose sa fille dans les bras d'une infirmière, lui assure qu'il n'en a que pour quelques minutes, s'éloigne déjà en direction des caissons insonorisés abritant les endormis. Il fait un crochet par son bureau pour récupérer son ordinateur, un casque olfactif et une boîte à injections. Il va éteindre la lumière lorsqu'il se rend compte qu'il n'a toujours pas décroché les portraits de Rachel. Il referme la porte, gagne la salle des endormis de stade 3. Caisson 12. Celui de Rebecca. Le sas vitré se referme sur lui en chuintant. Toujours cette ambiance tiède, faite cette fois-ci d'odeurs d'arbres, de mousse, de brise et de feuilles qui bruissent.

Searl dispose son matériel au pied du lit. Il frémit en repensant à sa dernière incursion dans le cerveau de Rebecca. Toute cette noirceur et cette haine. Ses doigts pianotent sur le clavier de son ordinateur. Un signal sonore. Le programme olfactif est prêt. Il enfile son casque, insère sa canule olfactive, relie le tout à l'appareillage de Rebecca et s'installe dans un fauteuil. Les programmes se déclenchent.

Le néant. Le vide. À nouveau des sensations. L'espace se reforme au-delà de la barrière de ses paupières. Une odeur de bois et de nourriture. Quand il rouvre les yeux, Searl est assis sur le canapé du salon de la maison de Big Creek. Le feu crépite dans la cheminée, mêlant sa lueur à celle des guirlandes du sapin. *Don Giovanni* sur la chaîne stéréo. La baie vitrée couverte de givre. La tempête, rageuse, au-dehors.

Le visage cireux, Rebecca et les enfants sont assis à table. Ils portent leurs plus beaux habits que le tueur les a forcés à enfiler. Ils regardent dans le vide et Searl comprend qu'il leur a déjà injecté une dose légère d'anesthésiant. Leurs avant-bras sont posés de part et d'autre de leur assiette. Liam ne les a pas encore sanglés aux accoudoirs, mais leur front est déjà ceint au dossier avec cet odieux lacet de cuir. C'est le tueur qui fait le service. Il a à peu près la même taille que Mila, la même grâce. Son frère jumeau. Il porte un pull de laine à capuche, un jean et des bottes basses. Sous la capuche, il porte un de ces masques souriants et garnis d'une moustache qu'arborent les cyber-pirates du groupe Anonymous, sauf que ce masque-ci est découpé de telle sorte qu'il n'englobe pas sa bouche ni son menton.

Arborant des gants en latex bleu, Liam dispose sur la table le plat contenant l'énorme dinde élevée aux hormones et garnie de marrons. Il dispose aussi les légumes que les enfants ne toucheront pas, un saladier de pommes de terre marinant dans le jus de cuisson, et une salade agrémentée de cerneaux de noix, de rondelles de poivrons et d'oignons rouges, le tout recouvert de sauce Ranch d'un blanc de mayonnaise ratée. Il découpe la dinde dont il sert à chacun des parts fumantes qu'il agrémente avec des légumes et des pommes de terre. Puis il nappe le tout de sauce et s'assied à table à la place de Searl. Il découpe son filet de dinde avec ses couverts en argent, approche la fourchette de ses lèvres surmontées du masque, mastique délicatement l'aliment, semble s'en régaler. D'un geste odieux, il effleure la main immobile de Rebecca.

— Vous ne mangez pas ?

Personne ne réagit. Seule Kirsten, dans l'assiette de laquelle le tueur a disposé des sucreries, tente d'en porter une à ses lèvres avant de la laisser tomber. Et puis, à force de se concentrer, à force d'essayer de réfléchir et de tenter d'analyser la situation à travers les brumes chimiques qui obscurcissent son cerveau, Becka parvient à articuler :

— Qu'avez-vous fait au chauffeur de ce camion ? Qu'allez-vous faire de nous ?

— Vous ne tenez pas vraiment à le savoir.

— Vous êtes malade, Liam. Je peux vous aider. Vous devez m'aider à vous aider.

— Je suis beaucoup trop aliéné pour cela. Irrécupérable. Dangereux pour la société et pour moi-même. C'est ce que vous m'avez dit un jour.

— Je ne vous ai jamais rencontré avant aujourd'hui.

— Ne cherchez pas, doc. Vous n'avez aucune chance de me reconnaître. C'était il y a quatre ans. J'étais très différent de ce que je suis maintenant. Je n'avais pas encore tué, hormis mon père adoptif pendant une crise de décompensation. Beaucoup d'animaux aussi. À cette époque, certains médecins étaient persuadés que j'allais bientôt recommencer à tuer. Pas vous. Comme vous étiez experte, ils ont été obligés de me relâcher. Et c'est comme ça que j'ai atterri dans ce centre fermé si étrange au fin fond du Dakota. Depuis, j'ai appris à être discret et à progresser dans mon art. Je suis tout à fait bon maintenant, certainement en passe de devenir le meilleur. Et parfaitement réconcilié avec ce que je suis.

— Ce n'est pas une fatalité. On peut annuler ce qui a été fait. Vous pouvez encore être soigné.

Le tueur sourit. Il avale une gorgée de champagne avant d'essuyer le bord de la coupe avec un coin de sa serviette.

— Vous affirmez une idiotie pareille parce que vous refusez de considérer les choses sous un autre angle que le vôtre. Je n'ai pas besoin d'être soigné. Je vais bien. J'adore ce que je fais. Je n'ai pas de remords. Je n'en souffre pas. J'admets juste être un drogué qui succombe à son plaisir comme un diabétique au sucre ou un fumeur à sa cigarette, à ceci près que je suis un drogué consentant et que ma dépendance ne présente de risque que pour la santé des autres. Vous devez comprendre cela : de mon point de vue, comme un cadre supérieur accompli, on peut dire que je suis heureux et épanoui dans mon domaine.

Le bégaiement du tueur s'aggrave par moments au point de lui déformer le visage à force d'articuler, mais il semble ne pas s'en rendre compte. Il mastique une minuscule bouchée de dinde qu'il fait passer avec une gorgée de champagne.

— En somme, ce que je fais n'est pas beaucoup plus dégueulasse que ces commerciaux et ces fonds de pension rachetant des assurances-vie à des cancéreux ou des leucémiques en stade terminal qui espèrent avoir enfin de quoi soigner ce qui les tue. Vous saviez que ces braves types en costume spéculent ainsi sur des gamins en fin de vie pour s'enrichir ? J'en ai connu un, un jeune millionnaire de Wall Street qui en avait fait sa spécialité et qui détenait plus de quatre cents de ces assurances pour un total de plusieurs millions, dont douze pour cent de cancéreux, sept de leucémiques, des vieux, des gosses, des femmes seules et pauvres que leurs défunts maris avaient voulu mettre à l'abri en se saignant aux quatre veines. Il disait d'ailleurs que le secret résidait là, dans le panachage des contrats pour ne pas prendre tous les risques sur une seule maladie. C'est bien ce mot qu'il a utilisé. Panachage. Il m'avait pris en stop dans le Colorado, à bord de l'immense Cadillac qu'il s'était payée un mois plus tôt grâce au décès prématuré d'un de ses cancéreux. Il a mis exactement sept heures à mourir grâce à mon garrot pneumatique et à ma boîte magique. Tu aimes les boîtes magiques, Kirsten ?

À l'autre bout de la table, Kirsten hoche mollement la tête. Un peu de bave brille sur son menton. Le tueur a posé sa serviette. Il sort sa trousse chirurgicale de son sac, la déballe au centre de la table. Puis il se rassied tandis que Kirsten essaie de chiper un autre bonbon qui lui échappe à nouveau. Rebecca ne parvient pas à détacher son regard des instruments chirurgicaux qui scintillent dans la lueur des bougies. Elle se concentre, cherche ses mots dans la vase de son esprit.

— Vous êtes en colère, Liam. Vous nous réunissez autour d'une table le soir de Noël. Vous nous demandez de passer nos plus beaux habits. Vous recomposez forcément un traumatisme remontant à votre enfance. Personne ne vous condamnera après ce que vous avez enduré. Mais ce n'est pas en nous tuant que vous soulagerez ce trauma. Au contraire, vous ne ferez que l'aggraver.

Le regard de Liam s'est obscurci. Son bégaiement s'accentue tandis que sa voix devient rauque.

— Il n'y a pas eu que ce maudit soir, vous savez. Il y a eu tous les autres aussi.

— Je m'en doute. Vous avez tellement souffert. Il faut que quelqu'un vous aide à exprimer toute cette colère.

— Il y a eu tellement d'autres soirs où il m'a forcé à l'accompagner jusqu'à l'enclos où il les gardait vivants après les avoir nourris de force, où il m'a forcé à les attraper avec lui, à les ramener dans la cave, à… à les égorger et à les débiter.

— Qui, Liam ? Qui vous a forcé à faire ces horreurs ?

— Mon père adoptif. Surtout les soirs d'orage. Oh, Seigneur, il y en avait tellement dans cette horrible cave.

— Quoi ? Essayez de mettre des mots sur ce que vous avez vu.

— Des jambons. On tuait des porcelets bien dodus et on suspendait leurs jambons à des clous de salaison. C'était si abominablement horrible, doc.

Liam sourit sous son masque. Il rit. Il s'étrangle. Rendues molles par la drogue, les lèvres luisantes de Kirsten se courbent pour essayer d'accompagner l'hilarité de celui qu'elle prend encore pour un ami. Puis les rires de Liam cessent brusquement et il redevient sérieux.

— Je vais vous tuer, doc. Jambon au plafond ou pas, vous et vos petits chiens, vous allez mourir. Vous devez l'admettre. Vous êtes en train d'inspirer vos derniers centimètres cubes d'oxygène, les choses que vos yeux voient sont les dernières que vous verrez. Plus tôt vous accepterez cette certitude et mieux ça se passera pour vous.

Rebecca essaie de se débattre, de tendre les muscles pour défaire les liens qui retiennent à présent ses avant-bras aux accoudoirs, mais elle n'y parvient pas. Des larmes roulent sur le visage de Megan. Marty, lui, reste parfaitement immobile et inexpressif. Seule sa respiration saccadée montre qu'il hurle intérieurement.

Le tueur a posé sa serviette sur son assiette. Il marche droit vers Kirsten, lui injecte une nouvelle dose de drogue dans le cou, la récupère dans ses bras. Il la dépose sur les coussins juste à côté de l'endroit où Searl est assis dans sa vision, puis cale sa petite tête sur l'accoudoir. Rebecca gémit.

— Ne vous en faites pas pour votre puce, doc. Elle ne mourra pas maintenant.

Le tueur a éteint la lumière et allumé l'écran plasma. Il s'arrête devant la chaîne stéréo. Il augmente un peu le son mais pas trop. *Les Noces de Figaro*. La voix profonde de Bryn Terfel entame *Non piu andrai*, une musique légère et virevoltante bientôt accompagnée d'un quintette de cuivre, basson, trompette, cor et tuba. C'est sur ce rythme que le tueur a rejoint la table et qu'il fait mine de se livrer à sa sinistre besogne. Becka et les enfants sont tellement drogués qu'ils ne parviennent même pas à se débattre ni à hurler. Searl capte leurs gémissements et leurs sanglots étranglés par l'horreur de ce qu'ils pensent que Liam est en train de leur faire subir. Les cors de basson, les tubas, Terfel encore, Terfel toujours, des tambours, des sanglots, des cris, des gémissements déchirants.

Searl a posé son visage contre les coussins. Il renifle le tissu. Il cherche l'odeur de sa puce, croit la discerner, l'inspire de toutes ses forces. Un dernier hurlement étranglé de Becka. Il enfonce ses ongles dans la peau de son visage. Il a l'impression que son sang s'est mis à bouillir. Il attend de mourir mais ça ne vient pas. Le contact du canapé se dissout sous ses doigts en même temps que les odeurs de terreur et de feu qui emplissent le salon. Le néant. L'oubli. Searl voyage.

71

Le vol Quantas 1021 vient de se poser à Melbourne. Mila quitte la carlingue saturée d'odeurs humaines. Elle suit le mouvement des passagers jusqu'au contrôle aux frontières. Au-delà, les tapis roulants sont déjà chargés de bagages. Elle repère facilement son vieux sac à dos coincé au milieu des valises. Plus loin, à travers les baies vitrées du terminal, elle distingue un pan de ciel, un bout de ville, un peu des terres rouges qu'elle va bientôt pouvoir parcourir en stop. Frissonnant de plaisir à l'idée des étendues immenses qui l'attendent, elle présente son passeport au contrôle, répond distraitement aux questions d'usage, sourit intérieurement à l'accent si britannique du douanier. Pendant que ce dernier tamponne son passeport, elle lève les yeux et regarde distraitement à l'étage supérieur du terminal cette petite fille en anorak rouge que son père vient d'asseoir en équilibre sur la rambarde. Il a mis son bras autour de sa taille et fouille fébrilement dans sa sacoche, sans doute à la recherche de leurs billets. Mila sourit. Elle pense à Searl. Elle rempoche son passeport et franchit le contrôle.

Ça y est, elle a quitté la zone internationale. À présent, elle entre officiellement en Australie. Elle a un peu d'argent en poche et des millions de projets en tête. Elle lève à nouveau les yeux au moment où, bousculé par d'autres passagers, l'homme lâche sa fille. Celle-ci n'a pas un mouvement des bras et ne pousse pas un cri en basculant dans le vide. Ce sont les autres qui hurlent. Cette femme à côté de Mila qui vient elle aussi de voir se nouer le drame. Le père à présent, plus fort que les autres, à s'en crever la gorge. Quatorze mètres de vide. Mila sent ses jambes se dérober sous elle. Elle est la plus proche du point de chute. Elle voudrait se précipiter pour essayer de réceptionner l'enfant dans ses bras comme dans les films, mais elle a l'impression que son sang a gelé dans ses veines. Une seule pensée traverse son esprit. *Mon Dieu, pourquoi elle ne hurle pas ?* Et puis, brusquement, elle comprend que la fillette devait dormir quand son père l'a posée sur la rambarde, qu'elle devait dormir quand il l'a lâchée, qu'elle dort sans doute encore. Mila prie pour que ce soit ça. Encore cette tentation de s'élancer mais elle sait que c'est trop tard.

L'impact fait un bruit terrible d'os qui se fracturent, d'un corps qui éclate. Le crâne en se brisant a laissé échapper une formidable quantité de sang qui s'élargit en flaque sur le béton. Les gens hurlent, accourent, certains vomissent. Là-haut, le père hurle toujours. Il veut se jeter à son tour dans le vide mais des mains anonymes l'agrippent, le tirent sans pitié vers l'insupportable reste de vie qui l'attend. Tout le monde converge vers le corps désarticulé de l'enfant. Sauf Mila. Elle est pâle. Elle recule. Elle grelotte. Elle s'est réfugiée dans les toilettes. La porte qui se referme derrière elle l'isole des clameurs horrifiées de la foule.

Les lieux sont luxueux, bien éclairés, frais. Mila titube vers les lavabos. Des haut-parleurs dissimulés dans les murs diffusent en sourdine le tube planétaire de Johnny Clegg. « Asimbonanga ». Ça veut dire « Je ne l'ai pas vu » en dialecte zoulou. Mila gémit inlassablement ce mot en se passant de l'eau sur le visage. Mandela est mort pendant qu'elle volait vers l'Australie. C'est la rumeur qui s'est répandue dans l'avion quand les lumières se sont rallumées. Depuis, le monde vibre au rythme des musiques tribales et de ce mélange subtil de tristesse et de joie qui accompagnent la disparition du libérateur.

Un bruit sourd s'échappe des haut-parleurs, brouillant la musique. On dirait le bourdonnement lointain d'un frelon. Mila se redresse. Le grincement d'une porte de toilettes derrière elle. Elle s'essuie le visage et ouvre les yeux. Son cœur rate un battement en apercevant le reflet du maître des frelons derrière elle. Il porte sa capuche fourrée. Il la fait glisser sur sa nuque. Les yeux de Liam. Le sourire de Liam.

— Sa... lut Mila.

— Salut Liam.

Mila sourit. Elle se blottit dans ses bras. Elle dit :

— Je me souviens de tout maintenant. J'avais oublié à cause de cet accident mais maintenant je me souviens de tout.

— Je sais.

Liam veut relever le visage de Mila mais elle résiste. Elle sanglote. Elle ne parvient pas à arrêter ses larmes.

— Pourquoi tu pleures ?

— Kirsten est morte.

— La petite chialeuse que tu as arrachée à mes griffes dans les mines de Tindell ? Elle n'est pas morte. La fillette que tu viens de voir tomber n'est pas Kirsten. Kirsten est encore en vie. C'est une

Warden maintenant. Je peux la tuer pour toi si tu veux.

— Non. Pas Kirsten.

— Tu ne pourras pas les sauver toutes, Mila.

— Je sais.

Les rythmes zoulous se sont éteints. De la musique classique à présent. *Idoménée, roi de Crète*. Le chant du Recréateur. Mila s'apaise. Elle ferme les yeux. Elle se laisse aller entre les bras de Liam.

72

L'aube rosit les Terres Mortes quand Searl atteint enfin le ranch. Il se range à l'écart du réseau de rubalises qui isole le charnier. La scène d'un vieux crime. Il s'assure que Kirsten est toujours endormie. Il sort, referme doucement la portière. L'air est déjà chaud. Il s'adosse à la voiture, allume une cigarette. Il est tellement fatigué que ses oreilles bourdonnent. Il considère le portique rouillé, la balançoire, le ranch sous le filet de camouflage, le puits. C'est pour ça qu'il vient. Il s'est arrêté en route dans un drugstore ouvert toute la nuit où il a acheté une échelle de corde et une torche frontale. Déroulée, l'échelle mesure douze mètres, mais il a prévu encore de la corde au cas où.

Searl marche jusqu'au puits, noue une extrémité de l'échelle au portique, jette le reste dans l'ouverture. Les cordes gigotent un moment avant de s'immobiliser tandis que l'autre extrémité atteint le sol où elle émet un bruit sablonneux. Searl inspire une bouffée d'air chaud, puis il s'agrippe à la corde et entreprend de descendre.

Bientôt l'obscurité. Il allume sa torche frontale dont le faisceau balaie les parois rocheuses. Il essaie d'apercevoir quelque chose en bas mais le goulet est trop étroit. L'air est de plus en plus frais et rare à mesure qu'il descend. Ça lui semble une éternité durant laquelle il espère que les araignées violonistes ont été suffisamment dérangées par les fouilles et les projecteurs de la police pour avoir déserté les environs. Curieusement, il a la certitude qu'il n'a rien à redouter d'elles.

Un contact mou sous ses semelles. Il vient de toucher le fond. Quand il relève la tête, la sortie n'est plus qu'un lointain disque bleu. Il s'accroupit sur le sable poussiéreux qui tapisse le sol. Bientôt, sa torche accroche une faille dans la paroi. Il rampe par ce chemin de fuite. Au-delà, une petite grotte basse de plafond. Dans le faisceau lumineux, il distingue une forme à son extrémité la plus éloignée. Il marche penché jusqu'à elle.

Sa lampe éclaire à présent l'anfractuosité tout entière, enveloppant de lumière un squelette pris dans des vêtements en lambeaux. Les restes sont ceux d'un enfant. Ses jambes sont fracturées en plusieurs endroits, ainsi que son bras gauche et son bassin. Retenu par une chaîne en acier passé autour des cervicales, un médaillon brille faiblement entre les côtes à nu. Le faisceau de la lampe accroche le prénom gravé dessus.

Searl a fermé les yeux. Liam est tombé ce jour-là. Il s'est brisé le corps. Il a rampé jusqu'ici. Il imagine Mila horrifiée à la surface. Elle a dit à papa Harry qu'il s'est enfui à travers les Terres Mortes. Maman Stella et lui ont dû le chercher durant des jours. Ils ne l'ont jamais retrouvé.

Searl attrape son portable qui vibre dans sa poche. Son contact au FBI. Le texto dit : « Salut. Je rentre de mission. Je viens d'avoir tes messages. Je suis allé me servir à distance sur les disques durs des enquêteurs. Deux fichiers vidéo suivent par mail. Le premier est un enregistrement en continu d'une webcam que les

Decker, des péquenauds assassinés dans le Nebraska, avaient installée pour se prémunir des cambriolages. Le second a été retrouvé sur le téléphone portable d'une des victimes de ton tueur dans les mines de Tindell. Je te souhaite bien du plaisir. À un de ces jours. »

La gorge sèche, Searl clique sur les liens contenus dans le mail qui vient d'arriver sur sa boîte. Le premier fichier vidéo s'enclenche sur le salon d'une ferme. Une baie vitrée au fond. Une imposante armoire à linge à gauche. Quatre cadavres mutilés sur les canapés et les fauteuils. Du sang partout.

La porte de l'armoire grince. Mila en sort, avance pieds nus jusqu'à l'escalier où elle entend une porte s'ouvrir à l'étage. Elle ramasse un couteau à découper sur la table couverte de sang, retourne sur ses pas en prenant soin de ne pas regarder les cadavres mutilés.

Elle a atteint la baie vitrée, regarde au-dehors. Soudain elle se fige, recule de quelques pas. Sa main gauche se referme sur sa gorge. La droite pose la lame du couteau sur sa carotide. Elle reste un long moment à lutter contre elle-même, et puis ses épaules se voûtent et elle tombe à genoux.

Searl essuie la sueur sur son visage. Le premier enregistrement vient de s'achever. Il passe au suivant. L'obscurité. La cellule de Taylor Bancroft. Des grésillements. Un souffle rauque, terrifié. Elle vient de déclencher la vidéo sur son portable. Son visage apparaît dans la lueur froide de la torche miniature qui équipe le téléphone. Elle est terrorisée. Elle appelle sa mère. D'une voix brisée par les larmes, elle dit : « Maman ? C'est Taylor. » Puis elle comprend qu'elle parle à un répondeur. Encore des sanglots. Elle se reprend. Elle dit qu'elle et une amie ont été enlevées sur la route. L'autre s'appelle Mila Banks. Taylor sanglote de plus belle. Un grincement de porte. Elle se retourne. Une ombre vient d'entrer dans la cellule, la repousse contre le mur. Une main agrippe sa gorge, une autre la poignarde. Horrifiée, Taylor tient toujours son portable. Son doigt zoome involontairement sur le visage de son agresseur dont elle a réussi à arracher la capuche. Le visage de Liam. Le visage de Mila. Taylor hurle de terreur en la reconnaissant. Le couteau plonge à nouveau dans ses chairs. Le portable tombe, se brise. Fin du deuxième fichier. Searl a éteint sa lampe. Il parle à Liam. Il le rassure. Il pense à Mila.

73

Searl est sorti du puits. Il a rejoint la voiture. Kirsten dort toujours. Il allume une cigarette, s'adosse à la portière, compose un numéro sur son portable. Ça sonne. Longtemps. Et puis ça décroche.

Un souffle à l'autre bout. Des voitures passent en trombe sur une route. Des camions aussi. À nouveau ce souffle. Une voix, grave, bégayante :

— Sa… lut, doc.

— Salut, Liam.

— Sa… cré bout de route, hein ?

— Tu es là-bas ?

— Ouais, mec. Comme le dirait Truman Capote des péquenauds du Kansas, je suis en marche vers une contrée si solitaire que ces putains d'aborigènes l'appellent « là-bas ».

— Comment va Mila ?

— Elle d… ort. Elle m'a dit que vous ne vous souveniez de rien. C'est vrai ?

Searl tire sur sa cigarette. Il regarde Kirsten. La fillette serre Miss Granger dans ses bras. Elle ne se doute de rien.

— De quoi devrais-je me souvenir ?

— Merde, doc, vous déconnez ? Vous avez vraiment tout oublié ?

Le rire chevrotant de Liam. Searl ne répond pas. Il regarde Kirsten remuer dans son sommeil.

— Cherchez du côté de votre future femme. Demandez-vous pourquoi je l'ai laissée en vie. Demandez-vous qui elle est et ce qu'elle sait exactement. Fouillez son cerveau. C'est pour ça que je l'ai plongée dans le coma. Pour que vous l'exploriez. Au lieu de ça, vous avez exploré celui de cette pauvre Mila.

— Pourquoi mes enfants ?

— Eux aussi détiennent la clé. Ils l'ignorent mais ils l'ont toujours détenue.

— Quelle clé ?

— Est-ce que vous ressentez des pulsions étranges depuis quelque temps ? Des envies de suivre des gens dans la rue ? De savoir où ils habitent ? De connaître leurs habitudes ? Pas encore ? Soyez patient. Ça va venir.

Searl écrase sa cigarette sous sa semelle. Il ferme les yeux. Ça l'avait pris peu après la discussion avec Garraty dans le 4×4 en rentrant du tribunal. Sa gorge qui s'assèche. Ses tempes qui palpitent. Cette excitation presque sexuelle à l'idée de franchir le pas. Il avait déjà ressenti ça pendant son internat. Cette pulsion de prédateur. Encore la voix de Liam. Elle flotte dans le vent.

— Ça ne fait que commencer, doc. Ça va enfler comme une tumeur. Ça ne vous laissera plus jamais en paix. C'est eux qui nous ont fait ça. Eux qui nous ont transformés en ce que nous sommes.

— Qui ça « eux » ?

— Cherchez du côté de Rebecca. Cherchez et vous trouverez.

Searl s'en souvient à présent. C'était enfoui depuis des années au fond de sa mémoire. La pulsion. Ça avait commencé quatre ans après sa sortie du coma. Elle s'appelait Karen Ann. Un drôle de nom. Il l'avait prise en stop du côté de Modesto. Elle descendait vers le Mexique. Il se mord les lèvres. La pulsion avait cédé à temps. Juste au bord. Ça ne s'était pas reproduit depuis, mais, à présent, ça se réveillait.

Searl sent ses jambes se dérober sous lui. Le vertige. La nausée. Toutes ces envies ignobles et sublimes qui le submergent. Il se rend compte qu'il crève de faim. À nouveau la voix de Liam :

— Vous y êtes ? Oh oui, vous y êtes. À votre place, je deviendrais fou, doc.

Épilogue

Boston. Deux mois plus tard.

Searl flâne dans les rues. Une odeur de marrons grillés chatouille ses narines. Les illuminations de Thanksgiving alourdissent les vitrines. Comme toujours à Boston, il neige.

Searl quitte le quartier financier pour le *downtown*. Les avenues s'élargissent. La chaussée verglacée rend la circulation lente et dense. Encore cette odeur de marrons grillés sur des braseros. On vous les sert dans des cornets de papier et les gosses se brûlent les doigts et les lèvres en les dégustant.

Le *Caddy's bar*. C'est là qu'il a rendez-vous. Un voiturier en gants blancs lui ouvre les portes aux lourdes poignées chromées. À l'intérieur, il fait chaud et l'air est chargé d'odeurs de vieux whiskies et de cigares hors de prix. La salle est vaste et vide, faite de cuir, de bois et de moquette, avec des banquettes profondes, des tables aux reflets d'essences rares et des luminaires tamisés. De larges baies vitrées donnent sur l'extérieur, les boulevards et la lente agitation de la ville. Le concepteur des lieux les a souhaitées épaisses et fumées, si bien qu'en s'asseyant dans cet univers feutré, Searl ne capte plus rien des rumeurs du dehors. Il commande un whisky japonais à un serveur qui tient du majordome. On lui demande : « Yamakazi ? », à quoi il répond : « Pourquoi pas. »

Searl a sorti une épaisse enveloppe kraft. Il en extrait une liasse de coupures de journaux. La première est une vieille une du *Seattle Times* datée du 7 octobre 1997. En gros titre, il lit :

« Mystérieuse disparition du chef d'orchestre Harry-Herbert Crane »

Alors qu'il devait donner un concert mémorable à l'opéra de Sydney, Harry-Herbert Crane, spécialiste éminent de Mozart au même titre qu'un John Elliot Gardiner, a disparu de son manoir de Seattle sans laisser de trace. Jamais tout à fait remis de l'assassinat de sa femme survenu quelques mois plus tôt, Crane avait sombré dans la dépression. On pense qu'il se serait suicidé dans un endroit assez reculé pour qu'on ne retrouve jamais son cadavre.

Searl passe à la coupure suivante. Le 9 janvier 1998, le *Sun* de Boise titrait :

« Idaho : nouvel enlèvement d'une femme enceinte dans le milieu des exclus de la société »

La vague d'enlèvements qui semble sévir depuis des mois dans le milieu des exclus volontaires de la société a frappé cette fois-ci l'Idaho où une jeune femme enceinte a disparu au nord de Mountain Home. Anna Sanders habitait un camp de survivalistes dans la forêt de Boise. Il semble qu'elle se soit volatilisée alors qu'elle retournait à ce camp en faisant du stop. Les exclus ayant refusé de se manifester, c'est une assistante sociale spécialisée dans ce type de public qui a

prévenu la police. D'après nos renseignements, ce ne serait pas le premier cas d'enlèvement dans les États voisins de l'Idaho. Des kidnappings qui frappent essentiellement les jeunes femmes enceintes de cette communauté. La police et les responsables politiques n'ont pas souhaité faire de commentaires.

Searl épluche les articles suivants. Encore des enlèvements de femmes enceintes, toutes des Farland, des Outland ou des Warden. Des Morlochs enlevés par d'autres Morlochs. Ses yeux s'arrêtent sur la dernière coupure. Le 9 juillet 1998, le *Missoula Sentinel* titrait : « Des jumeaux kidnappés à la maternité d'Anaconda dans le Montana ». Une fille et un garçon. Leur mère, une marginale retrouvée inconsciente sur le bord d'une route, venait d'accoucher sous X. Elle n'avait pas survécu et les autorités avaient conclu à un rapt familial, sans doute orchestré par le père pour que les enfants ne soient pas placés en famille d'accueil. La police avait classé l'affaire.

Le serveur apporte son whisky à Searl. Il range les articles dans l'enveloppe et ferme les yeux. La semaine dernière, quelques jours seulement après Marty et Megan, Rebecca est sortie du coma. Comme eux, elle ne parle plus, garde les yeux dans le vague, semble avoir tout oublié. Trois jours avant, et Searl se dit à présent que c'est pour cela qu'elle a fini par se réveiller, il avait à nouveau tenté d'entrer en contact olfactif avec elle.

Il avait rouvert les yeux dans la salle à manger de leur maison de Big Creek Lake et s'était rendu compte que Rebecca était restée coincée là-bas. Le même cauchemar, interminable. Les lueurs des guirlandes se reflétant sur les cadeaux empilés au pied du sapin, le feu dans la cheminée, Mozart s'échappant en sourdine de la chaîne stéréo. La table est dressée. Ils ont mis leurs plus beaux habits et Liam découpe la viande qu'il dispose dans les assiettes. Les sens alourdis par les drogues, Rebecca essaie de se concentrer. Au prix d'un effort surhumain. La psychiatre a pris le relais mais son esprit est désespérément lent. Elle tente de capter son attention.

— *Vous êtes malade, Liam. Je peux vous aider. Vous devez m'aider à vous aider.*

— *Je suis beaucoup trop aliéné pour cela. Irrécupérable. Dangereux pour la société et pour moi-même. C'est ce que vous m'avez dit un jour.*

— *Je ne vous ai jamais rencontré avant aujourd'hui.*

— *Ne cherchez pas, doc. Vous n'avez aucune chance de me reconnaître. C'était il y a quatre ans. J'étais très différent de ce que je suis devenu grâce à vous. Je n'avais pas encore tué, hormis mon père adoptif pendant une crise de décompensation. Beaucoup d'animaux aussi. À cette époque, certains médecins étaient persuadés que j'allais bientôt recommencer à tuer. Pas vous. Comme vous étiez experte, ils ont été obligés de me relâcher. Et c'est comme ça que j'ai atterri dans ce centre fermé si étrange au fin fond du Dakota. Depuis, j'ai appris à être discret et à progresser dans mon art. Je suis tout à fait bon maintenant, certainement en passe de devenir le meilleur. Et parfaitement réconcilié avec ce que je suis.*

— *Ce n'est pas une fatalité. On peut annuler ce qui a été fait. Vous pouvez encore être soigné.*

Les drogues diluent l'esprit de Rebecca. Elle essaie de lutter. Elle renonce. Elle sait qui elle a en face d'elle. Elle l'a toujours su.

— Searl ? Tu fais quoi, là, tu dors ?

Searl sursaute, ouvre les yeux. Le *Caddy's*. Son ambiance feutrée, ses odeurs de cuir et de paille. La jeune femme qui s'est assise en face de lui est belle, mince, pâle. Ses cheveux noirs sont coupés court mais ils émergent par endroits du bonnet avec lequel elle les a recouverts. Elle porte un jean, un pull fin, une veste en cuir de belle facture qui laisse entrevoir la crosse d'un automatique ainsi qu'une plaque des unités d'infiltration du FBI.

— Tu es là depuis longtemps ?

— Je viens d'arriver.

— Merci pour les fichiers vidéo, au fait.

— De rien.

La jeune femme se tourne vers le majordome qui approche, mine renfrognée mais élégante.

— Salut, Bob.

— Madame voudra bien se souvenir que je m'appelle Archibald.

— Mon cul, Bob. Si tu t'appelles Archibald, je m'appelle Victoria.

— Madame souhaite boire quelque chose ?

— Une Bud et un J&B comme d'habitude, avec de la glace pilée tout le long du verre. Froide, la glace.

Archibald s'éloigne. Searl réprime un sourire en regardant la jeune femme allumer une cigarette sous le panneau qui l'interdit formellement.

— Comment ça va ?

— Merde, Searl, il est 11 heures et ma cuite de cette nuit ne passe pas. Tu ne m'as pas appelée après toutes ces années pour parler de moi, si ?

— J'ai besoin que tu fasses un de tes trucs à la con.

La jeune femme souffle la fumée de sa cigarette. Elle secoue la tête.

— Je ne fais plus ça, Searl. Ça a failli me tuer.

— Je sais. Mais j'ai besoin de toi. Je suis dans le pétrin.

— T'es toujours dans le pétrin. C'est pas une raison pour venir emmerder les copines.

Searl sort de sa poche le médaillon de Mila, le pose délicatement dans la paume de la jeune femme.

— Au moins trente victimes à ce jour. Des femmes, des enfants.

— La psychotique de tes fichiers vidéo ?

— Ouais.

— Tu es pénible, Searl ! Je te l'ai déjà dit, je ne fais pas les psychotiques !

— Je sais, Marie. Juste une fois. Juste pour voir. Après, tu me diras si tu veux m'aider ou non.

Les doigts de l'agent spécial Marie Parks se referment sur le médaillon. Le majordome vient d'apporter son J&B. Il annonce qu'il n'y a plus de Bud. Marie ne répond pas. Elle siffle le verre d'un trait. La glace pilée craque entre ses dents. Le médaillon est chaud dans sa main. Elle a l'impression qu'il palpite. Elle ferme les yeux. La vision médiumnique commence.

Le vent brûlant sur son visage. Quand Marie rouvre les yeux, elle a dix ans de moins, elle marche sur le bord d'une route déserte en plein cœur des terres rouges du désert de Tanami. Elle porte un sac à dos, un jean, une chemise masculine et des baskets. Elle entend le grondement du moteur d'un camion derrière elle. Elle tend le pouce. Le camion freine, s'arrête à sa hauteur. Elle grimpe. L'habitacle pue la bière et le tabac. Le chauffeur est un costaud aux bras nus et tatoués.

— Salut, fillette, moi c'est Harvey.

— Bonjour, Harvey. Moi, c'est Mila.

La petite main de Mila disparaît dans la pogne d'Harvey. Le camion redémarre dans un nuage de poussière.

— Vous allez où ?

— Au nord.

Mila a sorti un CD de son sac. Elle le glisse dans la fente du chargeur.

— Vous aimez Mozart ?

— Qui ça ?

— Wolfgang Amadeus Mozart. Le Recréateur de toutes choses.

— Connais pas. C'est un pédé ou un truc comme ça ?

Le camion roule à vive allure. Mila interroge souvent le rétroviseur. Elle a l'air inquiète.

— Quelque chose ne va pas, gamine ?

— Je ne sais pas. Depuis Melbourne, j'ai l'impression que quelqu'un me suit.

— Un petit copain.

— Oui. On s'est disputés.

— Pas d'inquiétude. S'il pointe son nez, il aura affaire à Harvey.

La fin de la vision. Marie Parks est revenue. Cette sensation de ralentissement à mesure que les choses reviennent à leur place. Elle frissonne en digérant la noirceur absolue de la tueuse. Elle rouvre les yeux. Sa cigarette s'est entièrement consumée dans le cendrier. Searl s'est commandé un autre whisky qu'il sirote. Marie allume une nouvelle cigarette, soupire un nuage de fumée. Elle regarde Searl. Elle dit :

— Vas-y, raconte.

Composé par Facompo
5, rue Calmette-et-Guérin, 14100 Lisieux

Fleuve Éditions
12, avenue d'Italie
75627 Paris Cedex 13

Imprimé en France par

CPI
BRODARD & TAUPIN

à La Flèche en avril 2014
N° d'impression : 3004821

Dépôt légal : mai 2014
R09849/01